Os segredos de Lady Churchill

CHARLES HIGHAM

Os segredos de Lady Churchill

Tradução de
MARIA LUCIA DE OLIVEIRA

EDITORA RECORD
RIO DE JANEIRO • SÃO PAULO
2007

CIP-Brasil. Catalogação-na-fonte
Sindicato Nacional dos Editores de Livros, RJ.

H541s Higham, Charles, 1931-
Os segredos de Lady Churchill / Charles Higham; tradução de Maria Lucia de Oliveira. – Rio de Janeiro: Record, 2007.

Tradução de: Dark Lady
Apêndices
Inclui bibliografia
ISBN 978-85-01-07519-2

1. Churchill, Randolph Spencer, Lady, 1854-1921. 2. Churchill, Winston, Sir, 1874-1965. 3. Aristocracia (Classe social) – Grã-Bretanha – Biografia. I. Título.

07-1740 CDD – 923.241
CDU – 929:32(410)

Título original em inglês:
DARK LADY

Direitos exclusivos de publicação em língua portuguesa para o Brasil adquiridos pela
EDITORA RECORD LTDA.
Rua Argentina 171 – Rio de Janeiro, RJ – 20921-380 – Tel.: 2585-2000
que se reserva a propriedade literária desta tradução

Impresso no Brasil

ISBN 978-85-01-07519-2

PEDIDOS PELO REEMBOLSO POSTAL
Caixa Postal 23.052
Rio de Janeiro, RJ – 20922-970

Para Richard V. Palafox
e Dorris Halsey

É o bastante, se algo que sair de nossas mãos tiver poder
Para viver, e agir, e servir à hora futura;
E se, quando formos para o silencioso túmulo,
Através do amor, da esperança e da dádiva transcendente da fé,
Sentirmos que somos maiores do que pensamos.

WORDSWORTH

SUMÁRIO

Capítulo um

Durante um inverno rigoroso, em 9 de janeiro de 1854, Jeanette Jerome nasceu numa casa modesta de três andares feita de tijolos vermelhos, em renovado estilo grego; ficava no número 8 da Amity Street, no Brooklyn, na área de Cobble Hill em Brooklyn Heights, Nova York. Os Estados Unidos daquele tempo ainda guardavam os traços de regiões pouco exploradas. As crianças aprendiam as coisas no colo da mãe ou em escolas onde usavam pequenas lousas individuais para escrever; exigia-se que seguissem os preceitos religiosos e patrióticos do ubíquo McGuffey's Readers,* o livro usado para ensinar a ler, mesmo nas mais remotas comunidades do país, e que incutia as virtudes da vida simples, a frugalidade, a castidade antes do casamento e, acima de tudo, o americanismo. Aprendia-se a geografia com canções, à medida que cada criança memorizava a letra de uma música referindo-se a cada cidade e estado da nação. Na formatura, esperava-se que elas fizessem discursos exaltando a escola, os pais, a cidade e Deus.

*Estima-se que pelo menos 120 milhões de cópias do McGuffey's Readers tenham sido vendidas entre 1836 e 1960, o que, em termos de vendas, coloca-o numa categoria à parte com a Bíblia e o Dicionário Webster's. Desde 1961, continuam sendo vendidas cerca de 30 mil cópias por ano. (*N. da T.*)

O arado puxado a cavalo era um implemento da maior importância, e o trigo ainda era cortado com ancinhos; vivia-se uma época que não conhecia nenhum dos confortos materiais pressupostos pelo século XXI. Não havia geladeira, luz elétrica ou aquecimento, nenhum antibiótico, e o número de bebês que morriam era incontável. Não havia muitas cirurgias bem-feitas e, freqüentemente, ocorriam amputações sem anestésico (o clorofórmio era o único existente). As cidades eram sujas e abarrotadas, com grandes e fervilhantes cortiços para os pobres. As roupas, pesadas, destinavam-se a ocultar o corpo humano e impedir sentimentos de desejo. No verão, os ternos e os vestidos de lã constituíam uma provação dolorosa, e nenhum homem, mesmo em casa, não importando quão pobre fosse, pensaria em sentar-se à mesa de refeições sem paletó e gravata. Até mesmo as roupas de banho escondiam os físicos de seus donos.

Somente três anos após a morte de Jennie, em 1921, o rádio iria tornar-se uma realidade; a televisão estava muito distante no futuro. Em meados da década de 1850, cem anos antes da popularização da TV e quarenta anos antes que o cinema fosse sequer concebido, um telefone era algo impossível de ser imaginado. O teatro estava basicamente restrito aos ricos, e a ópera era um luxo extremo; para a vasta maioria dos americanos, o divertimento noturno consistia em juntar as famílias em volta do piano e cantar ou, se as regras religiosas não fossem muito estritas, em inocentes jogos de baralho. Rezava-se todas as manhãs, ia-se à igreja pelo menos duas vezes por semana e nenhuma refeição podia começar antes de se dar as graças. Quando os rapazes saíam de casa, tinham o bar da vizinhança aonde ir após um dia duro de trabalho, e para as mulheres com recursos havia grupos de costura ou obras de caridade.

As horas de trabalho eram longas e exaustivas; nas fábricas que brotavam por toda parte no país, jovens mulheres labutavam penosamente em linhas de montagem ou costuravam roupas, e ali um dedo furado podia resultar em demissão instantânea. Muitas não tinham casa e dormiam sobre restos de fardos de algodão em cantos obscuros das fábricas até que fossem removidas pelos seguranças da empresa.

Jennie não sabia quase nada sobre essas brutais realidades. O Brooklyn era um oásis arejado e limpo se comparado com o industrializado estado de Nova York. Varrido pelos ventos salgados do Atlântico, que traziam alívio no verão e rajadas de neve no inverno, era um paraíso, onde as crianças faziam bonecos de neve ou amassavam bolas para jogar umas nas outras.

Os vendedores de rua compunham uma turba animada, oferecendo castanhas, doces embrulhados, buquês de flores, brinquedos e fitas. Diversas entregas de correspondência por dia traziam saudações, convites para festas ou anúncios de nascimento. As crianças acreditavam que Papai Noel tinha um trenó puxado por renas e descia do céu pelas chaminés, e que os bebês eram trazidos por uma cegonha.

A inocência rural de uma grande nação ainda em processo de vir a ser, contudo, podia ser contrastada com a desenfreada corrupção nos centros financeiros e na sede do governo em Washington. Não havia limites às fraudes eleitorais, à manipulação do mercado de ações, à compra de deputados e senadores ou à dura injustiça nos tribunais para aqueles que não eram ricos. Seguros, transportes, estradas de ferro, abertura de estradas e a construção civil nas cidades grandes, tudo estava infestado de fraudes e traições. E o pai de Jennie, Leonard W. Jerome, cujo nome foi relegado ao esquecimento desde então, estava entre os mais corruptos de todos.

Era um manipulador de Wall Street genialmente inescrupuloso, que usava a imprensa para elevar ou reduzir o valor de ações e cujas mudanças de sorte quase diárias mantinham sua família em permanente estado de comoção.

De origem britânica, podia traçar sua genealogia até a Cornualha do século XVI; homens e mulheres córnicos eram tradicionalmente famosos pela pele escura e pelo temperamento romântico. Os primeiros imigrantes da família Jerome haviam se estabelecido na Nova Inglaterra: de início, em Rhode Island, e depois em New Hampshire,

Massachusetts e Connecticut. A história de que a mãe de Jennie, Clarissa Hall Jerome, era meio índia iroquesa havia acrescentado brilho à lenda da família, cultivada particularmente por Winston Churchill. Mas Anna Baker, a ancestral de quem se afirmava ter sangue índio, havia, na verdade, nascido e sido criada na Nova Escócia, onde não vivia nenhum iroquês.

Durante gerações, os Jerome mantiveram a obstinada coragem e a determinação dos córnicos, apreciadores de cavalos e gado e da árdua vida do mar. Após vagarem por muito tempo, os avós paternos de Jennie fixaram-se em Pompey Hill, pequena cidade com casas de tijolo recobertas com pranchas de madeira, no estado de Nova York. Lá eles criaram 11 filhos numa casa feita de tábuas, que dispunha de um pequeno curral para animais, a maior parte dos quais acabava sobre a mesa de refeições da família.

Tão logo tinham idade suficiente, as crianças deveriam retirar a neve com pás, limpar a lama com as mãos nuas, cortar a madeira para o fogo, limpar a casa, lavar a louça e espantar os animais que atacavam a criação. Com apenas dez anos, os meninos recebiam espingardas de chumbo grosso; era freqüente encontrar lobos por perto.

O patriarca Isaac era um tirano armado com uma Bíblia, um déspota inflexível e implacável cuja palavra era lei; seu chicote governava cada uma das crianças. Havia um culto particular todas as manhãs, e cada refeição era precedida não apenas pela ação de graças, mas por uma confissão dos pecados.

Música que não fosse religiosa, sustentava Isaac, era trabalho do próprio demônio, e numa ocasião em que Leonard ousou tocar seu violino de segunda mão num dia santo, o instrumento foi tomado do menino e despedaçado. A partir de então, com espancamentos ou sem eles, Leonard e seu irmão Lawrence recusaram-se a louvar Deus e anunciaram que já não acreditavam naquela história de Providência Divina.

Quando Leonard foi admitido na Faculdade de New Jersey (a atual Princeton) já um alto e vigoroso calouro de 19 anos, comportava-se como tantos jovens criados em condições soturnas e rigorosas: rebelando-se contra a autoridade e tornando-se um tipo histriônico e excêntrico. Uma vez, arrastou uma mula relutante e a fez subir três lances de escada do Nassau Hall, tendo roubado placas de rua, pilares de portões e de galinheiros dos lugarejos vizinhos e feito com eles uma fogueira nos fundos do campus. Arruinou os experimentos de seu professor de química trocando os elementos das garrafas e dos tubos de ensaio do laboratório e, para mostrar seu eterno desprezo pela religião, lambuzou a capela com betume.

Ainda na faculdade, envolveu-se num lendário incidente na noite anterior a 4 de julho de 1835. Para celebrar o Dia da Independência, ele e seus patrióticos amigos roubaram um canhão, que fora levado pelos atacantes ingleses para New Brunswick durante a Guerra Revolucionária, e o arrastaram numa carroça para o campo, onde ficou caído. Os jovens deixaram a peça ali até que pudessem conseguir uma carroça mais forte e então devolvê-la ao local original na faculdade, onde permanece até hoje.

Destacando-se vividamente em debates no famoso Whig Hall, Leonard, ele próprio um *whig* (membro do Partido Liberal), teve de abandonar a faculdade quando os recursos financeiros do pai não foram suficientes para cobrir um aumento nas taxas; então, passou para a Faculdade Union, em Schenectady. Foi logo apelidado de "pasticheiro", sempre inconveniente e desatento e simulando doenças para evitar as aulas. Jamais teria conseguido o diploma se o seu influente tio, o juiz Hiram K. Jerome, não tivesse conversado com as pessoas certas.

Uma vez formados, Leonard e Lawrence juntaram-se à equipe do juiz Jerome no Palmyra, seu escritório em Nova York, mas eram irrequietos demais para seguir uma carreira legal. Os dois jovens conheceram as atraentes irmãs Catherine e Clarissa Hall e casaram-se com elas, embora vários anos mais tarde. As regras da corte amorosa demandavam irem juntos aos serviços religiosos, participarem de eventos da família, como cantar ao piano, ou verem quem conseguia descascar maçãs mais rapidamente.

Altos, esguios e atléticos, com ombros quadrados, corpos longilíneos e florescentes bigodes, os geniais irmãos eram imensamente populares. Em contraste com a charmosa e divertida extroversão de Leonard, com seu bom humor, a esposa Clarissa era estática, gélida e esnobe. Sua beleza — cabelo negro e brilhante partido ao meio, traços bem esculpidos e um porte perfeito — era desprovida de sensualidade. Não havia nenhum indício da alegada ascendência iroquesa nessa puritana descendente de colonos tementes a Deus; na verdade, um de seus ancestrais havia dizimado uma tribo inteira de índios pequot.

Diferente dos Jerome, os Hall eram gente bem-nascida, e Clarissa nunca deixava que esquecessem isso. Seus pais haviam morrido num intervalo de três meses quando ela tinha dois anos de idade, e essa lembrança dolorosa fez dela uma órfã auto-suficiente.

Outro motivo de angústia que a fez recolher-se ainda mais foi a insanidade de sua irmã mais velha, Jane Anne Hall, que viveu e morreu no Asilo de Lunáticos de Hartford, Connecticut. Naqueles tempos, a insanidade numa família era uma desgraça, não uma causa de compaixão, mas de difamação. Quase igualmente doloroso foi o fato de que os irmãos não haviam sido adotados por um único casal, mas divididos entre vários, que dilapidaram o dinheiro das terras herdadas pelas crianças para pagar sua criação.

Tendo sucesso em vários empreendimentos em Rochester, Leonard e Lawrence abriram uma gráfica e, *whigs* mais astutos que nunca, publicaram um jornal polêmico, o *Daily American*, que oferecia entusiástico apoio a Millard Fillmore, o vice-presidente da época que tinha muito em comum com eles.

Ele também havia nascido no estado de Nova York e vinha de uma longa linhagem de agricultores itinerantes; também tinha trabalhado arduamente como funcionário num escritório de advogados, mas avançara até se tornar um procurador bem-sucedido. Como um jovem congressista, Fillmore apoiara a florescente ciência da telegrafia, na qual, então e mais tarde, os dois irmãos investiram. Quando, em 9 de julho de 1850, ele chegou à presidência devido à morte de Zachary Taylor, logo tratou de cuidar dos Jerome.

Sabendo que Lawrence era um homem de negócios durão, Fillmore fez dele coletor assistente de dívidas e impostos da cidade de Rochester; conhecendo o intenso desejo de Clarissa de viajar para o exterior e o amor de Leonard pelas artes e pela música, mandou-o como cônsul para o estado adriático independente de Trieste, um grande centro de cultura. Os Jerome levaram consigo a filha Clarita e uma amiguinha de Rochester, Lillie Greenough, de sete anos, filha e neta de homens proeminentes na história da Faculdade Vassar para Mulheres; mais tarde, ela teria como preceptor o poeta Longfellow e seria uma das companheiras mais próximas de Jennie Jerome.

Quando Franklin Pierce substituiu Millard Fillmore na presidência, em março de 1853, os dias da família Jerome em Trieste estavam contados. Pierce, sob a influência negativa do anarquista de Kentucky, George Nicholas Sanders, ocupava-se em substituir figuras controvertidas nas embaixadas e nos consulados europeus; estava determinado a perturbar os velhos regimes monarquistas. Não havia lugar em tal conspiração para um jornalista nada sofisticado de Rochester, e Leonard foi removido.

Foi um golpe, mas haveria choques piores à frente. O mais velho dos Jerome, Isaac Jr., foi massacrado num levante de rebeldes na Nicarágua, e as aquisições de quadros e esculturas da família perderam-se quando um navio naufragou na costa da Espanha.

Leonard e sua família mudaram-se de mala e cuia para a casa de seu irmão Addison no número 292 da Henry Street, em Brooklyn Heights. Lawrence também esteve lá por um breve período com Catherine e os filhos Roswell e Lovell antes de se mudarem para Manhattan, onde ele havia começado a trabalhar como corretor da Bolsa.

Quando Clarissa ficou grávida pela segunda vez, ela e Leonard, que decidira juntar-se a Lawrence nos negócios, mudaram-se para a casa geminada no número 8 (hoje 197) da Amity Street, onde nasceu Jeanette.

Não foi no número 292 da Henry Street que ela nasceu, como tem sido afirmado repetidamente: aquela era a casa de seu tio Addison e de sua esposa Julia (cujo apelido era Jennie, daí Jeanette usá-lo pelo resto da vida).

Não há nenhum registro de seu batizado. O batismo era uma exigência social fundamental em qualquer família. Normalmente, os filhos dos ricos eram batizados pelo eminente clérigo reverendo Henry Ward Beecher, irmão de Harriet Beecher Stowe, a autora de *A cabana do Pai Tomás*, cuja igreja estava à distância de uma pequena caminhada da casa dos Jerome. Mas seus registros não mencionam nenhum Jerome, e nada foi encontrado nos registros de outras igrejas. Alguns documentos foram destruídos e outros removidos por um ministro apóstata numa querela local com a comunidade presbiteriana, mas a ausência de uma menção em qualquer jornal deixa claro que Leonard Jerome, como um feliz ateu, fez prevalecer sua autoridade diante de Clarissa e — de acordo com a ortodoxia então vigente — fez a criança correr o risco de ir para o limbo junto com cachorros e gatos por não ter sido batizada.

Um dos erros freqüentemente repetidos nos livros sobre Jennie é a afirmação de que ela ganhou seu apelido por causa da famosa soprano Jenny Lind, conhecida como o Rouxinol Sueco. Ralph G. Martin escreveu em sua biografia de 1969: "Jerome havia reiniciado seu relacionamento [romântico] com [Jenny], e foi somente meses após o nascimento de Jennie que Clara [sic] compreendeu por que [seu marido] havia insistido naquele nome." Isso é incorreto; não há nenhuma evidência para sustentar nem mesmo que ele tenha conhecido Jenny Lind.

Durante anos, a estrela havia estado profunda e exclusivamente envolvida com seu jovem acompanhante ao piano, o belo, brilhante e devotado Otto Goldschmidt, convertido do judaísmo por sua causa. Em 1852, quando os Jerome partiram para Trieste, eles já estavam casados. Também foram para a Europa naquele ano, e lá viveram felizes e fiéis durante muito tempo. Certamente não estiveram em Trieste, nem a bordo de navios nos quais os Jerome fossem passageiros.

No dia em que Jennie nasceu, uma nevasca tinha acabado de cair, deixando pilhas de neve com metros de altura. Na noite anterior, dois marcos de Manhattam haviam sido destruídos por imensos incêndios: o Metropolitan Hall e o Lafarge Hotel. O fogo produziu sobre a cidade nuvens de fumaça misturada com fuligem de chaminés e cinzas quentes, chegando até Brooklyn Heights do outro lado do rio e escurecendo o céu, enquanto Jennie emitia seus primeiros gritos.

Sua primeira viagem de barca até a metrópole foi uma aventura em outro mundo. Vindo de um Brooklyn calmo e interiorano, o visitante era lançado num inferno de ruídos, sujeira e gente aos montes. Uma viagem num cabriolé era uma experiência arriscada; o cocheiro tinha de chicotear o cavalo para atravessar um mar caótico de vendedores de rua aos gritos, pedintes e carrinhos de carga. Multidões, falando o mais alto que podiam, atravessavam correndo de uma calçada para outra, e havia uma confusão de veículos abertos puxados por condutores da ralé, perigosos coches bamboleantes, policiais montados frustrados e irados e freqüentes explosões de violência.

Durante os anos de juventude de Jennie, em que aprendeu a falar francês, costurar, bordar, cantar, cavalgar pôneis e patinar no gelo, ela logo se destacou como uma pessoa "original". Não era nenhuma menina do tipo Florence Nightingale, remendando bonecas que outras crianças haviam desmembrado. Ela era obstinada, arguta, perseverante e intensamente apaixonada pela vida. Tinha adoração pelo gargalhante Pirata Barba Negra que lhe coubera como pai, muito mais do que pela mãe quieta, casta e desprovida de humor, sendo muito próxima de sua irmã Clarita.

O cotidiano de Jennie era feito de incertezas. No curto período de dois anos, Leonard tornou-se uma fera de Wall Street, um especulador brutal e manipulador: num dia, chegava em casa anunciando que havia feito uma fortuna; no outro, que quase se arruinara. Mesmo criança, Jennie aprendeu que jogar no mercado de ações era como dar o lance máximo num jogo de pôquer, e que seu pai era o maior dos apostadores aventureiros.

Ele usava uma manobra típica daquela época: fazia seu amigo James Gordon Bennett Jr., filho do dono do *New York Herald*, anunciar em seu jornal que uma companhia estava em apuros; os acionistas vendiam as ações e Jerome as comprava pelo preço mais baixo. Então ele conseguia que seu outro amigo, Henry Jarvis Raymond, dono do *New York Times*, publicasse uma declaração de que a mesma companhia estava indo muito bem e que todos os relatos anteriores eram falsos; como resultado, as ações subiam e ele fazia uma fortuna.

Esses gênios do jornalismo pautaram a infância de Jennie: Bennett, totalmente fora da moda com seu rosto escanhoado, era vigoroso, de ombros muito largos, capaz de golpear com os punhos poderosos qualquer homem que se pusesse em seu caminho; Raymond, alto e corpulento, um pouco gordo, tinha um semblante tosco que revelava timidez e era quase ocultado por um formidável matagal de barba e bigode negros e por uma massa de cabelos desgrenhados que resistiam a todos os esforços com escovas e pentes.

Em escritórios fora de Wall Street, numa casa compartilhada no número 33 da rua 19 West, Leonard e Lawrence progrediram, a despeito do colapso da New York and New Haven Railroad, empresa na qual tinham interesse, e de diversos bancos; foi somente quando sua favorita Union Trust Company faliu e fechou que Leonard decidiu que talvez fosse prudente mudarem-se para a Europa por algum tempo.

Com suas três filhas — Jennie agora tinha outra irmã, Camille —, os Jerome passaram dois anos em Paris. Como acontecia com os *nouveaux riches* americanos, foram recebidos muito mais calorosamente que em Nova York, onde haviam sido enfaticamente excluídos dos "Quatrocentos Mais" de madame Astor — a nata da sociedade corrupta da Costa Leste. Retornaram em 1858. Em seu colorido (e indispensável) *Lights and Shadows of New York Life*, o historiador social James D. McCabe descreveu a vida de uma criança de família rica naquela época. Aos seis, Jennie teria aprendido boas maneiras, a ordem correta de facas, garfos e colheres à mesa da família, a forma adequada de tomar chá com o dedinho estendido e o modo de cumprimentar os visitantes, ficando de pé quando alguém de fora entrava num cômodo até que as crianças tivessem permissão para se sentar.

Aprender a bordar o alfabeto era um feito essencial para uma criança; após a viagem dos Jerome a Paris, o francês já se tornara uma segunda língua. Os clássicos deveriam ser lidos desde bem cedo: para crianças entre seis e nove anos, *A cabana do Pai Tomás, A letra escarlate* e *Walden: ou a vida nos bosques* eram textos complementares ao McGuffey Readers. As aulas de piano e canto eram obrigatórias; desde o começo, Jennie era uma talentosa pianista e cantora.

Além disso, uma criança teria de aprender a ordem correta numa casa: o mordomo vinha primeiro, seguido pela governanta e as criadas, que incluíam desde as aias das senhoras até as ajudantes de cozinha, chegando ao mais humilde serviçal. Era preciso remover a poeira nova-iorquina de cada centímetro da casa, e todos os pisos eram polidos diariamente; os lençóis tinham de ser trocados todos os dias e lavados num grande tacho de cobre no porão, para depois serem dobrados e guardados em armários de roupas de cama e usados conforme um estrito sistema rotativo.

A sala de estar era o útero protetor, um abrigo contra o barulho e a sujeira de uma metrópole bárbara. Esse centro de atividades era tradicionalmente abarrotado de antiguidades à moda britânica vitoriana, as prateleiras vergando ao peso de bugigangas, as paredes pesadamente forradas de camadas e camadas de papel e cobertas com as melhores obras de arte que o dinheiro podia comprar. Grossas cortinas de veludo impediam a visão da rua repugnante; com freqüência, ficavam fechadas durante todo o dia.

O Natal e o ano-novo eram dias de visitas: primeiro, as crianças acompanhariam os pais para visitar os pobres, levando presentes em cestas de vime, como comida e pequenas quantias em dinheiro; depois, levariam seus cumprimentos às famílias abastadas; de volta à casa, receberiam os ricos até muito tarde da noite. Todo mundo conhecia todo mundo, e a mais leve insinuação de um escândalo era tema para murmúrios por entre folhas de palmeiras cultivadas em vasos ou por detrás de leques em *soirées* e bailes da sociedade. Os ricos jamais deveriam deixar que suas promiscuidades chegassem ao conhecimento da burguesia; uma ilusão de decoro, por frágil que fosse, era tecida como delicada teia de aranha por cima da sórdida verdade.

O primeiro grande evento social de Jennie foi em 12 de outubro de 1860, quando tinha seis anos: as boas-vindas ao príncipe de Gales, que estava em visita não-oficial para promover as relações anglo-americanas. Jennie e suas irmãs tiveram permissão para assistir de uma sacada. Três mil pessoas haviam sido convidadas, mas outras duas mil penetras acabaram com a festa: o peso da imensa multidão fez despencar a improvisada pista de dança construída às pressas e reduziu a sociedade nova-iorquina a uma pilha de saias levantadas, jóias espalhadas, fraques amassados e uniformes arruinados, enquanto Jennie assistia a tudo horrorizada.

Em 1861, Leonard Jerome envolveu-se numa aventura de negócios que um dia quase lhe custaria a carreira. O medo de uma guerra civil iminente o levou a aplicar uma substancial quantia de dinheiro na corrupta Pacific Mail Steamship Company, operadora de navios de carga que contornavam o cabo Horn, na Terra do Fogo, e subiam o Pacífico até a Califórnia, evitando qualquer comércio entre os estados do Norte e do Sul e recebendo e entregando produtos em países latino-americanos. Novamente, James Gordon Bennett Jr. provou-se indispensável: publicou uma declaração no *New York Herald* dizendo que a embarcação postal da Pacific, o *John L. Stephens*, não tinha condições de enfrentar o mar; as ações caíram e Leonard e Bennett as compraram na baixa. Dias mais tarde, o *Herald* publicou um pedido de desculpas e uma correção: as ações dispararam, e os dois homens fizeram uma fortuna. Em 1863, a ação da Pacific Mail havia subido de 64 dólares para 329.

Quando estourou a Guerra Civil em 1861, Jennie tinha sete anos; naqueles dias, crianças ricas de sete anos possuíam certos privilégios. Podiam carregar algum dinheiro em bolsas ou bolsos; ter uma chave da porta de entrada; viajar com crianças da mesma idade; distrair-se com pinturas e esculturas e expressar opiniões durante as refeições. Uma rodada numa sombrinha ou um olhar coquete para os meninos, enquanto passeavam com suas governantas, não eram coisas consideradas impróprias. Uma criança da idade de Jennie e com sua educação invariavelmente teria uma bolsa de couro de porco ou couro da Rússia, uma caixa de costura de prata maciça forrada de cetim e um jogo de escovas de cabelo feitas com marfim africano; seus espelhos seriam da mais fina prata antiga. E quando saía da cidade, mesmo que numa curta viagem, seria acompanhada por um baú de viagens forrado de marroquim vermelho e enfeitado com tachas e apliques de latão.

Jennie era uma garota bonita: tinha o cabelo escuro da mãe, a pele rosada e brilhante do pai e cintilantes olhos cor de âmbar cuja tonalidade parecia mudar a cada variação de luz. Era desafiadora e forte; já uma pequena adulta.

Quando a Guerra Civil impediu que chegassem de Paris os carregamentos de vestidos de alta-costura produzidos pelas casas de Paquim e Worth, os costureiros e chapeleiros de Nova York receberam seu devido reconhecimento. O vasto palácio de mármore do AT Stewart's Emporium, na esquina lamacenta e movimentada da Broadway com a Chambers Street, era uma terra de sonhos para uma criança. Os departamentos de brinquedos e bonecas, espaços enormes e reluzentes, estavam abarrotados de coisas que eram puro prazer. Os departamentos de roupas, copiando descaradamente os originais da Worth, ofereciam horas de deleite a uma jovem, com vendedoras que se comportavam como escravas de um sultão e espelhos iluminados a gás que valorizavam tanto o rosto quanto o corpo. Nenhuma mulher (adulta ou criança) da sociedade usava o mesmo vestido duas vezes; era preciso trocar de roupas pelo menos três vezes por dia, com criadas de plantão para cuidar de anquinhas, das saias aramadas e dos espartilhos. Babados de renda de Bruxelas, sobressaias de renda, veludo e piquê, musselina suíça, musselina indiana, seda de Lyons... As contas de costureiros podiam alcançar quantias próximas ao equivalente hoje a meio milhão de dólares anuais.

A atitude de Leonard com relação a Abraham Lincoln era ambígua. Seus advogados, Samuel Barlow, Jeremiah Larocque e associados eram convictos *copperheads*,* oponentes da administração de Washington e inimigos do presidente por causa de sua arbitrariedade em dispor do direito de *habeas corpus* — direito de um acusado de ser levado a julgamento — e por ele impedir arranjos comerciais com a Europa por meio da criação de tarifas e decreto de bloqueios. August Belmont, amigo de Jerome e agente do império bancário dos Rothschild na Europa, estava igualmente infeliz. Millard Fillmore tinha profundo ódio de Lincoln. Jerome também era, como seus irmãos, ainda um *whig*.

Mas ainda que tivesse pertencido a uma poderosa facção de oposição a Lincoln, Leonard seria, a qualquer preço, leal à União. Ele financiou navios de guerra, levantou fundos em comícios em Utica e entrou, embora irrefletidamente, num esquema lincolniano para mostrar ao Sul a maneira adequada de tratar os negros.

Atendendo a ordens de Lincoln datadas de 31 de dezembro de 1862, ele despachou afro-americanos para uma colônia semelhante à Libéria na ilha de Vache, ao largo do litoral do Haiti, onde desfrutariam o autogoverno em condições democráticas. No entanto, o agente de reassentamento fugiu e desapareceu com o dinheiro, deixando os colonos desamparados. Ao mesmo tempo, contratou para as filhas uma babá afro-americana de roupas coloridas, a adorada Dobbie, que acompanhou a família durante anos em viagens para fora de Nova York e até para a Europa.

Leonard não via nenhuma razão para não lucrar com a guerra: por meio de sua própria companhia telegráfica privada, fez um arranjo para receber informações privilegiadas das frentes de batalha antes mesmo

*Termo ofensivo empregado pelos republicanos para designar os democratas nortistas que apoiavam o Sul. Explicitamente compara estes pacifistas a cobras venenosas que têm esse nome e atacam sem aviso. (*N. da T.*)

de chegarem ao governo ou à imprensa: "O GAROTO VOLTOU" significava um resultado ruim; "O GAROTO ESTÁ MELHOR" era uma vitória. Conseqüentemente, esse código pueril permitiu que ele comprasse e vendesse ações e aumentasse consideravelmente sua fortuna. Como estava ajudando a financiar a União, não houve reclamações de Washington.

Em 1862, aos oito anos de idade, era hora de Jennie ir para o colégio interno. Logo depois de a família mudar-se para sua casa própria no número 30 da rua 21 West, ela foi matriculada na escola da senhorita Lucy Green, exclusivamente para meninas, no número 1 na Quinta Avenida, na esquina a nordeste de um dos lugares da moda, a Washington Square.

O prédio de tijolos vermelhos ficava no local de um antigo pátio de execução, onde condenados haviam sido enforcados em público. A atmosfera era devidamente sinistra: com sua face afilada, a senhorita Green, vestida de cinza à maneira de uma mulher quaker, administrava a escola com toda a gélida severidade da senhorita Scatcherd de Lowood, a escola do romance *Jane Eyre,* de Charlotte Brontë.

Os dias começavam com um sino estridente convocando as alunas para limparem seus quartos e fazerem as camas. Elas tinham de carregar pesadas cadeiras, postas o mais longe possível do refeitório, e depois buscar a louça e os talheres na cozinha e arrumá-los da maneira correta sobre a mesa. Às 8 horas, voltavam com as vasilhas para a cozinha, lavavam e secavam tudo e devolviam as cadeiras ao lugar original.

A primeira atividade das manhãs era uma ida à Igreja da Ascensão, debaixo de sol, neve ou tempestade, onde o Dr. George B. Cheever, um teólogo idoso e sombrio, fazia sermões cheios de ameaças de danação eterna e buscava incutir o terror nas meninas, alertando-as sobre as temíveis conseqüências caso se extraviassem do estreito caminho da virtude.

De volta à escola, as jovens tinham de repetir o sermão da manhã, que se esperava tivessem decorado, e recitar textos sagrados. Após um almoço frugal, era hora obrigatória de estudar francês, alemão, latim, grego e italiano, e todas as conversas deveriam ser em francês. Jennie e as outras alunas tinham de passar longas horas da noite ouvindo palestras feitas pelo influente irmão mais velho de Lucy Green, Andrew, sobre literatura latina ou temas obscuros como a jurisprudência no século XIV; nas tardes de sábado, nas bibliotecas da New York Society e da Astor, ela tinha de decorar antigos manuscritos gregos.

Embora severa, essa formação deu a Jennie uma base incomparável em política, línguas e história, algo inimaginável no mundo moderno, o que lhe seria extremamente útil em sua futura carreira na Inglaterra. Ela também aprendeu sobre jornais com Henry J. Raymond, que falava às alunas sobre a imprensa em tempo de guerra, e com Elihu Root, o jovem futuro estadista, professor de ciência política. Sua aparência era tal que, para conter corações palpitantes, tinha de dar suas aulas junto com uma dama de companhia repressora e ostensiva.

Tanto na escola quanto em casa, Jennie continuava a devotar-se aos estudos musicais. Era encorajada pelo pai, também louco por música, fato que levou sucessivos cronistas a afirmar que, na época, ele era o amante e patrocinador da grande diva ítalo-americana Adelina Patti, então prestes a começar sua espetacular carreira internacional, tendo sido apresentada por ele e August Belmont à Academia de Música em seu primeiro recital em novembro de 1859. Mas ele não tinha nenhum interesse romântico na amarga, banal e belicosa futura estrela; ela estava envolvida em batalhas com seu pai e empresário, a quem mais tarde processou por maltratá-la. Na época em que supostamente estaria apaixonada por Leonard Jerome, ela já havia partido para a Europa, onde permaneceu por vários anos.

Um outro equívoco musical é a idéia de que a amiga mais próxima de Jennie no tempo da Guerra Civil, a talentosa meio-soprano Minnie Hauk, que um dia rivalizaria em fama com Jenny Lind e Adelina, era filha ilegítima de Jerome. Isso era impossível: concebida na Europa por um carpinteiro alemão e a esposa lavadeira, Amália Hauk nasceu durante uma breve escala dos pais em Nova York, em 16 de novembro de 1852; eles imediatamente se mudaram para a cidadezinha de Sumner, que acabara de ser criada no interior do Kansas. Era uma aldeia tão frágil que, anos depois, foi levada por um tornado sem deixar nenhum vestígio.

Os pais, gerentes de uma pensão, seguiram de barco pelo rio até Nova Orleans, onde Minnie foi aplaudida em concertos para o fundo de auxílio à Guerra Civil. Enviada para Nova York por cidadãos que a admiravam, foi adotada simultaneamente por Jerome e August Belmont, que a patrocinavam, e instruída pelo próprio professor de Jennie, o grande Achille Ernani.

Em julho de 1863, num calor que batia todos os recordes, as manifestações contra o alistamento destroçaram a cidade de Nova York; enquanto a multidão em fúria pilhava, estuprava e assassinava, Leonard correu em defesa do *Times* de Henry J. Raymond, do qual era agora um dos diretores. Com divertido entusiasmo e uma pontaria mortal, manejou uma metralhadora giratória Gatling e atirou contra a multidão pelas janelas; para imensa diversão sua e de Raymond, levou os revoltosos a saquear seu concorrente, o *New York Tribune* de Horace Greeley. Era necessário que Leonard tirasse sua família da cidade e a levasse para longe do perigo. Assim, ele amontoou todos num trem e foram para Newport, em Rhode Island, onde vários de seus ancestrais haviam se estabelecido e onde encontrara uma casa provisória na ventilada avenida Narragansett.

Naqueles dias, Newport era uma despretensiosa cidadezinha do interior que oferecia confortáveis casas de pranchas de madeira, ruas ladeadas de árvores e um luminoso cais, onde alguns pequenos iates ancorados balançavam pitorescamente. August Belmont havia construído uma casa lá, assim como Peter Lorillard Ronalds, excêntrico herdeiro de uma dinastia do tabaco cuja encantadora e animada esposa Fanny adorava Jennie e suas irmãs e as levava para passeios em charretes puxadas por burros ao longo da praia; Jennie e ela seriam amigas por toda a vida.

No entanto, a bem-sucedida fuga de Nova York logo foi ofuscada. A despeito de sua aparência de cidade nova, Newport era atormentada por péssimos encanamentos, fornecidos pelo próprio Lorillard, e em pouco tempo a disenteria assolou a cidade, seguida pelo tifo. Camille, a irmã mais nova de Jennie, sucumbiu aos sete anos e oito meses de idade; foi um golpe devastador para a família. Jerome ficou claramente transtornado; após haver comprado por vinte mil dólares um lote e os direitos sobre a praia, vendeu-os menos de dois anos depois, em 2 de junho de 1865. Ele nunca conseguiu fazer de Newport sua casa, e suas futuras visitas foram poucas.

A família encontrou compensações levantando fundos para a causa da União. Um grupo liderado pelos Belmont, com Clarissa Jerome e Fanny Ronalds no comitê feminino, arrecadou mais de um milhão de dólares para a Feira Metropolitana da Comissão Sanitária dos Estados Unidos, realizada em Nova York. A partir de janeiro de 1864, os partidários da causa martelavam os ouvidos do prefeito Charles G. Gunther para conseguir um espaço público a fim de instalar as barracas da feira. Finalmente, ele cedeu uma estrutura vazia perto de Tammany Hall, no lado norte da Union Square, e outra na rua 14 West. Ao mesmo tempo, Leonard estava em vias de completar a construção de uma réplica de um grande castelo francês na esquina da rua 26 com a Madison Square, desenhado por Thomas R. Jackson, arquiteto do Tammany Hall, pela barganha de 55 mil dólares (algo como sete milhões de dólares hoje). A extravagância de cinco andares tinha um telhado inclinado no estilo François Mansart, do período Luis XIV, um pórtico de mármore, um saguão de entrada com piso de mármore e um grande salão de baile que rivalizava com o de August Belmont na Quinta Avenida. Os estábulos onde Jerome mantinha seus cavalos eram atapetados de parede a parede, com acessórios de nogueira e mogno africano. No andar de cima, Leonard construiu um teatro elegantemente mobiliado que emprestou à Comissão Sanitária para espetáculos teatrais e operísticos.

A grande abertura da feira, em 4 de abril de 1864, foi uma ocasião maravilhosa. Fora decretado feriado, e toda a Nova York que não se opunha à guerra apareceu para saudar o desfile de 11.600 soldados marchando ao som de uma banda de metais e de um coral cantando "The Star-Spangled Banner", o hino nacional americano. Bandeirolas agitavam-se em todos os edifícios, e o porto vibrava com os sons de cornetas e as saudações de marinheiros que eram desembarcados aos magotes na praia. A família Jerome cuidava de uma barraca na Union Square; tudo foi vendido, desde bandeiras confederadas capturadas na guerra até jóias da família; as crianças que queriam comprar alguma coisa eram atendidas por Jennie e Clarita.

Também assistiram à apresentação de Fanny Ronalds, o exemplo de beleza e estilo, que aparecia num quadro vivo com a senhora Caroline Belmont no Templo Floral da rua 14; mais tarde, Fanny cantou no Teatro San Jeronimo, que ficava acima dos estábulos, integrando o quarteto do *Rigoletto*. Foi uma festa longa e cheia de animação para Jennie, e nem mesmo a senhorita Lucy Green pôde negar os dias de folga de que ela precisou para participar de tudo.

Capítulo dois

Como tantos outros homens de sua geração, Leonard Jerome viu seu futuro nas estradas de ferro. Era um sonho, partilhado com a esposa e as filhas, trazer os trens até o coração de Manhattan e, de preferência, até bem perto de sua casa na rua 26 West. Sua primeira providência foi juntar-se à Câmara de Vereadores da cidade de Nova York, conhecida como "os quarenta ladrões" e totalmente dominada pelo "Chefe" William Marcy Tweed, o manda-chuva do Partido Democrata, uma figura de mais de 1,80 metro de altura, 140 quilos e temperamento explosivo, que dominava todas as reuniões. A Câmara vendia franquias para bondes, mercados, lojas de departamentos e armarinhos, e agora estradas de ferro — e esmagava toda tentativa de legislação que ameaçasse seus planos.

Acobertado por Tweed e afundado até o nariz em ativa corrupção, Jerome, que também tinha apoio presidencial por causa de sua contribuição para a compra de navios de guerra para a União, equipamentos e uniformes militares, preparou-se para dar um golpe no temível comodoro Cornelius Vanderbilt, supremo magnata da época, cuja abordagem às questões de negócios era famosa. Por exemplo, quando foi parado por um dos comandantes de sua frota de iates e informado para retornar imediatamente para outro grande golpe em Wall Street, ordenava que sua embarcação partisse a todo vapor, e qualquer outra menor que se atravessasse em seu caminho era abalroada e afundada, deixando a tripulação debatendo-se na água.

Jerome investira pesadamente na ferrovia New York & New Haven, que havia começado a penetrar na metrópole em parceria com a linha do Harlem, de Vanderbilt. A NY & NH fornecia as máquinas, e o comodoro provia os trilhos. Jerome percebeu que, se construísse sua própria linha, não teria mais de partilhar os lucros com os Vanderbilt. Agindo em segredo, apossou-se pessoalmente, por trezentos dólares o acre, de uma faixa de terra que poderia ser usada para a linha: Saw Mill River Valley, em Westchester County, incluindo a dilapidada fazenda Bathgate, e começou a assentar os trilhos no escuro da noite.

Vanderbilt tinha um exército de espiões e logo descobriu a história. Adentrou a largos passos os escritórios da New York & New Haven quando Jerome estava fora e comprou a junta de diretores, bem como todas as ações ordinárias e preferenciais. Isso deixou Jerome à beira da ruína, com centenas de acres inúteis, pois Vanderbilt mandou arrancar os trilhos e o plano foi abandonado. Mas então, claramente pensando em suas filhas que adoravam cavalos, Jerome encontrou uma solução.

A cidade de Nova York precisava de uma nova pista de corrida de cavalos para a alta sociedade, e Jerome tinha apenas de olhar a felicidade de Jennie e Clarita passeando a meio galope por sua fazenda Bathgate para saber o quanto elas adorariam a idéia. Mas como poderia ele conseguir que a sociedade saísse do coração de Manhattan e fosse até a pista? A elite, com seus cortejos de carruagens, tinha de conseguir atravessar o rio Harlem, que não tinha pontes, exceto uma, antiga, precária e quase caindo, que ficava em Macombs' Dam. Seria preciso construir uma estrada nova e uma ponte, mas o custo seria esmagador — mesmo para um Jerome. Ele descobriu uma solução típica. Foi falar com os prefeitos de duas cidades vizinhas, Morisanea e West Farms, e convenceu-os a emitir títulos municipais a 2%, com prazo de maturação de duzentos anos, para pagar a ponte e a estrada que, conforme os persuadiu, lhes traria riqueza e prestígio. Por meio de anúncios em seu *New York Times* e no *Herald* de Bennett, as ações foram totalmente vendidas em uma semana. Assim foi aberta a estrada hoje conhecida como Central Avenue, e a ponte, rapidamente construída.

Com investimentos crescentes em estradas de ferro, Leonard começou uma coluna regular no *Times*, publicada quase diariamente a partir de 21 de dezembro de 1864, recomendando ao público que comprasse ações de estradas de ferro. Para eliminar um concorrente, ele denunciou a Erie Railroad Company em 15 de janeiro de 1865, acusando seus proprietários de transações ilegais com ações, manipulação de mercado e divulgação de prospectos falsos (um caso óbvio de "macaco que esconde o rabo e puxa o do vizinho"). Ansioso para ficar bem com o governo quando se ameaçou criar uma comissão do Congresso para investigar suas atividades, ele aplacou as águas turbulentas incentivando seus leitores a comprar títulos do governo.

Não pode haver nenhuma dúvida de que Jennie era, mesmo aos dez anos, uma ávida leitora da coluna do pai; na verdade, lê-la em casa era obrigatório. Ela continuava mais apaixonadamente orgulhosa de seu pai do que nunca, e ele acabou convencendo Lucy Green a quebrar as regras da escola eximindo Jennie da cerimônia religiosa dos domingos para que pudesse levar a filha aos famosos cortejos de fim de semana da alta sociedade no Central Park. Em espalhafatosos cabriolés e carruagens puxadas por quatro cavalos, assistidos pelas multidões que os saudavam, os nobres de Nova York desfilavam qualquer que fosse o clima, liderados por Jerome, Peter Lorillard Ronalds e August Belmont. Os excepcionais cavalos iam escovados e polidos nos mínimos detalhes, as portas da carruagem pintadas com as cores do dono, e toda a aparatosa procissão era guardada pela polícia montada, escolhida a dedo pelo chefe de detetives John M. Young.

Jennie sentava-se orgulhosamente ao lado do pai na boléia, adorando-o ao vê-lo estalar o chicote, a cartola mal resistindo aos ventos fortes, exibindo luxuriantes bigodes, os mais espessos de Nova York. Sua carruagem tinha a carcaça negra com rodas de um vermelho brilhante, e as cores azul e branco dos Jeromes estavam vividamente destacadas nas portas.

Chegou então a grande abertura do hipódromo Jerome Park, dedicado a Clarissa, Clarita e a uma extasiada Jennie, em 22 de setembro de 1866. Apesar de ameaças de chuva, o sol saiu cintilante enquanto Jennie e sua família deixavam a rua 26 West naquela tarde numa carruagem puxada por quatro cavalos. Passaram por entre as multidões na rua ao longo da Quinta Avenida até o Central Park, depois subiram em direção à Oitava Avenida, cruzando a ponte Macombs' Dam recentemente inaugurada no rio Harlem, a caminho da Central Avenue, no Bronx, até o magnífico novo saguão e a plataforma onde ficavam os sócios.

Com sua grande inventividade, Jerome havia concebido um novo formato de pista: uma curva dupla na forma de um S que, num terreno ondulado, impedia que os juízes vissem certos movimentos, de modo que um chute ou uma chicotada rápida bem aplicados no flanco de um cavalo rival poderiam resultar numa vitória escusa. A sociedade fez-se de cega, e ouviam-se altos elogios ao revolucionário desenho da pista enquanto Jennie e sua família subiam a colina até a sede do clube, situada num belo promontório coberto de árvores.

O general Ulysses S. Grant estava de mãos estendidas para cumprimentar os Jerome, acompanhado por August e Caroline Belmont; enquanto a Banda de Metais de Dodsworth tocava "Hail, the Conquering Hero Comes", o general acedeu com a cabeça, mas, de fato, como deixou claro um mordaz *New York Times*, a música era destinada a Leonard Jerome. Dúzias de empregados vestindo librés esvaziavam canastras de champanhe de safra especial, uísque escocês e uísque de centeio, vinhos clarete e de Borgonha, e limonada para as crianças. A comida era a melhor que o dinheiro podia comprar: tartaruga, patê de *foie gras*, perdiz, língua, presunto da Virginia e queijos raros. O café corria de uma dezena de bules de prata, e o ar estava carregado de perfumes caros e da fumaça dos melhores charutos Havana.

Jennie teria tido tempo de explorar a sede do clube, com suas mobílias Luís XIV importadas da França, o salão de baile copiado do palácio das Tulherias, as finas pinturas e esculturas. Embora seus cavalos não tenham vencido, havia ainda a excitação de vê-los passeando pela pista, montados por jóqueis resplendentes em roupas e bonés azuis e brancos.

De volta a Nova York, mais emoções esperavam por Jennie. Minnie Hauk, treinada à perfeição graças ao apoio financeiro de Jerome e Belmont, fez uma brilhante apresentação de estréia na Academia de Música do Brooklyn em 13 de outubro. Jennie juntou-se à sociedade para aplaudir a jovem de 15 anos cantando a popular ópera *La Sonnambula* de Vincenzo Bellini, na qual fazia uma jovem sonâmbula que a gente do povoado acreditava ser um fantasma.

Com o apoio entusiástico da família Jerome, e para extremo deleite de Jennie, Minnie assinou com o produtor Max Maretzek um contrato que acabou permitindo a ela maravilhar o mundo como a primeira grande Carmem. Enquanto cantora, Jennie era desprovida de inveja; regozijava-se com o sucesso musical da amiga como se fosse o seu próprio. As únicas coisas que a enfureciam numa pessoa eram a preguiça, a falta de decisão e ambição e a incapacidade de desenvolver um talento latente. A esse respeito e em outros, ela era — e assim permaneceria — uma arrogante nova-iorquina.

Havia ainda novas alegrias guardadas para Jennie, pois seu pai lhe contara que ele iria fazer uma viagem pioneira de travessia do Atlântico no iate *Henrietta* de James Gordon Bennett, concorrendo a um prêmio de 60 mil dólares. Os concorrentes eram Pierre Lorillard (primo do já mencionado Peter Lorillard Ronalds) no *Vesta* e os abastados irmãos Osgood no *Fleetwing*. Parece incrível para a época uma travessia como essa em meio às tempestades de inverno; mas não havia nada que contivesse aqueles magnatas de meados do século XIX.[1]

[1]No final das contas, somente Bennett, Jerome e seu irmão Lawrence (num barco rival) fizeram a viagem.

Em 11 de dezembro de 1866, Jennie, a mãe e as irmãs chegaram a Sandy Hook, na costa próxima a Nova York, para ver Leonard partir. Sob a neve que caía, milhares juntaram-se na praia, pois Manhattan decretara feriado, e umas três mil estrelas e listras* tremulavam nos telhados das casas na região do porto. Centenas de navios e pequenas embarcações faziam soar cornetas e apitos, e uma banda de metais tocava "Hail, Columbia", "Rally Round the Flag, Boys" e "The Star-Spangled Banner". Quando os três iates brancos deslizaram contornando o promontório, os gritos de boa sorte eram ensurdecedores; não se pode duvidar de que os de Jennie estavam entre os mais altos.

Naquele tempo anterior ao telégrafo, passariam-se semanas antes que ela tivesse notícias dos acontecimentos da viagem do pai: o embarque clandestino no *Henrietta* de um repórter do *New York Herald*, Stephen Fisk, escondido dentro de um caixote de champanhe; Jerome e Bennett jogados para fora de seus beliches, um sobre o outro e às gargalhadas, quando o iate inclinou num ângulo de 16 graus; a neve trazida pelo vento batendo no cordame e as cordas transformadas em teias de aranha de gelo; e, finalmente, a triunfante chegada, à frente dos competidores, diante dos penhascos da costa britânica e uma delirante recepção pela multidão que os esperava.

A rainha Vitória e diversos líderes políticos e financeiros enviaram suas congratulações, e o Esquadrão de Iates Reais em Cowes, na ilha de Wight, fez uma saudação elaborada. Foi então que Leonard Jerome realizou um de seus feitos típicos. Sabendo que em 9 de janeiro era o aniversário de Jennie — e nunca havia perdido nenhum até então —, estava decidido a chegar de volta a Nova York a tempo. Era 30 de dezembro; portanto, como poderia fazê-lo?

Seu irmão Lawrence viera num iate rival. Concordou em "tornarse" Leonard; ninguém notaria a diferença, exceto os outros concor-

**Stars and Stripes*, forma descritiva de referir-se à bandeira norte-americana. (*N. da T.*)

rentes, e esses não diriam nada. Lawrence, personificando Leonard, fez um brilhante discurso de agradecimento; vibrante, com seu humor habitual, fez a casa vir abaixo. Enquanto isso, Leonard estava num trem expresso a caminho de Liverpool para embarcar no *City of Baltimore*, que completou o cruzamento do Atlântico exatamente no dia 9 de janeiro.

Jennie estava no Jerome Park para a festa de seu aniversário e a inauguração de um novo ringue de patinação no gelo. Não há como calcular seu espanto quando viu o pai chegando numa charrete; esse foi seu mais amoroso gesto como pai registrado pelo *New York Times*.

Poucas semanas depois, no entanto, Leonard teve uma experiência menos feliz. No dia 6 de fevereiro, estava em seu escritório quando chegou um mensageiro com cem mil dólares em ações negociáveis e os colocou sobre uma mesa antes de guardá-los no cofre. Um homem alto, de cabelo vermelho e cavanhaque, agarrou o pacote e saiu caminhando com ele escondido sob o casaco. O homem era Daniel Noble, ladrão e falsário que nunca havia cumprido pena numa prisão, apesar de uma série de roubos semelhantes. Quando foi finalmente pego e enviado para a prisão em 1871, havia muito que se desfizera das ações.

Para Clarissa, foi a última gota. Insistiu em que a família fosse para Paris. Se Jerome hesitou, tal incerteza teve seu fim em uma desfeita que deve tê-lo magoado profundamente: quando ofereceu cinco mil dólares à faculdade onde se formara em Nova Jersey, cujos rendimentos deveriam ser usados para pagar prêmios anuais a estudantes no último ano, a oferta foi recusada. Sua carreira na faculdade e os subseqüentes negócios duvidosos tiveram como resultado esse tapa na cara. Mas no que dizia respeito a Jennie, não podia haver nenhuma dúvida quanto a seus sentimentos: Paris estava gloriosamente à espera!

A família instalou-se, encantada, na Cidade Luz. Enquanto Jerome ia e vinha entre a Europa e os Estados Unidos após os primeiros meses em Paris, a mãe de Jennie e a irmã mais velha, em incursões regulares que partiam de seu apartamento na Rue Malesherbes, deleitavam-se com visitas ao círculo imperial, que incluíam desde Biarritz no verão e Compiègne no outono até as Tulherias no inverno. Jennie, que havia se formado na escola da senhorita Green, foi matriculada aos 13 anos no igualmente severo Liceu Coulon, tendo preceptoras durante as férias. Ela desfrutava a permanente amizade de Lillie Greenough, que se casara com o banqueiro americano exilado Charles Moulton e vivia no magnífico Château de la Petit Val, a cerca de 50 quilômetros de Paris, com um fosso, uma ponte levadiça e jardins ornamentais. Outra boa amiga da época era (novamente) a encantadora Fanny Ronalds; a despeito de histórias freqüentemente repetidas de que era amante de Jerome (e de August Belmont), ela ainda era fiel ao marido. Viveu com ele em Paris até o final de 1871 e teve três filhos que ocupavam a maior parte de seu tempo. Seus pais, os muito conhecidos Carters de Boston, também moravam com ela na mesma casa.

O grande evento de 1867 foi a Exposição Universal de Paris, da qual o príncipe de Gales (relembrado por Jennie por causa do fiasco da festa de 1860 promovida pela cidade de Nova York) participou em vários momentos. Ao lado dele estiveram Napoleão III, o arrogante e tagarela imperador da França, e Eugênia, sua bela, mas superficial, consorte, e também o czar da Rússia e o imperador da Áustria-Hungria. Para Jennie, não podemos duvidar de que os eventos musicais superaram todo o resto — a Casa Egípcia, com suas faraônicas relíquias douradas, o Palácio Otomano, uma confusão estonteante de minaretes, domos e jóias, e o Pavilhão Americano, um triunfo de maquinaria. Ela assistiu a Offenbach conduzindo sua própria orquestra, à grande estrela da opereta francesa Hortense Schneider cantando em *The Grand Duchess of Gerolstein*, e ao recital de Minnie Hauk.

Três mulheres cativavam Paris naquela época: a princesa Metternich, esposa do embaixador austro-húngaro, tão feia quanto um macaquinho de tocador de realejo ("Mas que macaquinho interessante!", dizia ela de si mesma), com um estilo inigualável em suas roupas da Worth e cintilantes exibições de diamantes e esmeraldas; Cora Pearl, amante de reis, que chocou toda a Paris na apresentação teatral de *The Commentaries of Caesar*, invocando o espírito do futuro na bela forma de um menino de 11 anos de idade, o príncipe imperial, herdeiro do trono francês; e, finalmente, a princesa Mathilde, que se tornara a mulher mais rica da França após repelir o lendário monstro conde Anatole Damidoff, herdeiro de uma incalculável fortuna em minas de carvão nos montes Urais da Rússia, que a havia chicoteado e espancado quando ela lhe recusara os privilégios maritais. Nem mesmo a morte por fuzilamento do imperador Maximiliano do México, um fantoche de Napoleão, ou a tentativa de assassinato nas ruas de Paris do czar Alexandre II ou o tumulto estimulado pelo revolucionário italiano Giuseppe Garibaldi para saldar a chegada do imperador Francisco José da Áustria-Hungria puderam ofuscar o brilho da Exposição.

Listas de passageiros de navios mostram Leonard Jerome em constante trânsito no Atlântico entre a França e Nova York até depois de 1870. A despeito de sua aparência jovial, resoluta — sempre com as faces rosadas, um heróico bigode e uma risada alta e amigável —, pode-se dizer com segurança que ele vivia em constante estado de pânico. Buscava acalmar sua fria esposa e a filha mais velha passando algum tempo com elas nos círculos da corte do imperador, ao mesmo tempo em que tentava manter uma série de empreendimentos arriscados que iam de mal a pior em Manhattan.

Ele havia se aferrado, contra todas as previsões, a seu investimento na Pacific Mail, cujos navios singravam a rota do cabo Horn até a Califórnia e o estado de Washington. Na caça insaciável de espólios, e sabendo que a companhia estava numa situação precária, havia se juntado ao conglomerado bancário Brown Brothers na Pacific, expandindo a linha por meio do lançamento de vinte milhões de dólares em ações para começar uma nova rota comercial para a China. Os navios também transportariam missionários, que agora partiam para o Oriente aos magotes. Acabou atingido por seu próprio petardo quando um de seus diretores associados usou o conhecido expediente de divulgar nos lugares certos que a Pacific Mail estava com problemas, desvalorizando assim as ações e comprando-as na baixa.

Os papéis da Pacific Mail caíram 30%; Leonard havia comprado a maior parte das ações "na margem" e dado a garantia de que compraria outros cinco milhões com base nos resultados da rota chinesa. Ele poderia ter ficado arruinado, mas, embora seriamente afetado, sobreviveu, fazendo dinheiro por meio de outras fraudes.

Sem dúvida alguma, Jennie e suas irmãs foram informadas da questão: era uma política da família Jerome não esconder nada, nem mesmo dos mais jovens. Jennie continuou a apreciar Paris, embora fosse preciso que tivesse 16 anos antes de poder ir aos bailes nas Tulherias ou aos eventos de outubro em Compiègne. Ela era compensada pelas amizades de Fanny Ronalds e Lillie Greenough Moulton, e agora pelo pretenso conde de Persigny, um ex-jornalista corrupto cujo título estava de fato revogado, mas que era muito próximo do imperador e tinha garantido sua posição instalando firmemente sua esposa no leito real.

A lealdade de Persigny havia lhe granjeado um período na prisão após uma das primeiras revoluções; também lhe garantira milhões em concessões de estradas e ferrovias, além de sinecuras úteis, como o cargo de embaixador na Inglaterra. Ele não era um modelo mais adequado que os amigos corruptos de Jerome em Nova York, mas Jennie tinha um olho para piratas, e bem pode ter se interessado por aquele belo, mas cruel, aventureiro.

Em 1869, aos 15 anos de idade, Jennie já tinha uma beleza plenamente desabrochada, com cabelos castanho-escuros, olhos cheios de vida e alegria, nariz e queixo perfeitos e um talhe exuberante que prenunciava seios fartos, com linhas atléticas obtidas por meio de cavalgadas diárias no Bois de Boulogne, patinação artística durante todo o inverno e muitas caminhadas aceleradas por toda a extensão e amplidão de Paris. Ela era espirituosa e cheia de encantos, sincera e forte, não se tornando uma jovem mimada graças à educação recebida na escola ou em casa; seu amor pelo pai e pelas irmãs não se deixava tocar pelas adversidades. O que era uma boa coisa, pois em 4 de abril de 1869 a família experimentou o que poderia ter sido o seu pior golpe até então.

O amigo da família James Gordon Bennett liderou um coro de vozes enfurecidas, traindo Jerome completamente ao fazer chegar às manchetes um incidente notório. Um pelotão de policiais, 16 ao todo, invadiu a caixa-forte dos escritórios da Union Pacific Railroad/Crédit Mobilier em Nova York e carregou uma grande quantidade de documentos que revelavam, nas palavras de um editorial de Bennett no *Herald*, em 5 de abril, "a mais gigantesca fraude jamais perpetrada à sombra da lei". E prosseguia dizendo que "a companhia [tem de] vomitar os milhões que saqueou do povo americano por meio de um sistema de administração que se aproveitou da confiança recebida". Locomotivas desgastadas e quebradas, trilhos defeituosos, ações desaparecidas, dinheiro vivo saqueado — o quadro era espantoso, e um dos primeiros nomes a emergir como diretor e acionista foi o de Leonard Walter Jerome.

O famoso escroque Jim Fisk, agastado por não ter recebido sua parcela dos despojos, e outro criminoso, William, filho do "Chefe" Tweed, estavam por trás da batida; mas não ganharam nada com ela, pois logo ficou claro para o comitê de investigação do Congresso que dezenas de políticos em Capitol Hill haviam sido comprados e subornados: a investigação foi esvaziada, como era de se prever.

Capítulo três

Naqueles anos em Paris, Jennie aprendeu a tocar piano com o famoso e irascível compositor Stephen Heller, segundo padrões de qualidade exigidos de uma concertista. As aulas com o professor, uma figura de cabelos e barba brancos e eriçados, faces avermelhadas de exaltação e grande exigência quanto às técnicas de teclado, tornaramse difíceis experiências diárias. Outro peso em sua existência era que, antes de completar 16 anos, não tinha idade para ser admitida, como acontecia com sua irmã mais velha, nos eventos da corte; e, ao final de 1869, com a situação política rapidamente se deteriorando em Paris, era claro que ela nunca se tornaria parte do círculo real; os bailes e banquetes, um após outro, eram cancelados sem aviso. A extravagância dos eventos da corte e a pobreza de milhões de franceses haviam produzido uma ameaça de revolução que despertava memórias do Terror, a explosão sanguinária do final do século XVIII que havia derrubado o trono dos Bourbon. Todos os partidários de Napoleão III, aí enfaticamente incluídos os Jerome, estavam em perigo potencial na medida em que multidões de estudantes e trabalhadores invadiam os bairros ricos cantando a Marselhesa e lançando tijolos através de janelas. Ao mesmo tempo, havia a ameaça de guerra com a Prússia; a decisão do príncipe herdeiro prussiano de pôr um parente no trono espanhol que estava vago constituía um desafio à preponderância francesa e ao equilíbrio de poder existente. Detalhadamente instruída por Elihu Root na escola da senhorita Green e por seus professores de então no Liceu Coulon, Jennie sem dúvida entendia os antecedentes políticos que haviam levado à atual situação da França, bem como os perigos ainda maiores à frente.

No dia seguinte ao seu décimo sexto aniversário, em 10 de janeiro de 1870, o barril de pólvora explodiu. O inflamado primo do imperador, príncipe Pierre Bonaparte, matou com um tiro o jornalista revolucionário Victor Noir, um ídolo da classe estudantil; no dia seguinte, trezentos mil revoltosos, enlouquecidos de raiva e num gesto de vingança, invadiram as ruas (incluindo a Rue Malesherbes onde viviam os Jerome), puseram fogo em casas, arrastaram muitos de seus ocupantes para fora e os espancaram, violaram criadas e humilharam senhoras mais velhas. Centenas foram mortos, centenas de outros ficaram seriamente feridos; os Jerome foram postos sob toque de recolher e é provável que só tenham escapado à pilhagem por pendurarem a bandeira de estrelas e listras em suas janelas.

Em março, um júri corrupto controlado por Napoleão isentou o príncipe Pierre da acusação de assassinato, e mais revoltas se seguiram; tão logo sentiu que era seguro, Leonard levou a família para Nice e de lá para Gênova. Eles retornaram a Paris mais tarde, mas agora para um Boulevard Haussman protegido por soldados.

Mas a família não teve paz. Uma outra revolta explodiu em maio, seguindo-se a um fracassado complô para assassinar o imperador; mais uma vez ocorreram incêndios, assassinatos e estupros, ruas cobertas de vidros quebrados, de pessoas mortas e agonizantes.

E então veio uma onda frenética de propaganda contra a Prússia. Os ataques de Napoleão contra o Império Prussiano eram estimulados, em parte, pelo parecer de seu gabinete de que isso teria o efeito de fundir os vários elementos revolucionários numa causa comum. O estratagema funcionou: meio milhão de jovens acorreu ao chamado da bandeira nacional. Mas a excitação logo se transformou em desespero; Paris estava de luto, cidadãos soluçando nas ruas, enquanto os jovens eram estraçalhados nos campos de batalha de Wörth, Weissenburg, Metz, Mars-la-Tour, Gravelotte e Sedan. Finalmente, o próprio imperador capitulou e foi humilhantemente enviado para a prisão. Mergulhada no abatimento, a família Jerome defrontou-se com um horror ainda maior: o cerco de Paris.

A turba imprevisível, sabendo da derrota de seu país, passou a pilhar e assassinar novamente, invadindo o Palácio Bourbon e forçando o que restava da Assembléia Geral a proclamar a queda do império. Uma nova república foi proclamada no Hotel de Ville sob um governo provisório que tinha como presidente o traidor de Napoleão, general Louis Truchu.

Leonard, então de volta à Nova York, enviou cabogramas à família para que partissem imediatamente para a Inglaterra. Sem obter nenhuma ajuda do embaixador americano Elihu B. Washburne, que era profundamente pró-Alemanha e estava ocupado repatriando residentes alemães em vez de ajudar seus compatriotas francófilos, Jennie, a mãe e as irmãs jogaram as roupas que puderam nos baús e, assim como fizera a imperatriz Eugênia, fugiram de trem e carruagem para Deauville, na costa noroeste, onde tomaram um barco para Dover através de mares turbulentos. Elas deixaram quase tudo para trás: antiguidades, quadros, até mesmo jóias que esqueceram em sua apressada arrumação de malas. Quase não conseguiram fazer a travessia: dois dias depois, todos os vapores ingleses e franceses no Canal foram suspensos.

Em Brighton, e depois em Londres, onde se instalaram no Brown's Hotel, os Jerome descobriram que estavam longe de ser bem-vindos. A opinião esmagadora da imprensa e do público era pró-Alemanha; o simples nome Napoleão era uma punhalada nos corações britânicos, décadas depois de o odiado imperador deposto haver sido exilado em Santa Helena e lá morrido. Assim, Jennie teve que ter uma governanta alemã, em vez de uma francesa, e a família foi obrigada a enfrentar uma longa estadia em Londres, cujo clima era prejudicial à saúde.

A despeito do brilho dos eventos teatrais daquele outono de 1870, mais notavelmente a abertura do Teatro da Ópera Cômica no Strand e o opulento musical *Atlanta* no Teatro Royal, em Haymarket, havia pouco de prazeroso ao redor. Mayfair, onde ficava o decadente Brown's Hotel, estava construído sobre um vasto e transbordante esgoto, parte de 1.600 metros quadrados de incontrolável imundície londrina. Os excrementos entupiam as manilhas e saíam pelas sarjetas, e a disenteria, o tifo e o cólera espalhavam-se, com a constante ameaça de doenças transmitidas por pulgas de ratos e de um retorno da Grande Peste.

Se o barulho e o congestionamento eram pragas em Nova York, eram muito piores em Londres. Jennie, quando se aventurava pela cidade repulsiva e malcheirosa, via os veículos rangentes puxados por cavalos, odiados pela população porque eram imundos e inseguros, oscilando perigosamente sobre as pedras do calçamento; os cocheiros corriam ao lado, chamando ou buscando atrair os pedestres para que subissem, mas a maior parte preferia caminhar ou chapinhar na lama. Grandes bandos de árabes pelas ruas — crianças pobres maltrapilhas — corriam por toda parte gritando um palavreado obsceno ou quebrando a cabeça das estátuas nos parques.

Naquele inverno de 1870, Londres deve ter parecido uma armadilha mortífera em potencial. Centenas de acidentes foram registrados, causados por chuva ou neblina; muitas pessoas morreram esmagadas por cavalos em fuga, por pedaços despencados de alvenaria ou trens fora de controle; outras foram engolidas por aço derretido numa siderúrgica, jogadas escada abaixo durante brigas ou cortadas em pedaços por estilhaços de vidro. Houve incontáveis raptos, afogamentos e enforcamentos. Estimou-se que havia 36 mil criminosos em Londres; foram feitas cinqüenta mil prisões em três meses, e montes de corpos foram dragados das águas turbulentas e imundas do Tâmisa. Tão pesada era a fuligem que saía das incontáveis chaminés, que, para citar o comentarista social Hyppolyte Taine, a grande testemunha ocular francesa que escreveu um livro sobre a Inglaterra, o próprio Nelson, no alto de sua coluna em Trafalgar Square, estava tão enegrecido pela fuligem que mais parecia um rato empalado numa vara muito comprida.

Leonard chegou a Paris para recuperar o que pudesse dos pertences de sua família em mãos de forças prussianas que agora ocupavam a cidade. Para conseguir isso, teve de posar como pró-Prússia, tarefa nada complicada para um operador de Wall Street capaz de mentir em qualquer emergência. Ligou-se à colônia americana em Versalhes, onde o general americano Francis Sheridan, que havia prestado assessoria militar a Bismarck durante toda a guerra, seguindo instruções presidenciais, estava encarregado dos interesses americanos na França. Por intermédio de Sheridan, Leonard conseguir recuperar obras de arte que milagrosamente haviam escapado aos revoltosos; em janeiro de 1871, levou-as para Londres e colocou-as num depósito.

Essa era uma boa notícia, mas ainda havia o nevoeiro de inverno, aquela nefasta mistura amarela de gás e poeira de carvão que invadia casas, apartamentos e escritórios, tornando quase impossível ler ou escrever. Nenhum navio podia atracar, nenhum veículo podia trafegar; jovens carregando tochas tinham de ir à frente de cabriolés, e os trens atrasavam horas, os condutores quase cegos pelos vapores sulfurosos. O balido lamurioso das sirenes de neblina compunha um *obbligato* que subia do rio. Para Jennie e a família, ir a teatros, óperas e balés era uma experiência bizarra: dificilmente se podiam distinguir os atores através das nuvens de fumaça dos charutos e cigarros e dos vapores amarelos que se insinuavam de fora; a luz tremulante de candelabros a gás, queimando em sua máxima potência durante os espetáculos, transformava o arco do proscênio em nada mais do que uma moldura para fantasmas.

No rastro do nevoeiro vieram chuvas torrenciais, transformando as ruas da cidade em rios ruidosos e fazendo o Tâmisa transbordar. Então, finalmente, o tratado de paz que pôs fim à guerra franco-prussiana em 10 de maio de 1871 mandou os Jerome alegremente de volta a Paris, para o Boulevard Haussman, em janeiro do ano seguinte.

Paris estava *en fête*, com céus excepcionalmente azuis para a estação e um clima brilhante e ameno que levava multidões do campo em animada profusão para a cidade; a Praça da Concórdia estava cheia de vida com uma grande feira, onde centenas de barracas brilhantemente enfeitadas exibiam uma inimaginável variedade de produtos. Para as crianças havia bombons embrulhados de formas delicadas, brinquedos e bonecas, teatros populares de marionetes, músicos de rua, comédias românticas e dramas em palcos abertos. Um número recorde de bolsos furtados era registrado todos os dias, e numa única semana foram presos e postos na cadeia 3.700 ladrões.

E então, mais uma vez, a má sorte atingiu os Jerome. Enquanto estavam se reinstalando no Boulervard Haussman, chegou a notícia de Nova York de que Leonard estava numa situação desesperadora. O manipulador de ações Jay Gould, que tinha uma grande participação na Pacific Mail, derramou suas ações no mercado aberto, danificando ainda mais a já precária posição de Leonard; houve a ameaça de uma investigação do Congresso e Gould havia entrado em pânico.

Como sempre ocorria nessas situações, Leonard partiu imediatamente para a Europa. Ainda mantendo a casa em Paris, e porque a febre tifóide estava devastando Londres, decidiu instalar a família na ilha de Wight, de modo a estar próximo das regatas de agosto e do círculo social do príncipe de Gales, que girava em torno da Osborn House. Ele alugou uma casa de campo agradável, a Villa Rosetta, e logo Jennie aprendeu a amar o lugar.

Tendo um dia sido o local favorito de Henrique VIII, Cowes era, desde 1815, a sede do Iate Clube Real, formado por ricos partidários do príncipe regente, mais tarde rei George IV. Naquela ocasião, o Belo Brummel (o famoso dândi que havia ousado chamar George de seu "amigo gordo") foi exilado da sociedade e fechou seus clubes de Londres aos membros pró-reais da aristocracia.

Por volta de 1824, Cowes rivalizava com Brighton como um lugar de descanso dos ricos, mas na década de 1870 as atrações que oferecia tornavam-no irresistível. Napoleão III era um sócio do clube, e seu presidente, *Sir* John Bourgoyne, havia providenciado a fuga da imperatriz Eugênia do cerco de Paris. As corridas de iate eram um grande espetáculo; os participantes vestiam elegantes jaquetas azuis e calças brancas, os iates pareciam palácios flutuantes, e os homens da tripulação eram lançados ao mar ou açoitados com um "chicote de nove tiras", se não cumprissem as exigências. Nos primeiros anos, às vezes, eram dados tiros de canhão contra um time rival que parecesse ameaçador.

No verão de 1873, Jennie e seus pais fizeram amizade com o notável Francis Bertie, mais tarde embaixador na França. Na época em que o conheceram, ele estava crescendo na política, e tornou-se subsecretário de Estado adjunto no governo de Disraeli antes mesmo de completar trinta anos.

Era um homem bonito, melindroso, de temperamento cruel, conhecido por sua coleção de pornografia, sua queda por mexericos obscenos, o que lhe permitiu conquistar os ouvidos do príncipe de Gales, sua paixão pelo jogo e seu acesso a belas mulheres. Sua única limitação era a esposa, Fiodorowna, uma mulher simples e desprovida de charme, mas que tinha uma vantagem suprema: era a sobrinha-neta do duque de Wellington.

Com Leonard de volta a Nova York, e tendo sido confirmada a investigação do Congresso sobre a Pacific Mail, as preocupadas Jennie, Clarissa e Clarita viram em Bertie uma companhia vantajosa para a ascensão social. Agora que a guerra franco-germânica não era mais do que uma lembrança, elas podiam, como defensoras da monarquia francesa, encontrar, finalmente, seu lugar; a imperatriz Eugênia, no exílio, era amiga das três e também da rainha Vitória.

Em agosto de 1873, houve um grande evento em Cowes: o grão-duque Alexandre e a esposa, a grã-duquesa, herdeiros do trono russo, estavam na cidade para as corridas. Numa festa real a bordo do navio de guerra *Ariadne*, Bertie, sempre de olho numa grande oportunidade, apresentou Jennie, então com 19 anos, a seu amigo lorde Randolph

Churchill, segundo filho sobrevivente do duque de Marlborough, e, ao fazer a apresentação, como escreveu Keith Hamilton em sua biografia de 1989, Bertie logo se tornaria responsável pelo nascimento de Winston Churchill, de quem ele definitivamente não gostava.

Capítulo quatro

Jennie viu diante dela um típico Marlborough: magro, ombros estreitos, um heróico bigode com as pontas torcidas para cima e uma pele branca quase transparente. Os olhos protuberantes fitavam com violenta intensidade, o sorriso era cálido e sedutor, e os anéis e botões de lapela cravejados de jóias sugeriam um dandismo quase afeminado, corrigido por uma voz profunda, impositiva, marcada por um charmoso ceceio.

Embora tivesse 24 anos, parecia um menino que crescera demais; suas pernas e seus braços não tinham a musculatura da maioria dos homens da mesma idade. Mas havia um poderoso e irresistível ar de aristocracia que revelava o proprietário de terras e o cavalheiro em cada um de seus gestos e em cada movimento de seu corpo aparentemente frágil, mas flexível.

Nascido naquele intimidante desatino arquitetônico que era o palácio de Blenheim, a propriedade da família em Oxfordshire, no dia 13 de fevereiro de 1849, tinha apenas seis meses de idade quando morreu um irmão mais velho, Frederico, aos quatro anos. Foi educado na Escola Preparatória de Tabor em Cheam, onde fez uma amizade que duraria toda a vida com Nathaniel (Natty) Rothschild, filho do sócio financista mais próximo de August Belmont em Londres e que viria a ter a mais profunda das influências na vida de Jennie.

Em Eton, Randolph era, como Leonard Jerome, uma figura rebelde; famoso por sua conduta escandalosa, uma vez comandou uma gangue de desordeiros num ataque à carruagem do príncipe de Gales e sua consorte, a princesa Alexandra da Dinamarca, no dia do casamento real. Quebrou as regras entalhando seu nome na carteira da escola — o que foi descoberto décadas mais tarde pelo escritor e artista Max Beerbohm —, levando seu buldogue de estimação para a sala de aula e instalando o brasão dos Marlborough sobre a lareira em seu estúdio. Roubou doces de uma loja e morangos de um hotel, e seu comportamento não melhorou quando foi para a Faculdade Merton, em Oxford (era um estudante ruim demais para Magdalen, que demandava desempenhos melhores).

Trancou um garçom no porão de armazenar carvão e outro na câmara de gelo, quebrou janelas de hotéis e fumava quarenta cigarros por dia quando até mesmo um era proibido. Empenhou-se em batalhas constantes com o deão George Brodrick, que estava de olho na clientela política tradicional dos Marlborough em Woodstock e que nunca deixou de atacar os pais de Randolph por dominarem não apenas uma localidade, mas todo um distrito putrefato, uma cidade corrompida pela influência de poderosos. Acusou o duque de forçar os habitantes locais a votar nele quando era membro do Parlamento, de 1840 a 1845 e outra vez de 1847 a 1857, e criticou Marlborough por subornar os eleitores com comida, vinho ou promessas de aluguéis fixos. Essas acusações eram bem fundamentadas, mas levavam Randolph a ataques de fúria.

Randolph recusava-se a freqüentar a igreja aos domingos, uma exibição de agnosticismo como a de Jerome que deixava seus pais exasperados. Não era, de forma alguma, um acadêmico. O único livro que se soube ter lido foi *Declínio e queda do Império Romano*, de Gibbon, com suas chocantes descrições de orgias, assassinato de cristãos e a destruição de imperadores pelos excessos de depravação; o registro de um mundo em colapso que se esperava durar para sempre. Randolph pode ter apreciado o inigualável registro de dissolução e corrupção, mas não aprendeu nenhuma lição daquelas páginas; permaneceria um homem dedicado ao império até o dia de sua morte.

Naquela festa de gala no iate em agosto de 1873, Jennie ficou tão completamente cativada quanto qualquer heroína romântica dos livros franceses que eram populares durante seus anos em Paris. Ela não se sentia atraída por homens de compleição forte, e a fragilidade e a delicadeza tinham o seu apelo; havia algo de uma dominatrix em sua natureza. Por sua vez, Randolph estava deslumbrado pela fogosa, genuína, franca e direta beleza americana, de um tipo raramente visto na Inglaterra naquela época. O cabelo escuro, os olhos castanhos iridescentes, a pele rosada e a figura exuberante sugeriam uma combinação de virgindade e sensualismo; em suma, ele fora fisgado.

Clarissa, mãe de Jennie, não ficara impressionada. Randolph nada tinha da presença física nem da personalidade forte que havia encontrado em Leonard. Os filhos mais novos de famílias aristocráticas eram notoriamente uns inúteis, reduzidos a elogiados guarda-caças ou coletores de aluguéis, bons apenas para guiar cães de caça ou, no máximo, participar de corridas de obstáculos. Quando o apaixonado casal trocou juras, da maneira tradicionalmente correta, num caminho iluminado pelo luar na noite seguinte, Clarissa ficou contrariada. Tinha em mente um duque, ou pelo menos um marquês, para sua filha.

O pai e o irmão de Randolph também estavam contrariados; nem a fotografia de Jennie que Randolph enviou ao duque na Escócia nem seus ansiosos apelos por um aumento na mesada se provaram atraentes. Até mesmo as garantias de que o pai de Jennie era famoso nos Estados Unidos e que o casamento logo poria um fim à vida de ócio de Randolph provaram-se menos que excitantes; pouco depois, Randolph acrescentaria um toque de chantagem, dizendo que não se apresentaria como candidato ao Parlamento por Woodstock a menos que sua vontade fosse satisfeita.

Enquanto isso, Clarissa proibiu expressamente Jennie de escrever a Randolph, que, de volta a Blenheim, reclamava miseravelmente de seu silêncio. Marlborough, pai de Randolph, no início deixou-o sem resposta, mas seu irmão George Charles, marquês de Blandford, escreveu a ele das Terras Altas Ocidentais. Disse que insistir com Randolph para mudar de idéia seria como jogar palavras ao vento ou, numa alusão bíblica, enfrentar um exército com a queixada de um burro. A natureza de Blandford revelou-se quando escreveu que um caso com uma mulher casada seria aceitável; que casamento por dinheiro também era compreensível, mas que por amor decididamente não era. Não encontrando nenhum consolo desse lado, com os nervos a cada dia mais em frangalhos, Randolph correu para Cowes por dois dias para ver Jennie e defender, em vão, sua causa perante Clarissa. Então partiu subitamente para o que disse ser uma viagem a Londres para comprar um medalhão no qual guardaria uma mecha dos cabelos de Jennie. Ela ficou tocada com a notícia, até lhe dizerem que ele partira para ir ao teatro com dois amigos americanos, e rabiscou uma carta muito enfurecida.

Na verdade, Randolph havia sido convocado à residência real de Marlborough House para uma entrevista com o príncipe de Gales, algo que ele claramente não queria mencionar porque o resultado poderia ser desfavorável. Mas, na verdade, o príncipe estava animado com a idéia da união; havia ficado impressionado com a aparência e o charme de Jennie e a elegância refinada de sua mãe, e provavelmente se lembrava de seu encontro com Jerome em 1860 na Academia de Música de Nova York.

A partir daquele encontro, começou uma mudança na atitude do duque e da duquesa de Marlborough, que passaram a reconsiderar a questão: a aprovação real dificilmente poderia ser ignorada. O duque começou a investigar Jerome por meio da embaixada britânica em Washington. Concluiu que Leonard era um operador, um manipulador de ações que uma vez falira (o que de fato não ocorrera), que também explorava uma pista de corrida de cavalos e (o máximo da vulgaridade) sabia comandar uma carruagem de seis cavalos (o que também não era verdade). Mas Marlborough sentiu no ar o cheiro de dinheiro.

Jennie soube a opinião de seu pai no dia 8 de setembro. Em sua carta, ele a alertava de que, se alguma coisa saísse errada com a relação, "você vai fazer naufragar horrendamente seus sentimentos". Ele conhecia a filha: "Sempre pensei que, se um dia você se apaixonasse, seria um caso muito perigoso." Havia criado um tigresa... e sabia disso. Para uma pessoa assim, o amor tem de ser tudo ou nada; se "desapontada", haveria uma "desolação indescritível". Mas ele disse que não desaprovaria — ela podia casar-se com qualquer um, desde que não fosse "um francês ou algum daqueles malditos continentais", uma ressalva bizarra vinda de um homem que havia passado tantos anos em Paris.

Então, em 17 de setembro, com Jennie e Randolph a cada hora mais frustrados, Jerome viu-se à beira da ruína mais uma vez. Foi a Quinta-feira Negra: Jay Cooke, banqueiro da União na Guerra Civil, estava tomando um drinque com o presidente Ulysses S. Grant quando recebeu a notícia de que seu todo-poderoso Union Trust Bank, no qual Jerome tinha uma participação, havia quebrado. A emissão de ações da Northern Pacific Railroad havia fracassado, levando de roldão o mercado de ações. Até os Astor e os Vanderbilt foram afetados; Jerome foi salvo somente porque possuía a casa da rua 26 West, os navios da Pacific Mail e a pista de corridas.

Àquela altura, Randolph havia recebido um poema medíocre de Blandford alertando-o, numa repugnante litania misógina, quanto às ameaças do casamento — o seu próprio com a lívida Albertha Abercorn era causa de muito cinismo. Ele escreveu sobre os horrores de pilhas de contas domésticas, carrinhos de bebê, biscoitos e do aparecimento de primeiros dentinhos, como se tudo isso fosse um vírus mortífero que ameaçasse a própria existência do romance; tinha três filhos saudáveis, mas obviamente estava cheio de ódio e ressentimento contra eles. Os versos eram sem sentido e carregados de insinuações sinistras, produtos de uma personalidade seriamente alterada.

Enquanto Randolph e Jennie trocavam cartas tensas, freqüentemente apavoradas e expressando sentimentos inconstantes, o duque de Marlborough, mais racional, tornava-se a cada dia mais animado, o mesmo acontecendo com Leonard Jerome. Num estado de espírito altamente ambíguo, Clarissa despachou as filhas de volta para o Boulevard Haussman; Jerome já havia então dado seu consentimento formal, mas a sempre correta matriarca não aprovaria até que os Marlborough tivessem finalmente concordado. Randolph foi para Paris e instalou-se num hotel. Seus pais não haviam descoberto os efeitos da Quinta-feira Negra sobre Jerome, e, àquela altura, as considerações financeiras superaram seus receios. Eles tinham uma tremenda necessidade de dinheiro. Desde 1862, haviam vendido milhares de acres em Wiltshire, Shropshire e Buckinghamshire; naquele mês de setembro, estavam ocupados vendendo gado, carneiros, frangos e até cães de caça para o barão Ferdinand de Rothschild. O custo de 88 empregados, de receber a realeza, de manter um palácio residencial caindo aos pedaços e uma casa em Londres era esmagador. O que quer que fosse que Leonard Jerome pudesse agregar seria bem-vindo.

Todos os envolvidos embarcaram numa liquidação que teria sido a desgraça de um bazar turco. Randolph estava sendo vendido como um cavalo de corrida ou um touro premiado, e as sórdidas negociações continuaram durante meses. Por meio de negociações entre o antigo grupo de amigos *copperheads* de Jerome de Nova York, os advogados Samuel Barlow e Jeremiah Larocque, e o procurador dos Marlboroughs, Frederick L. Capon, concordou-se que seria feito um dote de cerca de 250 mil dólares em propriedades, que renderiam dez mil dólares por ano, a serem divididos entre Jennie e Randolph por toda a vida; no caso da morte de Jennie, metade do capital iria para a família Marlborough.

Enquanto prosseguiam as negociações, Jennie passou o outono e o início do inverno de 1873 assistindo ao julgamento da década. O general de Napoleão III, François-Achille Bazaine, que havia caído em desgraça, foi acusado de arranjos traiçoeiros com a Alemanha para entregar suas forças no cerco de Metz, um ato punível com a morte.

Cinco dias por semana, sem falta, durante três meses, ela partia do Boulevard Haussman para o Palácio de Versalhes, onde acontecia o julgamento.

Seu interesse na *cause célèbre* que poderia ter resultado na execução de um herói nacional é a primeira indicação que temos de uma duradoura fascinação por tribunais que mais tarde a levaria a assistir aos famosos julgamentos de assassinato do caso Steinie Morrison e Crippen. A multidão elegante espremia-se na câmara espelhada, os sombrios juízes vestidos de negro sentados no tribunal, a bandeira tricolor pendurada sobre o aguerrido júri, o arrasado marechal afirmando sua perene lealdade à França; tudo isso causava uma impressão inesquecível. Quando Bazaine foi considerado culpado e condenado à morte por fuzilamento, houve um profundo silêncio no tribunal, quebrado apenas pelos soluços dolorosos e abatidos do réu. Mais tarde, e com aprovação geral, a sentença foi comutada para prisão perpétua.

Ao mesmo tempo, Jennie ficou interessada num famoso caso de uma esposa assassinada. Ela fez amizade com Gaston, duque de Praslin, cujo pai havia matado a esposa num ataque de fúria, supostamente porque ela o ridicularizara pelo caso que estava tendo com a governanta dos filhos. Para salvar a honra da França, e confrontado pela possibilidade de ser julgado por seus pares, Praslin teve permissão para tomar veneno; levou vários dias até conseguir morrer. O que Jennie pode não ter sabido é que Gaston era a verdadeira causa do assassinato: a mãe de Gaston enlouquecida pelo desejo sexual que o marido recusava-se a satisfazer, havia seduzido o filho quando ele tinha 12 anos, e o duque havia descoberto.

Tendo obtido a concordância de seu pai com o casamento em troca da promessa de concorrer à eleição em Woodstock em janeiro, Randolph não tinha alternativa a não ser prosseguir com a campanha. Aquilo o apavorava; teria de competir com seu velho e odiado deão em Oxford, George Brodrick, que ainda estava ocupado lançando lama sobre a podridão da cadeira parlamentar comprada pelos Marlborough.

Quando chegou a Blenheim, Randolph recusou-se a fazer um discurso. Para salvar o dia, seu pai importou de Londres o brilhante jovem advogado Edward Clarke, então num carreira ascendente para tornar-se o futuro líder de sua classe; Clarke ficou chocado ao descobrir que Randolph não havia feito nada e forçou-o a falar numa reunião na estalagem local. Quando, mal-informado, nervoso e desorganizado, Randolph procurou suas anotações dentro do chapéu, a multidão riu.

Clarke o ensinou a lidar com sessões de pergunta e resposta com potenciais eleitores plantando provocadores na audiência durante reuniões locais e fornecendo ao candidato respostas rápidas e fáceis. Randolph ganhou a cadeira no final de janeiro por 569 votos a 404. Então, como claramente afirmado por Clarke em suas memórias, partiu na mesma hora para Paris.

O que se passou em seguida é um mistério. Segundo o *Peerage* de Burke de 1953 até uma revisão feita em 1999, ou seja, por um período de 46 anos, dizia-se que o casamento de Jennie com Randolph ocorrera em Paris, no dia 31 de janeiro de 1874. Todos os dados de Burke, a cada edição, eram submetidos às famílias para revisão, e certamente Winston Churchill teria autorizado a referência aos pais. Existem duas possibilidades. Ou o casamento ocorreu secretamente e foi mantido oculto de 1874 a 1953, ou, em 1952, Winston Churchill descobriu que não nascera prematuramente em novembro de 1874, mas plenamente formado, o que significava que havia sido concebido em fevereiro, e o registro do casamento foi feito em janeiro para cobrir a probabilidade de uma concepção fora do matrimônio.

A edição atual de Burke declinou de responder a duas solicitações do especialista em questões médicas da família Churchill, doutor John H. Mather, sobre essa importante questão. Todos os livros sobre Churchill afirmam que a data do casamento foi 15 de abril. De fato, para legitimar o bebê, tal casamento realmente ocorreu naquela data na embaixada por cortesia do embaixador britânico na França, amigo da família Marlborough, lorde Lyons, como mostra a certidão.

Três das irmãs de Randolph compareceram: Cornelia, baronesa Wimbourne, a solteirona Rosamond e Fanny Marjoribanks, mais tarde *lady* Tweedmouth. Demonstrando seu espírito esportivo, a despeito de sua oposição, lorde Blandford estava lá, e a tia de Randolph, a marquesa de Camden; os próprios Marlborough, devido a uma doença da duquesa (no dia de seu aniversário), não estavam. O príncipe de Gales mostrou sua aprovação — não partilhada pela rainha, que detestava Randolph — enviando como representante seu secretário, *Sir* Francis Knollys.

Jerome levou a noiva ao altar. No entanto, teve de retornar a Nova York no próximo e mais rápido navio porque a muito adiada investigação do Congresso sobre a Pacific Mail finalmente estava em andamento naquela primavera. É muito revelador da contínua corrupção de Washington, tal como existe até hoje, o fato de que a dispendiosa investigação, que produziu uma montanha de documentos, tenha dado em nada. Como no caso da Union Pacific, quanto mais os competentes advogados expunham o esquema de subornos que comandava as estradas de férro e o transporte nos Estados Unidos, menos chance havia de alguém ir preso. Jerome e sua família podiam respirar novamente.

Os Churchill partiram rapidamente para a lua-de-mel. A antiga amiga de Jennie, Lillie Greenough, e o rico marido, o banqueiro americano Charles Moulton, haviam sobrevivido à guerra franco-prussiana e ficaram felizes de presentear o casal com vários dias gloriosos em seu Château de la Petit Val.

A soberba construção no estilo Luis XV, erigida por um irmão de madame de Pompadour, tinha um cenário idílico de quedas d'água, terraços ornamentais, grutas, estufas cheias de plantas exóticas, pavilhões e templos, lagos e varandas, e centenas de acres de grama, compondo um quadro de bom gosto e imaculada elegância. Para cavaleiros como Jennie e Randolph, a propriedade oferecia indizíveis divertimentos: magníficos estábulos que abrigavam duas dúzias de cavalos de raça, com 35 auxiliares e cavalariços disponíveis dia e noite. Não havia nenhum sinal do vandalismo prussiano, quando os espelhos foram espatifados por baionetas e os móveis foram roubados e queimados; Moulton gastara milhões com a restauração.

Em ótimo estado de espírito, corados e felizes, os Churchill continuaram o idílio em Florença e Roma. Retornando à Inglaterra após duas semanas de lua-de-mel, chegaram ao palácio de Blenheim no dia 1º de maio e foram recebidos por uma grande multidão de camponeses meeiros e habitantes da vila, que desatrelaram os cavalos da carruagem e os puxaram pelas ruas pavimentadas.

Vendo o palácio pela primeira vez, e sem ter sido bem preparada pelo marido, Jennie possivelmente teve a impressão de estar diante do que o duque de Shrewsbury chamara de "uma grande pedreira acima do solo", e que, na opinião de Horace Walpole, "somente à distância parece uma grande mansão". Blenheim carecia, acima de tudo, de uma grande escadaria no salão principal por onde o mundo social pudesse descer em suas finas roupagens durante bailes e banquetes. E tinha somente um banheiro. O onipresente urinol, usualmente pintado com flores, estava sob todas as camas, dada a falta de encanamentos adequados. Quando os proprietários da casa e os hóspedes se levantavam a cada manhã, as empregadas estavam a postos com jarras de água fumegante, levadas laboriosamente ao longo de infindáveis corredores e pelas escadas dos fundos, para que todos pudessem se lavar.

Jennie estava em estado de choque. Precisava acostumar-se com duzentos cômodos sombrios, muitos deles iluminados por velas; a metade dos 88 empregados dos quais teria o comando morava na propriedade ou na vila, enquanto os restantes viviam em instalações dilapidadas nos andares superiores, duas criadas por catre de ferro em quartos não muito mais largos que um armário de roupas de cama. Ela tinha de aprender a rotina diária com uma intimidante governanta; com sua barulhenta penca de chaves, aquela que parecia ser a verdadeira dona da casa comandava os empregados com a severidade de um feitor. Abaixo da governanta vinha o mordomo; uma de suas tarefas era passar a ferro os jornais de Londres e Oxford antes do café-da-manhã, de modo que nem uma mínima prega ofendesse os olhos de seu senhor. Depois dele estavam os criados com librés cor de vinho e o camareiro responsável pela arrumação dos cômodos, encarregado de garantir que os livros mais recentes estivessem na biblioteca, o papel timbrado nos escaninhos da escrivaninha, e as cortinas abertas ou fechadas no momento preciso em que a luz do dia se intensificasse ou começasse a cair.

As empregadas eram mantidas em ordem de função: as arrumadeiras principais eram responsáveis por supervisionar a remoção da poeira e a arrumação, enquanto suas inferiores imediatas cuidavam das lareiras, que tinham de ser limpas antes que qualquer um se levantasse, e da limpeza das chaminés. Abaixo delas, no nível inferior da organização de serviçais de Blenheim, estavam as criadas ajudantes que mourejavam na cozinha. A dúzia de cozinheiros era uma classe em si mesma: Jennie tinha de preparar o cardápio para eles todas as manhãs e, quando as refeições eram servidas, os menus estavam ao lado dos pratos, escritos por um mestre calígrafo.

Os empregados em serviços no exterior da casa eram necessariamente numerosos: a vasta propriedade de Blenheim Park incluía estábulos, lagoas de peixes dourados e trutas, arbustos e árvores bem aparados, e galinheiros. Era necessário manter absoluto silêncio durante as manhãs, quando o exército de escravos andava na ponta dos pés limpando janelas, polindo cada talher e cada peça de latão ou cuidando da lavagem da roupa na lavanderia a vapor.

Os dias decorriam com precisão metronômica: enquanto a ama pessoal de Jennie a vestia com crinolinas, espartilhos sufocantes e amplas saias, Randolph era vestido por seu criado, que então lhe fazia a barba e aparava o cabelo. Na hora do café, os criados de libré traziam uma longa seqüência de *rechauds* de prata com ovos, bacon, presunto, fígado, costeletas de carneiro enroladas em papel plissado e fatias frias de carne de caça gorda e suculenta. Após um almoço leve, as senhoras levavam as sobras em cestas de vime para os pobres do povoado, enquanto os homens atiravam em lebres ou coelhos; à noite, as mulheres se ocupavam bordando alfabetos em torno de cenas campestres no estilo Watteau.

O chá era um ritual importante, quando grandes carrinhos de rodas, gemendo ao peso de preciosos bolos Dundee, biscoitinhos, bolinhos, grandes quantidades de torradas e incontáveis vidros de geléia e potes de creme de Devonshire e da Cornualha eram levados à sala de visitas. Empanturrada a ponto de uma indigestão, a família iria descansar ou caminhar até a hora do jantar, uma refeição de doze pratos servida por lacaios com perucas empoadas e librés às 20 horas em ponto.

Jennie logo aprendeu a história do palácio: Blenheim era uma loucura arquitetônica, uma arrogância perpetrada no início do século XVIII pelo dramaturgo-projetista *Sir* John Vanbrugh. O título de uma de suas peças, *The Provok'd Wife* [*A esposa afrontada*], aplicava-se bem à mulher de seu patrocinador, a infeliz Sarah, duquesa de Marlborough, que odiava a construção — e tinha bons motivos. A obra havia sido iniciada em 1705, em Woodstock Park, uma área que a rainha Anne havia dado como prêmio ao duque por seus triunfos no campo de batalha. Entre um e dois mil homens trabalharam durante três anos sob a direção do co-projetista Nicholas Hawksmoor, e houve brigas com pedreiros, carpinteiros e jardineiros. O trabalho foi interrompido em julho de 1708, quando Sarah Marlborough cometeu o colossal equívoco de acusar a rainha de lesbianismo. Isso poderia ter derrubado o duque e a duquesa para sempre, mas Anne provou-se tolerante; no entanto, no final de 1711 os inimigos do duque no governo conseguiram sua demissão, e ele foi exilado. Seis anos depois de iniciado, Blenheim ainda não estava pronto; o Tesouro recusou apoio, e Vanbrugh quase foi à falência. Os Marlborough ausentes abandonaram a obra até 1713, quando, retornando à Inglaterra, recomeçaram o trabalho. O duque havia ficado paralisado por um derrame; Sarah processava um operário após outro, enfurecida com os atrasos, e finalmente viu o palácio que detestava ser completado em 1717. Um poema atribuído a Jonathan Swift dizia:

Grato, senhor, exclamei eu, está muito bem,
Mas onde devo dormir, ou onde posso jantar?
Pois agora entendi, com toda essa explicação,
Que isto aqui é uma casa, mas não uma habitação.

Quaisquer que fossem suas falhas arquitetônicas, Blenheim era, com suas muitas galerias, conforme Hippolyte Taine o descreveu, um tipo de Louvre inglês. Uma longa galeria exibia uma sucessão de retratos de duques, enquanto outra estava coberta por cristaleiras cheias de porcelanas de valor inestimável. Um salão continha 12 Ticianos, voluptuosas reproduções de deuses e deusas presenteadas por príncipes da Itália. Havia obras de Van Dyke, Reynolds — os tesouros não tinham fim.

Jennie viu na sala de jantar famosos trabalhos de Rubens que estimulavam todos os tipos de fantasias sexuais nos convidados mais suscetíveis, enquanto o duque e a duquesa sentavam-se lado a lado durante o jantar, destrinchando as carnes. Numa das pinturas, uma mulher prestes a ser montada por um sátiro musculoso amamentava dois menininhos; noutra, um homem nu saltitava, rindo e bêbado, diante de uma mulher nua. A *Madonna Ansidei* de Rafael, o famoso retrato do rei Carlos I por Van Dyke, o auto-retrato de Rubens com uma criança e *The Fortune Teller* de *Sir* Joshua Reynolds eram apenas amostras de uma das melhores coleções da Inglaterra.

No entanto, Jennie teve pouca chance de examinar essas grandes obras. Apenas quatro dias após sua chegada a Blenheim, em 5 de maio de 1874, foi requisitada para sua estréia na sociedade: uma recepção na "sala de visitas" da rainha Vitória, no palácio de Buckingham, quando a monarca, já não mais recolhida após a morte de seu marido, o príncipe Albert, apareceria em pessoa. Foi um desastre.

O costume era que a recém-chegada fosse apresentada à corte nessas ocasiões por uma senhora de distinção, e Jennie foi levada pela duquesa de Marlborough. Fazia calor e chovia pesadamente quando os três mil convidados chegaram em suas carruagens ao meio-dia. Para tornar as coisas ainda mais desconfortáveis, a rainha não seguiu o antigo hábito de movimentar-se entre os convidados, mas sentou-se na Sala do Trono. A multidão de elegantes teve de ficar em longas filas para passar pela porta estreita da Sala do Trono e ser apresentada; muitos, impacientes com o calor e sofrendo com as roupas pesadas, furaram as filas, lutaram e arranharam-se para conseguir um lugar melhor. Como resultado, a maior parte das visitantes perdeu suas jóias, centenas de vestidos caros foram rasgados, e arranjos de penteados ficaram reduzidos a trapos. Quando as mais fortes entraram — e Jennie estava entre as primeiras —, tiveram que passar por cima de cadeiras firmemente pregadas no chão até alcançar o espaço diante do trono; oficiais da corte amontoavam as damas, sem a menor cerimônia, diante da rainha, vestida com roupas de luto de seda preta, enfeites de penas de avestruz pretas, crepe negro e um véu branco cobrindo-lhe o rosto. Mal Jennie e umas poucas almas valentes e enlameadas fizeram sua reverência, a rainha, chocada com o bando de maltrapilhas que tinha diante de si, levantou-se enfurecida e saiu.

O pior ainda estava por vir. O comissário de polícia havia tomado a insensata decisão de que, quando terminasse a recepção, os veículos somente poderiam ser chamados na ordem em que haviam chegado, de modo que, se alguém pedisse o seu fora da seqüência, seria recusado. Por causa disso, a nata da sociedade inglesa teve de esperar num vento leste agora gelado, sob chuva e sem sombrinhas, equilibrando-se em degraus ou caminhando diversos quarteirões para encontrar suas carruagens. Aqueles que esperaram ficaram sentados por mais de três horas enquanto caía a noite, o vento tornava-se mais frio e a chuva, mais pesada. Durante toda a semana seguinte, o *Times* de Londres publicou carta após carta, em geral assinadas com pseudônimos para não provocar o ressentimento real, reclamando do terrível evento.

Para Jennie, houve compensações: em 12 de maio, compareceu a um brilhante recital de Adelina Patti, seguido de uma festa na qual aquela perpetuamente amarga e lamuriante estrela fez o melhor que pôde para ser amável. Uma semana depois, a duquesa de Marlborough deu uma festa em sua casa na St. James Square para apresentar Jennie a figuras da sociedade.

Era importante para os Churchill ter uma casa em Londres, e os Marlborough encontraram uma na Curzon Street, prejudicada pelo encanamento precário. Depois, veio a questão do primeiro discurso de Randolph na Câmara dos Comuns. De forma nada usual para uma esposa daquela época, Jennie participou da elaboração do texto: era uma declaração contra a transformação de Oxford numa guarnição militar, com a conseqüente ameaça de desordem e um declínio nos padrões locais. Randolph causou forte impressão — seu líder Disraeli aprovou, e Jennie logo ficou sabendo que lhe caberia agora receber o primeiro-ministro em casa.

Proibido pelos médicos de ingerir bebidas alcoólicas, Disraeli (mais tarde lorde Beaconsfield) ainda assim teve que consentir uma mistura suave de conhaque e água; se houvesse champanhe sendo servido à sua volta, isso fatalmente o levaria a desaprovar a anfitriã. E havia também a delicada questão de seu atual caso de amor: Selina, esposa do 4º duque de Bradford. Deveria ou não ser convidada para o jantar? A conclusão, diante de seu status de casada, e do fato de que ainda não havia admitido o primeiro-ministro em sua cama, foi que *não*. Mas, no fim das contas, Jennie achou Disraeli um hóspede surpreendentemente charmoso.

Como um convidado ainda mais proeminente e igualmente assíduo, o príncipe de Gales era pássaro de outra plumagem. Com muita freqüência, seu vulgar apetite sexual tinha de ser satisfeito com o "contrabando" de uma mulher na festa, enquanto sua luxuriosa voracidade requeria uma repulsiva combinação de bacon ensopado e favas engorduradas, também ensopadas; sem dúvida, uma perspectiva desalentadora para o novo *chef* francês de Jennie. Com os olhos quase saltando das órbitas, as bochechas gordas e avermelhadas, a voz alta e imperativa, o príncipe assemelhava-se a um monstruoso bebê risonho. Ainda assim, para Jennie, sua natureza alegre, desafiadoramente hedonista, envolvente, tinha um apelo perturbador.

A rainha, sua mãe, o desaprovava e recusava-se a lhe dar acesso aos papéis de Estado, tradicionalmente levados a ela em caixas de expedição vermelhas; ela sabia que, se lhe caíssem nas mãos, seriam encontrados espalhados e manchados de comida em sua mesa de jantar ou amassados entre os lençóis das camas de suas amantes. Fazer sexo com ele deve ter sido o equivalente a acasalar-se num estábulo ou chiqueiro; os resultados eram diversas crianças bastardas, geradas aleatoriamente.

Mesmo o líder do Partido Liberal oposicionista, William Ewart Gladstone, desfrutava o privilégio da mesa de jantar dos Churchill; durante todos os anos de críticas mútuas no Parlamento, ele e Randolph mantiveram um secreto e cauteloso respeito mútuo que teria enfurecido seus correligionários se viesse a ser conhecido. As bizarrices de Gladstone eram incontáveis: o brilhante mestre do debate político havia adquirido quando jovem o hábito de percorrer as favelas de Londres em busca de prostitutas, não para um sexo barato, como se poderia esperar, mas para lhes fazer sermões sobre como melhorar suas maneiras e a higiene. Seu único meio de se satisfazer era flagelar-se freneticamente com unhadas. Como ele não era um contorcionista, isso significava que podia atacar apenas o ventre, as pernas e os recalcitrantes genitais até sangrarem. Em suma, Jennie Churchill, inocente, sincera, direta, transparente e cheia de uma ambição americana quase excessiva, era a Alice na infame Terra dos Espelhos de Londres.

O mês de maio de 1874 foi cheio de eventos sociais. Jennie teve de encomendar um novo guarda-roupa de primavera — tal como em Nova York, ela não deveria ser vista duas vezes com o mesmo vestido. Havia espiões por toda parte para avisar às senhoras da sociedade se alguma dentre elas encomendara uma roupa de cores semelhantes; nesse caso, teriam de lutar por algum tipo de acordo até alcançá-lo. Uma primavera extremamente fria (a temperatura caindo para quatro graus negativos à noite) obrigou Jennie a comprar peles caras.

No dia 13 de maio, Jennie e Randolph foram a um baile na Stafford House oferecido pelo duque de Sutherland em homenagem ao czar

Alexandre III da Rússia, que maliciosamente se dirigiu à recém-casada de vinte anos com as palavras "já por aqui?", insinuando que ela deveria estar em casa desfrutando os prazeres iniciais do casamento. Jennie não achou a menor graça.

Três dias depois, houve o baile oficial oferecido pela rainha a Alexandre no palácio de Buckingham; após o desastre da "sala de visitas" real, a rainha deixou que o príncipe e a princesa de Gales cuidassem dos divertimentos. E, em junho, Jennie teve a excitante oportunidade de assistir à sua primeira corrida de cavalos em Ascot. No início, fazia calor e havia um sol fulgurante; então veio um vento gelado e a ameaça de chuva; depois, calor novamente, e mais vento. O *New York Times* relatou: "[A tempestade] voltou de maneira muito desagradável, destruindo as toaletes de Ascot e roubando muito do charme do brilhante espetáculo. O vento pareceu atingir seu pior momento quando os caçadores reais e seus assistentes de casacos escarlates apareceram à frente do cortejo real."

Jennie encontrou uma nova casa na Charles Street que, em termos de encanamentos, não representava nenhum progresso com relação à da Curzon Street: os esgotos refluíam após as chuvas de verão. O barulho era assombroso: tocadores de realejo produziam uma cacofonia estridente do lado de fora das janelas que mostrassem o menor vislumbre de luz, recusando-se a sair dali até que um punhado de moedas lhes fosse jogado; a banda dos rapazes alemães era uma ameaça itinerante, enquanto eles surravam tambores quebrados e produziam sons em instrumentos de sopro defeituosos; cocheiros puxavam tocadores de tímpanos montados num carrinho oscilante; um pianista atacava as teclas de um piano que ia em cima de um caminhão de verduras; e, pior que tudo, o homem dos sete instrumentos tocava sinos, gaitas, realejo e címbalos de metal enquanto sua esposa, com uma voz estridente, cantava canções contemporâneas desafinadas. E essa insanidade musical continuava durante todo o ano, dia e noite, fora do controle da polícia e imune até à influência de *lady* Dorothy Nevill, uma vizinha que reclamava constantemente.

Os resmungos de *lady* Dorothy de pouco serviram para melhorar a situação de Jennie, que bem poderia estar vivendo na barulhenta Whitechapel, considerando-se as poucas vezes em que tinha paz e conseguia dormir. Mas Dorothy tornou-se sua amiga para o resto da vida. Era uma excelente botânica, pintora e escritora e, descendente direta do romancista gótico — Horace Walpole, conde de Oxford — seu marido, um pastor protestante, havia recebido um título de nobreza porque o príncipe de Gales gostava dela.

No outono de 1874, Jennie vivia em incessante movimento entre a Charles Street e o palácio de Blenheim. Igualmente agitados estavam os parentes mais próximos, a quem conhecia apenas superficialmente. Dessa excêntrica família, os mais destacados eram seu cunhado Charles, marquês de Blandford, cujas bebedeiras, o uso de drogas e a promiscuidade vinham já de um século de aristocratas dissolutos, e sua desagradável esposa Albertha, cuja natureza infantil e estúpida a levava a espalhar armadilhas por todo o palácio para surpreender familiares desavisados.

Albertha havia perdido os dois primeiros filhos, provavelmente pela recusa de repousar durante a gravidez, e agora tinha outros três cujos gritos vigorosos faziam vibrar os caibros de Blenheim com incômoda freqüência: Frances, de três anos, Charles, de dois, e Lillian, de nove meses.

Quanto ao duque e à duquesa, viviam em maior movimento ainda que os outros, partindo para a casa de amigos na Escócia para pescar ou caçar gansos durante a temporada, ou para cruzeiros em seu iate no Mediterrâneo. Eram tipos tremendamente ambíguos, às vezes doces, respeitosos e atenciosos, mas, com maior freqüência, rudes e autoritários. À medida que ia conhecendo o marido, Jennie via também suas falhas de personalidade: a saúde precária, o hábito de fumar constantemente, numa piteira cravejada de diamantes, quarenta cigarros turcos enrolados a mão por dia, até queimar a língua; as roupas esmeradas e efeminadas, com anéis, correntes de ouro, botões de diamante e enfeites de lapela à Disraeli; sua irritante surdez; e o estranho tom bronze-escuro de sua pele, resultante, talvez, do mal de Addison, uma doença das supra-renais. Ela amava esse menino-homem, sua enlouquecedora instabilidade, seu ritmo frenético, seu excesso de energia, mas, para uma pessoa tão realista, prática e direta como ela, ele apresentava muitas dificuldades.

Em novembro, a gravidez de Jennie completou nove meses. Ela teve de esconder da própria família e dos Marlborough o fato de que havia concebido a criança em fevereiro, não em abril, de modo que foi necessário fazer o parto parecer prematuro. Chegara mesmo a ponto de não comprar o enxoval do bebê nem o berço, bem como de não se certificar de que um obstetra estaria de sobreaviso. Em vez disso, naquele nono mês ela saiu numa carroça com os empregados, procurando caça nos bosques de Blenheim durante um forte vento leste que causara muitos naufrágios no litoral. Com isso, deliberadamente provocou o trabalho de parto. O subterfúgio funcionou. E continuou funcionando: inúmeros escritores, ignorando a data do casamento no registro de *Burke*, falaram de um nascimento prematuro (muito perigoso naqueles dias anteriores à incubadora). Poucos observaram que a criança, Winston, estava totalmente formada, com bom peso e até mesmo um tufo de cabelos ruivos, coisas extremamente improváveis caso se tratasse de um prematuro de sete meses.

Winston Leonard Spencer Churchill, que recebeu os nomes do irmão mais velho de seu pai, morto ainda criança, e do pai de Jennie, nasceu numa segunda-feira, 30 de novembro de 1874, e desde o começo se mostrou saudável, agressivo e cheio de energia. Partejado por um médico local porque o obstetra da família não conseguira vir de Londres, desenvolveu-se alegremente. As cartas trocadas entre os Marlborough e os Jerome, de Londres para Paris, deixam claro que ninguém nem mesmo suspeitava da verdade, que provavelmente nunca foi descoberta.

No final de janeiro, resistindo à tendência da época (que durou muito tempo) de contratar babás alemãs, suíças ou irlandesas (essas as mais populares), Jennie decidiu-se pela Sra. Elizabeth Ann Everest para cuidar de Winston. A mais jovem de quatro filhos do dono de um armazém, nascera em 13 de fevereiro de 1834 em Chatham, Kent, e estranhamente só foi batizada seis meses mais tarde — contrariando as regras da igreja na época. A única explicação é ter sofrido de alguma doença nos primeiros meses; mas, quando se juntou à família Churchill pouco depois de completar 41 anos, era claramente robusta e, apesar de se fazer passar por "senhora" (uma prática das babás usualmente aceita na época), considerou-se que era uma pessoa confiável. No entanto, sua condição de solteira naquela idade não era comum; claramente, ela não era bonita nem interessada em homens. Assim como algumas dessas mulheres entravam em ordens laicas ou religiosas naquele tempo, outras se tornavam mães substitutas, compensando suas frustrações com o amor dedicado aos filhos de outras pessoas. Elizabeth Everest tinha boas recomendações como ama: durante quatro anos, estivera com uma família chamada Lee, em Kent, e depois com um respeitado pastor, o reverendo Thompson Phillips, em sua casa em Ivegill, ao sul de Carlisle, tomando conta de seus três filhos e duas filhas entre três e nove anos. O fato de que lidara com uma prole tão grande falava por si mesmo. Mas ela jamais conseguiria agradar à duquesa de Marlborough.

A história, apoiada pela admiração de Winston Churchill, amainou o sentimento, correto ou não, existente no clã dos Churchill de que Elizabeth Everest era uma ameaça irritante, que tinha que ser afastada do quarto do menino a todo custo quando ele estava doente. A maior parte das babás nas famílias inglesas ia embora depois que as crianças faziam sete anos ou antes. O fato de que Elizabeth tenha permanecido até muito depois da infância de Winston e de que ele não permitisse que ela fosse despedida é incomum; ela parece não ter servido a nenhum propósito útil, exceto como um ombro para chorar, depois que ele se tornou um adulto.

Leonard Jerome não visitou o neto nem compareceu ao batizado no palácio de Blenheim, o que pode ser explicado pelos contínuos problemas criados pela investigação sobre a Pacific Mail em Washington; mas a ausência de Clarissa só pode ser atribuída à sua insensível recusa de perder um compromisso social ou suspender suas recepções em Paris, onde entretinha destacadas figuras da sociedade e das artes. Randolph, perdoando-a por sua oposição inicial e ansioso por agradá-la, escreveu-lhe diversas cartas descrevendo o progresso de Jennie. Numa nota, a duquesa, que perdera três de seus filhos enquanto ainda bebês, havia dito que todos os interessados tinham "tentado evitar o evento", mas, em contraste, Randolph expressou prazer com o parto bem-sucedido e a boa saúde do bebê. Clarissa enviou de Paris roupinhas e um xale; estranhamente, nem mesmo assim os Marlborough se preocuparam em comparecer com seus presentes.

Jennie estava em Paris com Winston e a babá em abril, quando o pânico invadiu a cidade; havia receio de outra guerra, pois os conflitos entre a França e a Alemanha, atiçados de ambos os lados pela influência russa, mantinham o público em sobressalto. Em meio à crise, o governo francês conseguiu um acordo com Disraeli para garantir uma aliança se a Alemanha se provasse beligerante novamente. Como sempre ocorria naquela época, os alemães eram uma ameaça à paz européia.

Uma presença constante na vida de Jennie era Fanny Ronalds, agora a heroína de Londres; histórias de que fora resgatada de uma lagoa por Napoleão III lhe haviam garantido uma duradoura notoriedade. Ainda casada com Peter Lorillard, que estava desfrutando seus ganhos ilícitos como o responsável pelos encanamentos de Nova York, recebia dele uma renda substancial; ele estava ocupado planejando um castelo gótico em Connecticut para abrigar sua amante e detinha a custódia de um dos dois filhos. Por sua vez, Fanny, em sua casa na Sloane Street, e a despeito da presença do outro filho e de uma filha, embarcou num dos mais comentados casos amorosos na Inglaterra — com o emergente Arthur Sullivan, parceiro de W. S. Gilbert na criação das mais populares óperas cômicas da época. Durante anos, Sullivan manteve um diário sexual, num código de menino de colégio, em que registrava os encontros amorosos que tinham todas as noites — e dos quais, por meio de Fanny, Jennie mantinha-se informada.

Praticando piano e cantando durante várias horas por dia, Jennie freqüentemente se juntava a Fanny em musicais noturnos, cantando canções de Gilbert e Sullivan para um fascinado príncipe de Gales. Outra presença na vida de Jennie — e menos bem-vinda — era *Sir* William Gordon-Cumming, famoso pela beleza e pelos modos intimidantes. Proprietário de mais de 15 hectares de valiosas terras pantanosas na Escócia, adequadas para a caça de aves, e muito elegante em seu uniforme da Guarda Escocesa, ele era um insolente e inescrupuloso conquistador que se gabava de haver corneado a metade dos maridos de Londres. Desejava Jennie intensamente, mas ela não estava preparada para partilhar seu leito ainda muito movimentado; então, ele fez um esforço para seduzir sua irmã Clarita, também sem sucesso. Ele estava no grupo de Jennie que, em 25 de março de 1875, foi à abertura do exuberante musical *Trial by Jury*, composto por Gilbert e Sullivan; dado seu amor por salas de tribunais, ela só pode ter ficado encantada com aquela versão burlesca de um caso de quebra de promessa de casamento que vai a julgamento. Então surgiu algo que poderia ter levado a família Marlborough a um tribunal de verdade.

Perpetuamente sem dinheiro, tiveram de vender suas jóias num leilão da Christie's em Londres, inclusive diversas que haviam pertencido a Sarah, a duquesa perigosa; mas, pior ainda, enganaram a casa de leilões a respeito do valor individual das peças.

Em 1866, um joalheiro lhes havia fornecido a proveniência de cada pedra e marcado as que eram feitas de vidro. Os Marlborough apresentaram toda a coleção como autêntica, e a Christie's não se preocupou em obter nova avaliação. Somente o indispensável *New York Times* ocupou-se com a história.

Fazia já algum tempo, Randolph suspeitava de que seu irmão, lorde Blandford, tinha um interesse sexual em Jennie. Essa opinião era partilhada pela esposa de Blandford, a inevitável Albertha, que ainda se divertia com brincadeiras como substituir os sabonetes dos banheiros em Blenheim por pedaços de queijo ou deixar tinteiros abertos em cima de portas para que caíssem na cabeça de quem entrasse ou saísse.

Blandford, em seu estado libidinoso extremado habitual, roubou um anel da caixa de jóias de Albertha e deu-o a Jennie, fingindo que o havia comprado para ela. Jennie, pensando ser um presente inocente, aceitou. Quando ela o mostrou à sogra, a duquesa de Marlborough, e à cunhada, a solteira Rosamond, elas ficaram horrorizadas; imediatamente o reconheceram como sendo de Albertha e contaram a Randolph. Ele as chamou de mentirosas; insistiu em que o anel nunca pertencera a Albertha, que era um presente simples, inocente, e não um gesto com intenções sedutoras.

As mulheres Marlborough ficaram furiosas com Randolph por havê-las chamado de mentirosas; com a duquesa em lágrimas, partiram para Londres, a fim de confrontar Blandford com o roubo. Jennie escreveu para a duquesa, lamentando que tivesse sido a causa de um desentendimento. Diante da evidência, Blandford sustentou que o anel não era de sua esposa, e Albertha permaneceu irritantemente silenciosa (não existe registro de sua resposta). Mas o crime e seu propósito eram claros; a duquesa escreveu uma carta amarga para Jennie, dizendo que Randolph havia tripudiado sobre seu afeto quando a acusou de mentirosa, que Blandford era igualmente um desapontamento para ela, e que seu principal consolo era Jennie, a quem amava, e "a criancinha querida", Winston. O anel foi devolvido a Albertha e a tempestade passou. Mas havia coisa muito pior adiante.

Capítulo cinco

O novo escândalo teve origem em 8 de janeiro de 1871, quando Heneage Finch, lorde Guernsey, 7º duque de Aylesford, casou-se com Edith Williams, filha do tenente-coronel escocês Thomas Peers Williams, numa cerimônia espetacular na Igreja de St. George, em Hanover Square, Londres. Tiveram duas filhas: Hilda, nascida em 1872, e Alexandra, em 1875. Possuíam três belas residências, Diddington House, Packington Hall e uma casa em Londres. Aylesford tinha bem mais de 1,80 metro de altura, boa aparência, ombros e tórax amplos, e falava num tom de voz notavelmente atraente. Era constantemente infiel à charmosa e bela esposa, e poucas mulheres podiam resistir a ele. Em 1875, foi atacado pela sífilis, e seu médico ordenou que se tornasse celibatário. Edith, que era singularmente luxuriosa, decidiu que, com filhos ou não, adquiriria um substituto para o quarto. Elegeu o irmão de Randolph, Blandford, que estava cansado da esposa Albertha e pronto, àquela altura, para qualquer coisa.

Edith não se desencorajou com as faces pálidas de Blandford, o queixo flácido, os ombros estreitos e um ar de exaustão devido a inúmeras orgias; ela queria um homem, e isso ele era — pelo menos biologicamente. Quando Albertha descobriu, convenceu-se, erroneamente, de que Edith estava grávida de Blandford e, como de hábito, pôs uma bonequinha de louça sob seu *rechaud* no café-da-manhã.

A despeito de sua condição sifilítica e das restrições impostas pelo médico, Aylesford não perdeu o lugar de garanhão favorito da sociedade. Mantinha duas amantes em Brighton, envolvia-se com prostitutas nos conhecidos Cremorne Gardens e passava muitas noites da semana com Rose, a atraente esposa de Charles Dilke, o primo rico de um amigo dos Churchill, *Sir* Charles, importante figura política de quem Dilke recebera o nome. O castelo Maxstone de Charles Dilke ficava a um curto galope de Packington Hall de Aylesford; após muita bebida e discussões entre os três, Aylesford carregava Dilke inconsciente para a cama e depois saltava para a de Rose.

As travessuras dos dois eram comentadas por toda a sociedade; todo mundo falava de como Aylesford agarrara Rose durante uma caçada, cantando uma canção obscena enquanto a acariciava, e das amigas de Edith batendo na cabeça dele com as sombrinhas. Falava-se também de comportamentos inadequados num bordel em Bognor Regis, onde menestréis de faces negras tocavam banjos e mulheres vestidas apenas com um capuz açoitavam os homens vigorosamente.

Charles Dilke não aceitava o papel de traído. Apaixonado por Rose e devastado por sua infidelidade, tentou afogar-se no Tâmisa; resgatado, saltou de uma carruagem em alta velocidade; finalmente, cortou a garganta em 3 de agosto de 1877, livrando Aylesford (que o odiava) do problema.

Enquanto isso acontecia, Edith continuava seu caso com Blandford e falava em divorciar-se do marido. Quando o príncipe de Gales levou Aylesford à Índia para caçar tigres, ela continuou com a campanha, empenhada em se livrar dele. Incitada por Blandford, que estava igualmente ansioso para se divorciar de Albertha, ela escreveu ao marido, propondo-lhe a idéia. O príncipe também era a favor da separação; mas, no passado, estivera encantado por Edith e escrevera cartas para ela que, se ventiladas num tribunal de divórcio, poderiam lhe custar a sucessão ao trono. Ordenou que Aylesford regressasse à Inglaterra para se certificar de que não seriam usadas na ação que ele aprovava.

Enquanto isso, o irmão de Edith, coronel Hwfa Williams, um galês selvagem cuja idéia de divertimento era saltar sobre o peito de outros homens nos bares, acusou Blandford de seduzir sua irmã e desafiou-o para um duelo; caso o desafio fosse recusado, ameaçou matá-lo. Com um assassinato pairando no ar, Randolph pôs detetives para vigiar o irmão dia e noite. Conversou com o cunhado, o advogado Edward Marjoribanks (mais tarde lorde Tweedmouth) e com seu amigo, Edward Clarke, sobre o que poderia ser feito; eles foram de opinião que o único caminho possível era arranjar uma silenciosa separação das partes. Ele rejeitou a idéia, assim como Blandford: o príncipe de Gales teria de concordar em impedir o divórcio, pois Randolph, temendo um escândalo na família, não aceitaria nada menos que isso. Pode-se afirmar com segurança que Jennie deplorou essas insistências perigosas, pois acreditava que Blandford deveria ver-se livre de Albertha.

Então, Randolph e Jennie tiveram uma idéia. Ele faria uma chantagem com a princesa de Gales para que forçasse seu marido a impedir o divórcio em andamento.

Levando consigo um ajudante, lorde Alington de Crichal, Randolph chegou sem avisar à Marlborough House, residência da princesa, e pediu à criada que atendeu à porta uma audiência imediata. A criada informou à princesa que havia dois cavalheiros no saguão, mas mencionou apenas o nome de Lorde Alington. Tendo um problema de audição, a princesa entendeu lorde Ailesbury, um amigo seu, e então mandou que os visitantes fossem levados a ela imediatamente.

Randolph não perdeu tempo com amenidades sem sentido e foi direto ao ponto: ou o príncipe de Gales interrompia o divórcio de Blandford ou suas cartas de amor para Edith Aylesford seriam entregues à imprensa.

Com a costumeira calma que mostrava em situações de crise, a princesa Alexandra não tomou nenhuma decisão no momento. Após a criada haver acompanhado os indesejados visitantes até a porta, foi ver sua irmã, a duquesa de Teck, que a aconselhou a procurar a rainha. Vitória ficou seriamente aborrecida com a notícia.

Informado sobre a questão enquanto voltava da Índia, o príncipe enviou seu amigo lorde Charles Beresford, que estava numa missão naval no Mediterrâneo, para entregar a Randolph um desafio real para um duelo, que deveria ter lugar na França ou na Holanda (os duelos na Inglaterra eram ilegais desde 1844). Mas o príncipe havia esquecido que, não importava onde ocorressem, duelos entre pessoas reais e não-reais eram proibidos por lei.

De qualquer modo, Randolph recusou o desafio, e então o príncipe o declarou covarde e canalha. Isso deixou claro para os Churchill que eles seriam banidos da sociedade; o príncipe, que estava, é claro, na lista de convidados de todo mundo, nunca visitaria uma casa na qual eles fossem recebidos. Um emissário, Charles, 5º conde de Hardwicke, foi despachado para expressar-lhes todo o descontentamento real; essa foi uma escolha desafortunada, pois ele tinha sérias intenções de levar Jennie para a cama e, em pelo menos uma ocasião anterior, ela havia mandado que o pusessem para fora de sua casa.

No início de abril de 1875, com o príncipe de Gales ainda em trânsito, Blandford montou uma casa em Rotterdam, sem Edith, como "Ilmo. Sr. S. Seymour". Não havia recebido nenhuma resposta à oferta chantagista e, frustrado, escreveu para Randolph no dia 5 de abril dizendo que ele surraria o príncipe, nos termos tradicionais, "até deixá-lo mais morto do que vivo". Randolph, com a aprovação de Jennie, então levou as incriminadoras cartas do príncipe ao procurador-geral, que ameaçadoramente anunciou que, se fossem tornadas públicas, o príncipe jamais se sentaria no trono. Por sua vez, Randolph disse a *Sir* Charles Dilke que estava com "a coroa da Inglaterra" em suas mãos.

Ele tomou um navio para a Holanda para tentar acalmar os nervos de seu irmão enquanto Jennie ficava na Charles Street, seus próprios nervos rapidamente se deteriorando. Ela sofreu por dias torturantes e noites sem dormir; ameaçada com a ruína social, ficava sentada numa cadeira de braços durante um momento, para então saltar e caminhar de um lado para outro como uma tigresa enjaulada. Decidiu falar com Hardwicke, mas se lembrou daquelas mãos assanhadas e desistiu; sua única fuga era ir à ópera com Edward e Fanny Marjoribanks.

Enquanto isso, o príncipe tentava, em vão, aplacar sua mãe, negando ter um caso com Edith Aylesford e dizendo que ela havia sido "louca demais" para que ele a quisesse como amante.

Finalmente, ele chegou de volta a Londres em 12 de maio para lidar com a questão que ameaçava todo o seu futuro. Tomou coragem e foi ao Teatro da Ópera Cômica na mesma noite, como se nada tivesse acontecido; foi aplaudido de pé. Em seguida, indicou lorde Hartington, o futuro duque de Devonshire, para resolver o assunto de uma vez por todas. Hartington era capaz de influenciar até granito. Persuadiu Edith a concordar com uma separação privada, em lugar de um divórcio público; Blandford deixaria o país com ela e a guarda dos filhos seria partilhada. Jennie e Randolph permaneceriam banidos da sociedade; por ordem real, partiriam imediatamente para os Estados Unidos. Os velhos Marlborough também seriam exilados. Na presença de Randolph, Hartington queimou as cartas do príncipe na lareira.

Somente duas pessoas permaneceram firmes ao lado de Jennie e Randolph em suas provações. O playboy nascido na Irlanda e futuro amante de Jennie, John Delacour, disse ao príncipe de Gales que não permitiria que nenhum homem escolhesse seus amigos; aquela declaração acabou custando-lhe o título de cavalheiro. A socialite americana Consuelo Yznaga também foi leal; havia sido colega de Jennie na Escola para Meninas da Senhorita Green em Nova York. Leonard Jerome gostava muito dela e de seus pais, e iria arranjar seu casamento com George Victor Montagu, lorde Mandeville, o futuro duque de Manchester, que tinha vastas propriedades em torno do Castelo Kimbolton em Huntingdonshire; os dois se casaram na Grace Church, Broadway, em Nova York, no dia 22 de maio de 1876. Jennie enviou uma taça para vinho, Jerome presenteou-a com braceletes de ouro maciço e James Gordon Bennett deu-lhe um medalhão cravejado com diamantes e esmeraldas. Chegando à Inglaterra, Consuelo anunciou que não iria tolerar nenhum disparate da parte do príncipe de Gales, e esse, a partir dali, recusou-se a recebê-la. Ela em resposta o excluiu de sua lista de convidados — até que ambos cedessem, quase um ano mais tarde.

Jennie e Randolph embarcaram num navio para os Estados Unidos em julho; com eles foi um jovem solteiro e divertido, Harry Tyrwhitt-Wilson, membro de uma distinta família que havia produzido o compositor lorde Berners. Havia muito que aquele homenzinho charmoso os seduzira a ambos e, como escudeiro do príncipe de Gales, ele podia estar numa posição conveniente para conseguir uma reconciliação. Mas Harry correu um risco considerável de angariar a irritação real por viajar com o casal banido.

Nova York estava mais barulhenta e congestionada que nunca, e o barulho ensurdecedor da construção do elevado da Terceira Avenida provou-se um tormento. Jennie encontrou o pai exausto, envelhecido; severamente afetado pelos sucessivos fracassos da Union Pacific e da Pacific Mail, traído por Jay Gould, havia algum tempo que ele mal vinha conseguindo pagar as mesadas partilhadas de Randolph e Jennie, o que gerou conflitos. As visitas do casal ao Jerome Park, às corridas de Saratoga e à Exposição do Centenário da Filadélfia quase não foram suficientes para compensar Jennie pelo sufocante e tormentoso calor, quebrado por tempestades elétricas, e pelo doloroso pensamento da desgraça sofrida na sociedade londrina. Os Churchill estavam infelizes em Nova York.

Durante a ausência do casal, surgiu uma oportunidade caída do céu para tirar os Marlborough da Inglaterra. Ironicamente, Albertha Blandford deu a solução; seu pai, lorde Abercorn, estaria retornando em breve para casa de seu posto como vice-rei e lorde-tenente da Irlanda, deixando vaga uma posição nada invejável que Marlborough havia sensatamente recusado antes. Sob pressão, o duque e a duquesa concordaram com esse inconveniente exílio, que deixaria a administração de Blenheim e outras propriedades em mãos questionáveis. Isso para não mencionar os custos com que teriam de arcar e que mal seriam cobertos pelos sigilosos subsídios de 21 mil libras anuais pagos ao vice-rei pelo governo britânico.

Quando os Churchill voltaram à Inglaterra, encontraram Blandford tomado pela histeria; esquecendo-se de que, para começar, fora ele que instigara o complô da chantagem, havia escrito a Marlborough acusando-o e a Randolph de armarem uma conspiração para impedir seu divórcio; seguiu-se a isso um abjeto pedido de desculpas. Fora de si e perturbado até quase a loucura, recusou-se a deixar o país como havia prometido. A dança das cadeiras prosseguiu: ele ainda dormia com Edith; lorde Aylesford, com Rose Dilke. Enquanto isso, era preciso encontrar um posto para Randolph fora do país. Foi decidido que ele ocuparia o pretenso papel de secretário particular de seu pai em Dublin; após muita discussão, Randolph teve permissão para manter sua cadeira por Woodstock no Parlamento — o que pelo menos lhe garantia um espaço mínimo na política e lhe permitiria freqüentes visitas à Inglaterra.

Era usual que lordes-tenentes e vice-reis, fossem eles da Índia ou da Irlanda, tivessem uma audiência com a rainha antes de assumirem os postos. Assim, ela deveria receber o duque e a duquesa de Marlborough no castelo de Windsor antes que partissem para o posto em dezembro de 1875. Aconteceu que ela gostava deles e, diferentemente do príncipe de Gales, não os condenou pelo papel que tiveram na crise Aylesford. Foi, no entanto, uma audiência desconfortável. Os Marlborough estavam torturados pela tensão, perturbados e com o coração partido; somente sua filha Rosamond, que os acompanhou, mantinha um estado de espírito razoável. A rainha foi compreensiva até certo ponto, e nenhuma menção foi feita à dolorosa questão em pauta. Infelizmente, ela tentou tornar mais leve a ocasião referindo-se a um costume no castelo de Dublin: uma desagradável cerimônia de boas-vindas na qual todas as senhoras da sociedade, uma por uma, seriam beijadas pelo novo vice-rei. Após aquela ameaça, ou promessa, a condessa recolheu-se ao leito, bastante indisposta.

E agora havia a perspectiva da Irlanda, aquele apêndice agrário da Inglaterra constantemente ameaçado por movimentos de liberação nacional que provocavam exibições de violência. Em 1801, o Parlamento irlandês fora abolido depois de um levante popular; em 1845-47, um milhão de pessoas morreu durante a grande fome, pela qual os ingleses receberam a culpa. Nos poucos anos seguintes, mais de um milhão de irlandeses deixou o país e foi para os Estados Unidos; a ascensão dos senhores de terras, que expulsaram todos os que se recusavam a pagar aluguéis majorados, causou ainda mais oposição. Por volta de 1867, 38 mil proprietários controlavam 586 mil camponeses meeiros e mais de oito milhões de acres de terra. Terroristas fenianos repetidamente conclamavam à revolução.

Nem os Marlborough nem os Churchill seriam bem-vindos a Dublin. Agressivamente anticatólica, e odiada na Irlanda por isso, a duquesa de Marlborough era também filha de lorde Londonderry, um impopular proprietário de terras na Irlanda, das quais os camponeses meeiros eram expulsos com um estalar de dedos. Os ataques do duque — e de Randolph — à autonomia política local eclipsaram qualquer grau de empatia paternalística com a Irlanda que lhes fora creditado.

Em dezembro de 1876, quando Jennie chegou a Dublin com Winston e a babá Everest, ela própria enfrentou a impopularidade por apoiar os protestantes irlandeses que integravam a sociedade Orangemen de Ulster; eles queriam garantia permanente de que a concessão da autonomia política local (à qual Jennie se opunha) não os esmagaria com uma maioria católica. Mas esse era o menor de seus problemas. Por ser americana, ela era alvo de ódio por causa do escândalo da carne, que havia levado a oposição feniana à beira da revolução.

Dia após dia chegavam navios de Nova York carregados de carne barata, defumada e empacotada às tonelada. Isso levou o pânico aos fazendeiros, que nos dois anos anteriores haviam deixado de produzir trigo e convertido suas terras em pastos: Whitehall lhes prometera que os ricos da Inglaterra lhes garantiriam a demanda e que seria criada uma tarifa protecionista. Nada disso aconteceu, e os importadores ingleses haviam obtido redução nos preços dos Armour e dos Swift de Chicago, magnatas dos alimentos, com enormes lucros. Para piorar as coisas ainda mais, os donos de terra ingleses não haviam fornecido estábulos nem cobertas, e o gado na Irlanda havia congelado ou morrido de pleurisia no selvagem clima de inverno.

Como se não bastasse, os Churchill tornaram-se amigos do homem mais odiado na Irlanda: Thomas Henry Burke, o subsecretário permanente, que de fato governava o país e tinha o vice-rei como figura decorativa.

Sendo agnósticos, Jennie e Randolph participavam com relutância dos serviços religiosos duas vezes por dia no castelo de Dublin. Mais desagradável ainda era a presença de *Sir* Bernard Burke (que não tinha parentesco com o subsecretário, apesar do sobrenome), mestre-de-cerimônias do castelo e editor e filho do criador do labiríntico *Burke's Peerage, Baronetage and Knightage*.

Para exasperação de todos, aquele tagarela gorducho e cheio de pompa, a própria imagem da auto-satisfação, desde o sorriso untuoso até o sapato lustroso, ocupava o cargo desde 1854. Com irritante afeminação, havia estabelecido as regras de etiqueta, precedência e boas maneiras que se aplicavam à aristocracia e aos líderes religiosos que tinham a temeridade de entrar em seus domínios.

Não satisfeito em tornar infeliz a vida de todos, o envelhecido déspota, por ser a mais alta autoridade em heráldica de Ulster, obtinha taxas para fornecer árvores genealógicas, emblemas e brasões; desde o momento em que os Marlborough e os Churchill chegaram, ele anunciou que, na primeira recepção, quando o duque infelizmente teria de beijar as senhoras, seriam admitidas apenas mulheres casadas e de alta estirpe.

Jennie e Randolph conseguiram um alívio em janeiro, quando o grande Henry Irving, a estrela suprema do teatro, apresentou-se no Teatro Real de Dublin em uma sombria produção de *Hamlet*. Diferente de Jennie, Randolph seguia o hábito aristocrático de chegar tarde e conversar durante a apresentação. Chegou depois do primeiro ato, e era tamanha sua ignorância, que não tinha a menor idéia do que tratava a peça. Depois de terminado o segundo ato, adentrou a passos largos o camarim de Irving, impetuosamente insistindo em saber o que aconteceria no final, porque, disse ele, talvez não pudesse ficar até que a cortina caísse. Irving perguntou se ele realmente não sabia; Randolph confirmou que não.

Com isso, Irving virou-se para ele, ameaçando socá-lo, e o repreendeu severamente com toda a sua famosa eloqüência flamejante. Então, com surpreendente habilidade, deu uma versão completa, resumida, dos 15 minutos restantes. Censurado talvez pela primeira vez em sua vida, Randolph modestamente ensaiou se desculpar, foi juntar-se a Jennie e assistiu ao espetáculo até o final. No dia seguinte, comprou uma edição das obras de Shakespeare e leu, por inteiro, cada uma das peças, retornando a cada noite para ver Irving e recitar passagens das quais o ator certamente poderia ter prescindido.

Pouco depois, os Marlborough ofereceram sua primeira recepção, como as da "sala de visitas" da rainha Vitória. *Sir* Bernard Burke excluiu comerciantes, camponeses meeiros e negociantes, que formaram um batalhão friorento exposto à neve protestando do lado de fora dos muros do castelo enquanto a família chegava.

Seguiu-se um desastre: a fim de conseguir estabelecer relações amistosas com líderes católicos romanos, incluindo bispos, a duquesa e Jennie enviaram convites a um número selecionado deles, sem falar com *Sir* Bernard Burke. Daquela vez, pelo menos, elas deveriam tê-lo consultado: os convites foram entregues na segunda semana da quaresma, o período de jejum católico.

Com a maior parte dos lugares à mesa vazios, as anfitriãs ficaram mortificadas; podemos apenas imaginar o regozijo de Burke. A duquesa tornou as coisas ainda piores ao enviar mensagens aos redatores dos jornais de Dublin implorando que não publicassem nada sobre a gafe. Eles não se sentiram obrigados a aceder.

Houve ainda outro *faux pas* para turvar aquele inverno de desesperança. A investidura da Ordem de São Patrício, na catedral de Dublin, deveria ser concedida, como um ato diplomático, a um católico; mas Jennie, preocupada com as objeções dos futuros sogros de Consuelo Mandeville à perspectiva de seu filho casar-se com uma americana, decidiu ajudá-la. Persuadiu seu sogro a dar o prêmio ao duque de Manchester — ele de fato tinha propriedades irlandesas, mas não era muito apreciado como dono de terras.

Com grande audácia, Jennie fez os Marlborough convidarem seu temível adversário, o príncipe de Gales, para a cerimônia, mas foi uma tentativa muito óbvia de reavivar o favor real, e ele recusou-se a comparecer. A rainha Vitória, no entanto, manteve sua afeição pelos Marlborough e mandou seu filho, o duque de Connaught, em lugar do príncipe.

Na investidura, em 24 de março de 1876, Jennie, buscando a simplicidade e odiando a ostentação, roubou a cena das mulheres nobres locais, todas carregadas de jóias; ela não usou nenhuma e, com isso, o foi centro das atenções. Naquela mesma semana, vazou para a imprensa que, embora Randolph tivesse anunciado estar trabalhando de graça como secretário privado do pai, na verdade estava recebendo oitocentas libras por ano. Considerando-se que, se recebesse dinheiro, teria que abrir mão de sua cadeira no Parlamento, ele teve de cancelar a sinecura.

Jennie, com Randolph freqüentemente longe, na Inglaterra, tentava livrar-se da solidão participando de muitas caças à raposa; hospedava-se em castelos e mansões, enquanto a babá Everest cuidava de Winston, em Dublin. Enquanto isso, em agosto, *Truth*, o pasquim de escândalos de Londres pertencente a Henry Labouchère, anunciou que Randolph havia comprado uma casa em St. James's Square e vendido sua lista de convidados da sociedade a um inquilino.

Então, em 17 de setembro, na Exposição Agrícola de Woodstock, Randolph cometeu sua pior gafe até aquele momento. Com base nas próprias observações e nas de Jennie sobre as condições reinantes na Irlanda, deslanchou, com a aprovação da esposa, um violento ataque aos séculos de domínio inglês, denunciando veementemente a situação de tirania, opressão, supressão de direitos de voto e negligência quanto à educação. O discurso horrorizou os Marlborough; o duque escreveu a um amigo, *Sir* Michael Hicks Beach, que Randolph estava claramente louco ou bêbado. O fato de que tudo o que ele dissera fosse verdadeiro tornou as coisas ainda piores. Ele era, como Jennie, um liberal (*whig*) sob um disfarce de conservador (*tory*).

Seu discurso enfureceu até mesmo os parlamentares irlandeses, pois sua abordagem continuava a ser paternalista em vez de democrática. Ele via os irlandeses como crianças infelizes que ficariam desamparadas sem a orientação paterna; dar a eles seu próprio governo seria como entregar um canhão a um garoto de 12 anos. O fato de Jennie discordar da atitude do marido é testemunho de seu espírito democrático americano; afinal de contas, seu pai havia sido criado como um liberal. Ela odiava a opressão da Irlanda, muito embora ainda se opusesse ao autogoverno.

Randolph queria esvaziar a plataforma política de Gladstone na eleição seguinte usando os mesmos argumentos que esse usaria sobre a questão irlandesa. E, ao mesmo tempo, os Marlborough decidiram bater com seus trunfos os ases de Gladstone: ele queria dar anistia aos prisioneiros fenianos, então Marlborough fez o mesmo. O duque também conseguiu aprovar no Parlamento leis sobre educação na Irlanda, tema que havia sido prioritário na agenda de Gladstone. Gladstone falava em libertar o revolucionário Michael Davitt após sete anos de trabalhos forçados na prisão de Dartmoor; Marlborough mandou soltá-lo. Quando Gladstone foi a Dublin inspecionar o dano causado à sua plataforma, o duque, a duquesa, Jennie e Randolph ofereceram a ele um elaborado almoço no castelo de Dublin, o que pouco adiantou para melhorar seu estado de espírito.

Em 1877, os sentimentos antibritânicos na Irlanda estavam mais aguçados que nunca; o fracasso da colheita de batata e a atividade militante do terrorista John Devoy eram ameaças adicionais à paz de espírito de Jennie. Em 2 de abril de 1878, um amigo e hóspede dos

Churchill, o duque de Leitrim, que havia expulsado uma viúva da casa onde morava porque não pagara o aumento do aluguel, foi morto a tiros por membros enfurecidos dos fenianos perto de sua casa em County Derry. Então, no mês seguinte, Jennie recebeu notícias de Londres. O escândalo Aylesford havia ressurgido.

Aylesford, em seguida ao suicídio de Charles Dilke no mês de agosto anterior, queria casar-se com Rose, a viúva; Blandford ainda queria casar-se com Edith Aylesford. Os rivais entraram num acordo: Aylesford pediu o divórcio, citando Blandford (que havia concordado) como co-réu. O divórcio foi considerado uma conspiração de dois maridos e foi negado.

Pouco depois, Aylesford cansou-se de Rose Dilke e partiu para Nova York, onde Jay Gould, antigo adversário de Jerome, tomou conta dele. Acompanhado por um médico pessoal, um cortador de carne e açougueiro pessoal e um guia espiritual pessoal, o atormentado nobre foi parar, quem poderia ter imaginado, em Big Springs, Texas. Ali comprou quarenta acres de terra, pôs a marca de sua família em trezentas cabeças de gado, passou a usar um chapéu de caubói, construiu um curral para cavalos selvagens e um abatedouro feito de mármore e, quando impedido de entrar num hotel local por estar bêbado, comprou-o e mandou fechá-lo permanentemente. Morreu em 3 de janeiro de 1885, depois de entornar goela abaixo um litro de rum e quase dois litros de uísque num só dia.

Blandford mudou-se com Edith para Paris, e juntos tiveram um filho, Eugene, que nasceu fora do casamento. Passaram-se dois anos até que Albertha finalmente conseguisse um divórcio.

No verão de 1878, Jennie estava em Londres para assistir a várias apresentações de sua amada Minnie Hauk em *Carmem*, um papel que a velha amiga representava com extraordinária força, agressividade e garra. Depois, houve uma festa onde mais de um empresário ofereceu a Minnie uma turnê americana. Jennie juntou-se às gargalhadas estrondosas quando ela respondeu que acabara de chegar de uma — e enjoara durante toda a viagem.

Randolph havia se tornado cada vez mais impaciente com seu líder conservador, lorde Beaconsfield (Disraeli), a quem considerava um retrógrado decrépito da política e sonhava em substituir em algum momento. Esse era um caso em que Jennie discordava dele: ela claramente sentia que a lealdade partidária e a consolidação do partido eram essenciais. Para mostrar sua independência de espírito, ela o desafiou indo saudar o discurso de Beaconsfield na Wellington Riding School em 15 de julho, feito por ele após haver assinado, apesar de doente, o importante Tratado de Berlim, que pretendia trazer a paz à Europa. Ela jamais esqueceria o eloqüente ataque do primeiro-ministro a Gladstone, dizendo que era "dotado de uma imaginação narcisista que pode, em qualquer ocasião, produzir uma interminável e incoerente série de argumentos para difamar um oponente e glorificar-se".

Em fevereiro de 1879, a duquesa de Marlborough engajou-se numa campanha de levantamento de fundos para auxiliar os pobres e famintos da Irlanda. Randolph pôs tudo de lado para ajudar a mãe, e Jennie enviou cartas de pedidos a todos os conhecidos que tinham dinheiro; foram arrecadadas cerca de 135 mil libras.

Mas não adiantou: naquele mês, dez mil pequenos proprietários e fenianos encontraram-se à luz de tochas flamejantes na praça central de Irishtown, condado de Mayo, clamando por revolução. Um amigo de Randolph e Jennie foi considerado um inimigo do povo: o procurador-geral irlandês Gerald Fitzgibbon, cuja aplicação da lei, embora freqüentemente justa, produzia fortes ressentimentos.

No agitado verão que se seguiu, Jennie ficou grávida pela segunda vez. Ralph G. Martin, que mais recentemente (e cautelosamente) teve suas idéias repercutidas pelo famoso biógrafo de Churchill, Roy Jenkins, sugeriu que o pai era John Strange, o futuro 5º conde de Roden. Aparentemente, a afirmação baseava-se em duas frágeis evidências: de que Strange supostamente era o padrinho da criança (não era) e de que seu nome foi dado ao bebê assim que nasceu.

O pai só pode ter sido Randolph Churchill. Strange, então com 56 anos, estava ausente na época da concepção, maio de 1879; estava no sul da França, numa cidade então chamada Mentone, gravemente preocupado com a doença de seu sobrinho, o 4º conde, que morreu em 9 de janeiro de 1880, de tuberculose, deixando Strange com as pesadas incumbências que recebeu ao herdar o título. Ele estava também preocupado com os arranjos do casamento de sua filha Violeta com *Sir* Reginald Proctor-Beauchamp em 7 de junho do mesmo ano; e não foi o padrinho do menino, como confirma o atual conde de Roden.

Por que então o menino, nascido em 4 de fevereiro de 1880, recebeu o nome de John Strange Churchill? Porque Roden era um amigo íntimo do duque e da duquesa de Marlborough; ele estava visitando Blenheim quando Jennie lá chegou pela primeira vez no início de maio de 1874, e havia acompanhado a família na malfadada recepção da "sala de visitas" da rainha no palácio de Buckingham. Mais tarde, tornou-se co-testamenteiro do conde, um sinal seguro de amizade íntima e confiança. Uma refutação adicional da teoria da paternidade pode ser vista nas fotografias de John, filho de John Strange Churchill: ele era uma cópia exata do irmão Winston. O próprio John Strange parecia-se com antigos duques de Marlborough.

Há um adendo bizarro: John não foi batizado. A única razão possível seria o temor de Jennie e Randolph, ambos agnósticos, à publicidade e à exibição de pompa em que insistiria *Sir* Bernard Burke, e o sentimento de que um batizado seria desnecessário. Eles também estavam arrumando apressadamente a bagagem para deixar Dublin com os Marlborough no final do vice-reinado e escapar a um possível assassinato; seu bebê podia estar em perigo, assim como Winston.

Uma multidão enfurecida de meeiros despossuídos, liderados por fenianos, atacou com ovos e vegetais podres a carruagem que levava os Marlborough para o porto. Foi um desfecho horroroso de anos de desconforto.

De volta a Londres, Jennie, Randolph, a babá Everest, Winston e Jack (como o recém-chegado seria para sempre conhecido) mudaram-se para a casa que haviam deixado alugada, no número 29 da St. James's Place. Logo em seguida, Jennie teve uma experiência aterrorizante, relatada numa carta escrita por sua sobrinha-neta, Anita Leslie, décadas mais tarde, à mãe do atual conde de Roden. Conforme o relato de um contemporâneo, a carta foi excluída por Anita de sua biografia sobre Jennie publicada em 1969.

Thomas Boscawen, 7º conde de Falmouth, era popularmente conhecido como "Astro" por causa de sua notável aparência, digna de um grande ator, e do hábito melodramático e viril de torcer o bigode enquanto falava com uma mulher bonita. Ele ficou encantado com Jennie e decidiu acrescentá-la à sua longa lista de conquistas, mas, quando a visitou em casa, ela opôs resistência. Enfurecido e tomado pelo ressentimento, a violentou no chão da sala de estar. Mais tarde, incrivelmente, Jennie o perdoou e o chamou de "Astro" até o fim.

Pouco depois desse traumático incidente, Jennie, pela primeira vez, aos 26 anos de idade, envolveu-se profundamente com a política. Deixando Winston e Jack aos cuidados de Everest em Blenheim, juntou-se a Randolph, empenhando todo o seu charme e vigor para remover o antigo regime do Partido Conservador; já não apoiava mais lorde Beaconsfield. A pobreza da Irlanda, o horror do alarido quando saía de Dublin, o assassinato de lorde Leitrim, tudo isso fez com que ela ficasse tão impaciente quanto o marido com a atitude antiirlandesa ignorante e complacente dos conservadores aos quais ela pertencia.

Esse deveria ter sido o momento de Randolph passar para o outro lado do salão da Câmara dos Comuns e juntar-se aos liberais, mas, novamente, e sem dúvida para desapontamento de Jennie, ele não podia fazer isso enquanto mantivesse a cadeira em Woodstock. Para ele e Jennie, Gladstone era um retrógrado, em nada melhor que Beaconsfield em muitos aspectos. Na verdade, ambos desejavam que Randolph fosse primeiro-ministro (teria sido o mais jovem desde William Pitt, em 1783). Queriam rever completamente a política do Império a fim de conseguir melhores condições na Irlanda (e também na Índia e no Egito), sem, contudo, perder o controle paternalista pela concessão da autonomia política local, à qual Jennie e Randolph também se opunham.

A depressão agrícola de 1879 na Inglaterra, a pior em muitos anos, o fracasso dos acordos comerciais e as impopulares guerras zulu e afegã haviam deixado o governo em frangalhos. Greves no interior deram a Gladstone toda a munição de que precisava. Beaconsfield havia se tornado indolente, descuidado de detalhes administrativos; seu gabinete era apenas uma sombra do que fora antes. Na primavera de 1880, foi convocada uma eleição geral.

Temeroso de perder Woodstock, Randolph correu com Jennie para Blenheim para se consultar com o duque e a duquesa, que continuavam furiosos com os ataques do filho ao próprio partido; toda palavra que dizia destruía qualquer efeito que pudesse ter sobre os pais. Ingenuamente, Randolph ficou chocado por encontrar seus eleitores ressentidos com suas infreqüentes visitas durante os quatro anos anteriores. Agentes do duque os haviam privado de benefícios, falhado em lhes dar apoio durante a recente quebra de safra e fracassado totalmente no combate à ferrugem na lavoura, às infestações de pássaros predadores e à febre aftosa; ao mesmo tempo, esses mesmos agentes haviam aumentado os aluguéis vergonhosamente.

Durante toda a campanha, Jennie esteve em Blenheim e nos palanques locais, levando seu charme a todas as reuniões. Descobriu que a duquesa de Marlborough, que havia sido tão amigável quando trabalharam dia e noite no fundo de amparo de Dublin, tornara-se subitamente sua inimiga. A despeito de aparentar uma grande autoconfiança, por vezes assustadora, a duquesa era, de fato, frágil, voluntariosa e imprevisível. Sua perda de compostura durante o caso do anel "roubado", quando a mera afirmação de que era uma mentirosa a deixara totalmente arrasada, e sua aparência chocada e infeliz diante da rainha antes de ir para a Irlanda indicam que ela era exageradamente suscetível. E agora parecia que jogava sobre Jennie a acusação de ser a favor dos camponeses irlandeses, logo após os assassinatos de seus amigos naquele país.

De sua parte, Jennie, sempre confiante, direta e com seu estilo totalmente americano, estava exasperada pela arrogância e pelas gélidas críticas da duquesa. Com um toque de vaidade, escreveu à mãe em Paris que a base do ódio da duquesa era o fato de ser ela mais bonita que suas cunhadas: "Encontra falhas em tudo que digo ou visto. Mais parece um vulcão."

Em grande parte devido aos esforços de Jennie, Randolph ganhou a eleição de Woodstock por 60 votos. Foi ajudado pela circunstância de que seu oponente, uma figura obscura chamada William Hall, não tinha nenhuma força, e Randolph, em seu papel usual de "roto falando do esfarrapado", denunciou-o por fazer exatamente o que o duque de Marlborough estava fazendo — extraindo o apoio dos eleitores em troca de promessas e subornos. Tão grande era a eloqüência de Randolph — Jennie mais uma vez trabalhou em todos os seus discursos —, que conseguiu elogiar as impopulares campanhas inglesas no Afeganistão e na África do Sul como sendo belas demonstrações do poder imperial, com sucesso; atacou seus amigos irlandeses no Parlamento com acusações de comunismo e niilismo quanto à questão do autogoverno. Mas foi uma vitória ilusória, na qual ele abandonou seus ideais quase liberais.

Em Londres, os Churchill ainda estavam excluídos da sociedade real; quando lhe disseram que havia ameaças à sua vida, a rainha Vitória respondeu que não tinha nenhuma idéia de quem poderia ameaçá-la, "a menos que seja Randolph Churchill".

Gladstone tornou-se primeiro-ministro do Partido Liberal em abril de 1880. Com Beaconsfield fora de cena — ele morreu pouco depois —, os Churchill tiveram de formar um grupo dissidente dentro do Partido Conservador, uma facção que mandaria à fogueira os velhos tradicionais que estavam destruindo o partido. Estranhamente, escolheram como membros desse chamado Quarto Partido certas figuras excêntricas, que também dificilmente poderiam ser consideradas jovens.

A primeira escolha foi o rico *Sir* Henry Drummond Wolff. Um judeu convertido ao cristianismo, que mantinha um pé em cada um dos campos religiosos; era um homem de caráter cordial e generoso, divertido, com olhos vivazes e protuberantes.

Havia sido antes um missionário, depois um diplomata medíocre; viajara extensamente por outros países, com suficiente informação sobre as sujeiras envolvidas em questões coloniais para fazer qualquer governo sentir-se desconfortável. Como membro do Parlamento por Portsmouth, tinha grande domínio sobre assuntos marítimos; podia-se contar com sua língua ferina nos debates parlamentares, sendo um oponente popular. Fizesse alguém menção ao comércio de chá com a China, às atividades do sultão em Constantinopla ou aos emires da África Ocidental, e ele certamente tinha algo pertinente e afiado a dizer. Sua única fraqueza era o gosto por clarividentes e cartomantes, que ele acreditava poderem predizer o futuro; o que era compreensível, uma vez que antecipavam somente glórias para ele.

O outro membro do Quarto Partido era o advogado *Sir* John Gorst. Ele era o exato oposto de Wolff: pálido, quieto, frio, aparentemente desprovido de emoção, sem nenhum *sex appeal*. Era pura razão, uma criatura cujo corpo magro, sem músculos, era, como o de Sherlock Holmes, um mero apêndice de seu cérebro. E era um cérebro fenomenal: brilhantemente arguto e polêmico, podia destruir um inimigo com uma frase curta, cortante. Como Randolph e Jennie, era um agnóstico, o que os aproximava muito.

O terceiro homem era menos um membro do Quarto Partido do que um adendo desconfortável. Arthur Balfour, sobrinho do marquês de Salisbury (mais tarde um adversário de Randolph), era um pássaro de estranha plumagem nesse ninho político recentemente construído; recebeu de Jennie e Randolph o divertido apelido de "Postlethwaite". Era um espiritualista, ou melhor, alguém que buscava provar a existência do mundo dos espíritos, e mais tarde tornou-se presidente da Sociedade de Pesquisas Psíquicas. Em 1875, apaixonara-se pela sobrinha de Gladstone, May Lyttleton, que morreu de febre tifóide um mês após anunciarem o noivado. Num luto torturante, começou a consultar médiuns para invocá-la e arrancá-la das negras águas do rio Estige; tomado por algum tipo de loucura, culpava Gladstone pela morte da noiva e devotava-se a atacá-lo sempre que possível. Não fosse ele inseguro e imprevisível, teria sido um recruta ideal para o Quarto Partido, mas estava excessivamente ocupado com suas sessões espíritas.

Um outro acréscimo ao esconderijo conspiratório dos Churchill em St. James's Place não era membro do Quarto Partido: o brutal Henry Labouchère, rico membro adjunto do Parlamento por Northampton e editor e redator da *Truth*, uma revista muito popular de mexericos sociais e políticos.

Henry era de origem francesa, e seu frio e racional distanciamento das questões políticas inglesas mostrava a atuação de um poderoso olhar estrangeiro, capaz de desvendar o que outros não viam. Agnóstico e cético quanto a tudo, literalmente usava como cortina de fumaça o hábito de fumar como uma chaminé: mantinha em suspenso a Câmara dos Comuns a cada vinte minutos, quando se lançava da cadeira em direção ao salão de fumar para uma ou duas baforadas em cigarros turcos de fumo negro, do tipo randolphiano. Era famoso por suas tiradas: disse de Gladstone que não questionava que o primeiro-ministro tivesse uma carta escondida na manga; apenas objetava à sua afirmação de que Deus a havia posto ali.

Desacreditado em Eton e expulso da Faculdade Trinity, em Cambridge, por colar num exame, passou muito de sua vida perdendo dinheiro nas corridas de cavalos. Trabalhou como ajudante num circo, lutava em duelos e jogava na roleta com igual entusiasmo, e foi pego comprando votos. Alto, de compleição forte e explosivo tanto na raiva quanto na admiração, era uma visão que poucos esqueceriam.

Finalmente, um outro integrante do Quarto Partido era o rubicundo político irlandês Justin McCarthy. Randolph revelou a ele, naquele início de carreira política séria, que não sabia nada; o que quer que tivesse aprendido em Eton e Oxford, fora apagado de sua mente havia muito tempo, e que, com a ajuda de Jennie, somente então estava lendo os clássicos romanos, começando com as obras de Horácio.

Randolph e McCarthy faziam brincadeiras com Labouchère, que estava sempre buscando temas escandalosos para a *Truth*: paravam no saguão da Câmara dos Comuns murmurando a respeito de nada, com olhares furtivos como se estivessem partilhando algum grande segredo do governo. Então, quando Labouchère se aproximava deles com lápis na mão para anotar alguma fofoca, os dois caíam na risada.

O Quarto Partido precisava de alvos, e para o primeiro deles não foi preciso ir longe. O vizinho mais próximo dos Churchill em St. James's Place era *Sir* Stafford Northcote, líder da Câmara dos Comuns, a quem Jennie e Randolph odiavam como o maior dos decrépitos que estavam afundando o partido.

Northcote era tudo aquilo que Jennie desprezava num homem: flácido, pálido, com a disposição nervosa do Coelho Chapeleiro de Lewis Carroll; seus olhos azuis aquosos eram outro motivo de irritação, junto com um ar de complacência, uma alegre mediocridade e um charme insípido, inofensivo. Para tigres como os Churchill, ele era um velho inútil e repulsivo a ponto de ser eliminado.

Randolph tinha ciúme de sua erudição. A leitura favorita de Northcote era o *Conde Robert de Paris*, de *Sir* Walter Scott; ele admirava Tennyson, a quem Randolph criticava; desprezava a *Vanity Fair* de Thackeray, que Jennie adorava, porque a anti-heroína, Becky Sharp, era "uma prostituta devassa".

Um outro alvo do Quarto Partido era Charles Bradlaugh, membro adjunto, com Henry Labouchère, por Northampton. Ele tinha uma presença gloriosa, intimidante: cabeça maciça, como o Danton da Revolução Francesa, pescoço grosso, ombros enormes, uma compleição atlética de ossos largos e perfeitamente proporcional. Recusandose a usar bigode ou barba, oferecia uma face despida de afetação, ornamento ou disfarce: sua voz soava na Câmara dos Comuns com a força de um trovão. Todos os punhos, exceto os do mais poderoso boxeador, se quebrariam em seu queixo. À sua impopularidade poderiam ser acrescentados seu apoio à falsa mística Annie Besant, sua crença na contracepção e seu ódio pela rainha. Provou-se um alvo ideal para o Quarto Partido, que, ironicamente, dado o agnosticismo de Randolph, cobriu-se com o véu da moralidade cristã para atacá-lo.

Bradlaugh adorava chocar as pessoas religiosas: abstêmio durante algum tempo, quando foi informado de que Jesus gostava de vinho, respondeu que tal atitude indicava um grande mau gosto.

Em 24 de maio de 1881, Jennie cuidou de que Randolph fizesse seu primeiro grande avanço na Câmara dos Comuns. Ele atacou Bradlaugh diretamente, tornando-se famoso da noite para o dia. Era prática estabelecida que, ao serem eleitos para a Câmara, todos os novos membros deviam jurar sua afiliação formalmente, pondo a mão sobre a Bíblia e jurando lealdade à igreja e ao monarca. Quando chegou sua vez, um vociferante Bradlaugh recusou-se, afirmando que era um ateu e que os termos do juramento lhe eram inaceitáveis. Randolph o denunciou com uma inflamada eloqüência que lhe valeu palmas dos dois lados da casa; depois, pisoteou o provocador e sedicioso panfleto de Bradlaugh, "O Impeachment da Casa de Brunswich", que era um ataque às históricas corrupções e intrigas da família real.

Quando Jennie deixou a Câmara naquela tarde, vários membros e suas esposas correram para cumprimentá-la e dar-lhe os parabéns, como se ela mesma tivesse feito o pisoteio; àquela altura, todo mundo em Londres sabia que ela era a força por trás de todos os movimentos de Randolph, a única mulher de importância na política inglesa além da rainha.

E assim, com o forte apoio de Jennie, Randolph foi lançado em sua grande carreira política. Ela com freqüência estava na galeria das senhoras quando ele aparecia no lugar do qual mais gostava, embaixo do passadiço e face a face com Gladstone, que se sentava no Banco do Tesouro. Na hora das perguntas, atormentado com acusações irritantes e muitas vezes sem sentido às quais não conseguia responder de imediato, Randolph deixava cair o monóculo, brincava com o anel com a cruz maltesa que Jennie lhe dera, pedia um conhaque com soda, engolia tudo, ia até o salão de fumar para uma tragada em seu cigarro turco enrolado a mão, então voltava, esfregava as pernas calçadas em meias, observava sua face no reflexo dos sapatos impecavelmente polidos — e dava a resposta. Seu casaco azul-claro, uma imitação do traje de Beaconsfield quando jovem, destacava-se como uma bandeira contra a negra uniformidade de seus colegas parlamentares — até o dia em que Gladstone, com malicioso humor, apareceu vestido da mesma cor, e todos riram.

Embora secretamente admirasse Randolph como um substituto liberal, Gladstone era o próprio demônio quando se opunha a alguém num debate. Ele conseguia dar início às perguntas aos ministros na hora do jantar, quando a maior parte dos membros estava fora, comendo e bebendo; diante de uma casa quase vazia, cravava em Randolph um olhar tão vítreo, que até aquele jovem desafiador sentia-se esmagado. Uma vez, no meio de um observação jocosa gladstoniana particularmente ferina, Randolph desmaiou e teve de ser carregado por *Sir* Henry Drummond Wolff.

O Quarto Partido, freqüentemente liderado por Wolff, reunia-se todos os domingos para conferências conspiratórias, primeiro para almoço na casa londrina da antiga vizinha dos Churchill, a espalhafatosa e charmosa *lady* Dorothy Nevill, depois na casa de Mary Mackenzie, esposa de *Sir* Francis Jeune, e à noite na St. James's Place. Ali, determinados a não serem ouvidos por *Sir* Stafford Northcote na casa ao lado, ou por espiões que poderiam chegar disfarçados de vendedores, falavam aos sussurros, tramando a queda não apenas de Gladstone, mas também de Northcote.

E, no meio de toda essa atividade, Jennie embarcou no mais sério caso de amor de sua vida.

Capítulo seis

Tem sido dito que Jennie encontrou o conde Carl Kinsky zu Wehinitz u Tettau em Londres pela primeira vez em 1881; mas, de fato, eles devem ter se deparado na Irlanda quando, com seu pai, o príncipe Ferdinand, Kinsky integrava o *entourage* pessoal da amiga de Jennie, a imperatriz Elizabeth da Áustria, cuja paixão pela caça à raposa levou-a, apesar de ameaças de morte, a cobrir toda a largura e extensão da ilha Emerald. Agora, com a imperatriz na Inglaterra, Kinsky era membro do grupo de caça em Pytchley, perto de Cottisbrooke, e em Melton Mowbray. Embora Jennie ainda estivesse oficialmente banida desses centros eqüestres, era freqüentemente admitida quando o príncipe de Gales estava preso em Londres, Sandringham, Balmoral ou no exterior.

Nascido em Viena em 29 de novembro de 1858, Kinsky era, aos 22 anos, o tipo físico de Jennie: 1,70 metro de altura, delgado, com um corpo graciosamente proporcional e um porte elegante quando montava um cavalo, ele era bonito, com olhos azul-claros, bigode militar cuidadosamente aparado e saudáveis faces coradas. Embora fosse muito mais musculoso e viril, ele trazia, como Randolph, a marca do aristocrata; 18 anos mais tarde, herdaria o título de príncipe Carl

Kinsky. Jennie apaixonou-se tanto pela aparência quanto pelo charme do rapaz.

Calmo, confiante em seu *sex appeal* e desprovido de neuroses, seu temperamento fazia um contraste com o do marido de Jennie. Quando ele entrava numa sala, as mulheres o despiam com os olhos: para Jennie, ele era uma grande conquista. As origens de sua família, pertencente à classe dominante na Áustria-Hungria, podiam ser traçadas a partir de 1326, quando o rei John de Luxemburgo elevou Balthasar, Wilhelm e Johann Kinsky à categoria de barões por suas proezas militares e concedeu-lhes um lugar na antiga Ordem dos Cavaleiros Teutônicos. A família forneceu conselheiros políticos a um rei após outro. Quando Jennie o encontrou em Londres — a ocasião exata é desconhecida —, Kinsky já era um dos favorito da corte e amigo íntimo do príncipe herdeiro Rudolph, o desafortunado sucessor do trono austro-húngaro.

Com vastas propriedades herdadas na Boêmia, chanceler da Casa Austríaca de Peers, capitão da cavalaria e rico acima de qualquer estimativa, ele era um fantástico bom partido na sociedade européia. Sua vida eram os cavalos, a diplomacia e a espionagem. Registros sobre ele, existentes nos Arquivos Nacionais de Viena, abertos recentemente pela primeira vez, mostram que atuava em Paris, Londres, Bruxelas, Viena e São Petersburgo como um agente secreto; foi nomeado adido especial do secretário da embaixada na Inglaterra, o espião-e-diplomata conde Constantin Dumba.

Um jóquei que corria em hipódromos desde os 16 anos, era um dos melhores cavaleiros da Europa, treinado pelos Mestres dos Cavalos Reais Austríacos, os irmãos ingleses Rowland e Jack Reynolds. Num uniforme justo de montaria, estimulando seus corcéis favoritos para vencer uma corrida de obstáculos após a outra, os cabelos negros soltos ao vento, lançando sorrisos às expectadoras, ele era algo a ser visto. Seu melhor amigo e mentor era um dos ardentes admiradores de Jennie, o capitão William (Bay) Middleton, com quem ele partilhava uma cabana de caça perto de Leicester. Jennie encontraria os dois homens em 1881 em Combermere Abbey, em Cheshire, onde os viu negociando a compra da bela égua Zoedone numa feira rural; embora sem sucesso no início, Kinsky mais tarde comprou o cavalo e correu com ele no Grande Prêmio.

Dificilmente Jennie receberia Kinsky em sua casa, com Randolph lá, as crianças, a babá e todos aqueles empregados; parece que se encontravam principalmente no campo, em lugares onde o príncipe de Gales raramente seria visto. O local mais provável de seus encontros noturnos era a cabana de caça em Bay Middleton.

Enquanto isso, em 2 de junho de 1881, Clarita, irmã de Jennie, havia se casado — sem a presença dos Churchill — com o audacioso e tolo especulador internacional Moreton Frewen na Grace Church em Nova York, onde ambos estavam passeando. Ele tinha boa aparência, vinha de uma família decente, mas era uma figurinha patética, desprovida de cérebro e indigente, sempre surgindo com esquemas absurdos para fazer dinheiro que exauriam a pouca renda que tinha. Ele era definitivamente um canalha; odiava Jennie e sua mãe, a quem apelidou de Touro Sentado, numa alusão às suas imaginárias origens nativas americanas.

Em 26 de abril de 1882, os Churchill partiram para Nova York. Leonard mais uma vez negligenciara os pagamentos que havia garantido como parte do dote. Mudou-se novamente para a mansão na rua 26 West com a Madison Square, que declarou ter vendido para financiar a mesada; na realidade, a propriedade havia apenas sido alugada e hipotecada. Navegaram com o duque de Manchester, genro de Consuelo, que continuava grato a eles por terem conseguido sua entrada na Ordem de St. Patrick seis anos antes. Foi uma travessia agitada; as condições transatlânticas foram as piores daqueles últimos vinte anos.

Ao chegar, encontraram condições terríveis: tempestades elétricas, uma após outra durantes dias sem fim, tornavam impossível sair de casa. As ruas estavam inundadas, e qualquer um que saísse para uma caminhada tinha de enrolar as calças ou levantar as saias; esgotos transbordavam e houve os usuais surtos de tifo.

Para piorar as coisas, havia notícias terríveis da Irlanda. Dois dias após a chegada dos Churchill, seu velho amigo, o subsecretário Thomas Henry Burke, e lorde Frederick Cavendish foram apunhalados e mortos por fenianos no Phoenix Park, apenas a uma curta distância de Little Lodge, onde Jennie e Randolph tinham vivido. Os assassinos foram pegos, mas então veio a notícia chocante de que o amigo dos Churchill, Charles Stuart Parnell, sendo o principal oponente ao domínio inglês, fora acusado de instigar o crime. Mais tarde, notas forjadas que ele supostamente escrevera autorizando as mortes seriam usadas contra ele; muitos anos se passariam até que seu nome fosse limpo.

Arrasados, os Churchill deixaram Nova York apenas 13 dias após haverem chegado, retornando a Londres sem que o falido e idoso Jerome lhes desse qualquer garantia de que seria capaz de enviar algum dinheiro no futuro; a mansão que havia acabado de reocupar estava finalmente sendo vendida para o Clube Union League, que a havia alugado anteriormente.

Mal o casal estava em Londres, alojado numa casa modesta em Wimbledon (haviam sido forçados a deixar St. James's Place por falta de fundos), quando surgiram novos problemas. Fanny Ronalds estava histérica: dizia estar grávida de *Sir* Arthur Sullivan. Isso significaria a ruína social e o empobrecimento, pois seu marido Peter Lorillard possivelmente cortaria sua renda; o que poderia ela fazer? Houve rumores de que teria ido a um aborteiro, o que de fato fez. O impostor lhe disse para esperar mais um mês e ver se a menstruação falharia novamente. Felizmente, isso não aconteceu; havia sido um simples problema ginecológico, e todo mundo pôde respirar novamente. Mas o estresse de Jennie, abalada após Nova York, era realmente muito sério.

Houve um alívio apenas temporário: Fanny logo anunciou, entre lágrimas, que Sullivan tinha uma outra amante, mais jovem. Não havia nada que ela pudesse fazer, e ele continuou, enquanto compunha a ópera cômica *Iolanthe*, a passar de uma cama para a outra.

Aos sete anos de idade, Winston era, cada vez mais, um menino hiperativo — barulhento, cheio de si, um pequeno egomaníaco —, mas, ao contrário das afirmações publicadas, Jennie e Randolph eram muito bons com ele. Mantinham-no principalmente em Blenheim, onde havia magníficos espaços para correr e brincar, e, além da babá Everest, tinha lacaios para atender às suas ordens. Jennie mandou soldadinhos de chumbo para ele até formar um quase exército e também um castelo de papel machê para alojá-los, de modo que podia brincar de guerra o quanto quisesse. A duquesa de Marlborough comprazia-se em dar lições com ele em seu colo; o que quer que pensasse de Jennie, ela nunca deixou de amar o neto. Ele tinha um pônei, Rob Roy, no qual podia cavalgar livremente, e adorava seu irmãozinho Jack.

A vida para ele era um paraíso; embora os Churchill, com os compromissos na Câmara dos Comuns, não estivessem com freqüência em Blenheim, nenhuma criança foi mais inteiramente mimada e estragada.

Durante o verão de 1882, Jennie e Randolph estavam preocupados com a situação perigosa no Egito, onde havia grande ameaça de uma insurreição nacionalista contra o domínio colonial inglês.

Randolph, por meio de um amigo do tempo de colégio, Natty Rotschild, soube que Gladstone tinha investimentos substanciais naquele país, particularmente no canal de Suez e em ações no setor de algodão, e que seus motivos para garantir o poder absoluto lá eram tanto mercenários quanto políticos. A Inglaterra tinha, a qualquer custo, que manter a passagem para o Oriente através do canal; rebeldes poderiam tomá-lo a qualquer momento, arruinando inúmeros investidores na City de Londres e também o próprio Gladstone, cuja carteira era quase toda egípcia.

Contrariando Rothschild, bem como a maior parte dos conservadores e gladstonianos, Randolph, Jennie e o Quarto Partido, com insolente intrepidez, apoiaram os nacionalistas árabes antibritânicos no

Cairo. É difícil exagerar sua audácia, já que estavam trabalhando contra a própria essência do império e os desejos específicos da rainha. A história recente do Egito enfurecia o Quarto Partido, que odiava o fato de o governo fantoche do Cairo ser controlado pelo cônsul-geral britânico residente, *Sir* Evelyn Baring, do Barings Royal Bank, pelo Rotschild Bank e pelos interesses de *Sir* Ernest Cassel, que cuidava dos investimentos da rainha e do príncipe de Gales.

Portanto, foi num aberto desafio à família real e ao governo da época que o Quarto Partido, liderado por Jennie e Randolph, deu apoio moral e financeiro ao rebelde nacionalista egípcio Ahmad Arabi Pasha contra o governador fantoche, o Quediva Tewfik, que era um instrumento voluntário de Whitehall. Uma rebelião no Cairo, alegadamente organizada pelo Quediva para garantir o apoio militar da Inglaterra, levou a situação ao ponto de ebulição. Em 11 de julho, o almirante *Sir* Beauchamp Seymour bombardeou Alexandria e investiu contra a cidade; pouco depois, *Sir* Garnet Wolseley esmagou as forças de Arabi na batalha de Tel el-Kabir. Randolph apressou-se em enviar fundos para a defesa de Arabi quando este foi a julgamento e criou tamanha comoção que o líder rebelde não foi enforcado, mas meramente deportado para o Ceilão (hoje Sri Lanka). Anos mais tarde, quando era secretário de Estado para a Índia, Randolph tentou inutilmente levar Arabi de volta ao Egito.

Em julho de 1882, em meio a esse imbróglio, Jennie achou uma nova casa no número 2 da Connaught Place. Logo descobriu que seus painéis de seda para cobrir as paredes haviam sido destruídos pelo ar venenoso, e os substituiu por outros muito caros. Insistiu em instalar luz elétrica, uma novidade em Londres, obtida de um dínamo no porão; um esquema bastante incerto, pois freqüentemente mergulhava a casa na escuridão. Enquanto isso, os Churchill ficaram sabendo que Gladstone, por meio da guerra bem-sucedida no Egito a que eles haviam se oposto, elevara o valor de suas ações do canal de Suez-Rothschild de 38 libras cada para quase cem, tornando-se um homem muito rico.

Natty Rothschild fizera um investimento adicional de um milhão de libras em ações do canal, o que aumentou imensamente a fortuna de sua firma. O general Charles G. Gordon, tão freqüentemente considerado acima de qualquer censura, também tinha um bom estoque de investimentos egípcios; mais tarde, ele chegaria a receber dez mil libras (equivalentes a um milhão ou mais hoje) para subornar seu arquiinimigo, o sucessor nacionalista de Arabi, o fanático muçulmano Mohammed Ahmed Mahdi. Não teve sucesso.

Os Churchill tinham agora mais inimigos que nunca por causa da questão do Egito. A manipulação e a coerção teriam funcionado melhor, mas a subversão não era própria de seu estilo. Eles pareciam ter um prazer perverso quando enfrentavam a adversidade; cuidavam de seus bastiões no número 2 da Connaught Place, e ao inferno com as conseqüências.

Tinham um espião no campo liberal: M. Maltman Berry, mais tarde um amigo de George Bernard Shaw, que havia trabalhado para Karl Marx. Anarquista agressivo, ele editava um jornal de oposição à realeza em Londres chamado *Freiheit.* Estava, com os Churchill, aliado ao radical subversivo Henry Hyde Champion, que durante anos fomentou greves e rebeliões em cidades industriais inglesas até que, em 1894, para alívio de todo mundo, fugiu para a Austrália apenas um passo adiante da polícia e lá permaneceu de vez.

Um outro espião do Quarto Partido no campo inimigo era Cyril Flower, mais tarde lorde Battersea, casado com Constance Rothschild, sobrinha de Natty Rothschild. Gladstone imprudentemente confiava nesse fútil traiçoeiro que levava informações vitais para os Churchill.

Em 3 de novembro de 1882, por insistência de Jennie, Winston foi para a escola pela primeira vez: o colégio St. George, do reverendo H.W. Sneyd-Kinnersley, em Ascot. A localização era conveniente, pois ficava próximo da pista de corrida predileta de Jennie. Tem-se feito um bocado de barulho a respeito do mau tratamento recebido por Winston lá; mas as hostilidades de outros meninos e os espancamentos freqüentes pelos professores eram padrões plenamente aceitáveis nos tempos vitorianos, e Winston era uma criança arrogante e criadora de caso. A atitude dos pais vitorianos se deve ao fato de considerarem a vida uma corrida de obstáculos brutal e incessantemente desafiadora, mesmo para os ricos e privilegiados, e que um menino devia aprender desde cedo a ser um homem. Isso significava aceitar as punições por seus erros sem reclamar, derrotar com chutes e punhos todos os que se aproximavam, estudar diligentemente dia e noite, ser duro no jogo de críquete, rúgbi e futebol, e treinar, sem reclamações, em quadras de esporte sob chuva ou varridas pela neve. Jennie apoiava essa política; ela deve ter se lembrado do treinamento rigoroso de Lucy Green. Embora se ressentisse à época, havia aprendido a dar valor mais tarde: aquela educação inicial dera uma boa têmpera à sua alma, e ela queria que o filho também fosse feito de aço.

Para felicidade de Jennie, Randolph tornava-se a cada dia mais famoso. Membros da Câmara dos Comuns já não usavam sua hora do jantar para esvaziar o salão durante a sessão de perguntas; engoliam rapidamente a comida e voltavam correndo para vê-lo exibir sua arrogância e seu humor cortante. Ele era a mais excitante presença jovem surgida nos debates parlamentares havia décadas, e, dia após dia, Jennie lá estava para aplaudi-lo da galeria das senhoras.

Cartunistas da imprensa o representavam de várias formas: como Puck, um bobo da corte com capuz e guizos, um buldogue de olhos amuados ou um filhote de vira-lata à solta no Derby com uma caçarola amarrada à cauda. Os conservadores tradicionais na Câmara, afligidos pela monotonia, indolência e incompetência, ficavam excitados com suas ofensivas, embora sofressem com elas; quanto aos liberais, até eles tinham de admirar suas invectivas. Ele chamava Gladstone de "um fariseu cegueta e hipócrita" e referia-se a John Bright, o idoso radical de Birmingham, como "um hipócrita senil e apaixonado"; como um alquimista, ele conseguia traduzir a bajulação mais desprezível em ouro retórico.

Falava do governo colonial britânico no Egito, na Índia e na África como "atolado em sangue", acrescentando que "de massacre em massacre eles marcham; seu curso está indelevelmente impresso na história do mundo por uma abundante torrente de sangue". Falava dos liberais como uma gangue de criminosos políticos, uma legião de amigos abomináveis, uma turba de sinistros maquinadores sem maneiras; eram "poltrões e traidores, hipócritas transparentes". Era como se uma série de relâmpagos tivesse atingido o sombrio salão da Câmara dos Comuns; finalmente, a juventude havia sido ouvida naquele salão por demais sacrossanto, e Jennie estava encantada com o sucesso do marido.

Nem ela nem Randolph estavam com boa saúde no final de 1882; antes e depois da viagem a Nova York, Randolph havia tido uma doença que lhe causava o esfriamento e a dormência das extremidades e ataques de fraqueza e desmaio após aplicações ou banhos quentes; isso foi diagnosticado pelo médico de Churchill, dr. John H. Mather, como mal de Raynaud (atualmente, síndrome de Raynaud), uma doença recorrente que normalmente aflige mulheres jovens na adolescência.

Jennie teve uma saúde vigorosa até o inverno, quando o ar venenoso do West End de Londres, carregado com a quantidade usual de pestilência, finalmente a derrubou. Enquanto isso, Randolph, buscando alívio para seu estado, havia ido para a Argélia. Como era típico dos ingleses de sua classe e época, ele estava bastante preparado para passar o Natal sem a família, desfrutando o clima seco e os balsâmicos prazeres das noites árabes.

Em 17 de dezembro, Jennie caiu num estado febril que mais tarde foi diagnosticado como tifo. Mas, de fato, a partir de evidência contemporânea obtida pelo dr. Mather, tratava-se de paratifo, uma doença menos grave e pouco compreendida àquela época, que também envolvia febre alta e possível risco de vida.

Ela estava exausta; não sendo dada nunca a meias medidas, havia se lançado às tarefas de decorar e mobiliar o número 2 da Connaught Place, desencavando peças em velhos depósitos, comprando outras que mal podia pagar em lojas de antiguidade e substituindo caros papéis de parede e painéis, arruinados pela neblina sulfurosa. Ao mesmo tempo, estava tentando fazer o pai retomar o pagamento das parcelas do dote. Passava noites com o conde Kinsky, enquanto mantinha o marido em dúvida fazendo visitas a Paris para repelir ou encorajar ardentes admiradores, como o conde de Castellane, diplomata e escritor, ou tomando um trem para propriedades no campo, mesmo não sendo convidada e correndo o risco de encontrar o príncipe de Gales a qualquer momento. Então se juntava a Randolph para preparar os discursos para os debates na Câmara dos Comuns. E havia ainda a leitura de todos os jornais, passados a ferro pelos empregados, para manter-se em dia com os últimos acontecimentos políticos. Além de tudo isso, na frente familiar ela oferecia pequenos jantares a amigos, suas numerosas cunhadas e primos; arrumava romances ocasionais para Leonie, sua irmã mais nova, e cuidava da correspondência que recebia de Clarita, que havia mergulhado na vida de pioneira das terras selvagens americanas e cujo marido, o horrendo Moreton Frewen, estava envolvido em especulações suicidas.

O caso com Kinsky era especialmente difícil de manter. Levar adiante relações sexuais ilícitas em meados do século XIX era um desafio: empregados tinham de ser praticamente trancados no sótão ou no porão para impedir que ficassem olhando por buracos de fechaduras ou se intrometendo; era preciso assegurar-se de que maridos e esposas estavam em negócios fora, ou em algum teatro ou com seus próprios amantes. E, uma vez aberto o campo de batalha no quarto, havia o desafio de remover infindáveis sobressaias, corpetes, espartilhos e calças bufantes, deixando tudo tão amassado que daria o que falar ao pessoal da copa e da cozinha. Os cavalheiros tinham que se livrar de paletó, gravata, camisas engomadas, numerosos botões e longas e incômodas roupas de baixo; no inverno, era preciso ter uma lareira acesa e crepitante para que os combatentes amorosos não congelassem. Finalmente, terminado o que correspondia ao inverso de vestir todo um uniforme militar, o casal, já despido, podia alegremente se unir. Mas não antes que um preservativo primitivo, na forma de uma bexiga de animal, tivesse sido esticado sobre o membro masculino ereto e madame tivesse inserido um objeto que em alguns casos se diz ser uma esfera de ouro e, em outros, a mais banal das esponjas.

Acamada em Connaught Place, com Winston em Blenheim sem saber de seu estado, e em companhia da superprotetora Elizabeth Everest, Jennie ficou sob os cuidados de Leonie e Clarissa, que relutantemente viera de Paris. De seu leito de doente, em rabiscos escritos a lápis, ela falava a Randolph em termos familiares sobre a reforma do salão de estar, por exemplo; todas as suas cartas eram escritas em rápida linguagem telegráfica, com barras em lugar da pontuação, algo presumivelmente aprendido na escola da senhorita Green e em Paris. Uma visita da agora amistosa duquesa de Marlborough trouxe duvidosa consolação, e quando o médico da rainha, *Sir* William Gull, foi vê-la, soube que, após anos, finalmente contava de novo com o favor real. Ele nunca teria ousado atendê-la se o príncipe de Gales tivesse desaprovado.

Gull, que mais tarde seria falsamente acusado de cumplicidade, ou de algo pior, no caso de Jack, o Estripador, ganhara fama por haver salvado o príncipe de Gales do tifo em 1871. Fora convocado por uma frenética rainha Vitória que perdera o marido, o príncipe Albert, em conseqüência da nociva contaminação dos vários esgotos reais. No caso de Jennie, ele aplicou o mesmo repulsivo tratamento de conhaque, leite e gelatina que havia salvado a vida do príncipe.

Suas cartas de doente a Randolph são tocantes, notavelmente bem escritas e vigorosas, tendo em vista seu estado. Escrevendo para a Argélia, que, a despeito da atividade rebelde contra os franceses, parece ter possuído um serviço postal superior ao de Londres de hoje, ela o mantinha a par de todos os sintomas e progressos; disse-lhe para não se preocupar, uma instrução inútil naquelas circunstâncias. Quando uma carta se atrasava, ela telegrafava, e ele respondia. Ela se debruçava sobre mapas da Argélia e livros de geografia estudando-os cuidadosamente, como não poderia deixar de ser, determinada a acompanhar seus passos à medida que ele passava de uma cidadezinha obscura para outra. Finalmente, ele chegou ao sul da França, tomado por uma angústia estressante; mas seu colega do Quarto Partido, *Sir* Henry Drummond Wolff, trouxe-lhe de Londres notícias encorajadoras sobre o estado de Jennie. Em Nice, ele encontrou *Sir* John Gorst, também membro do Quarto Partido, e, em carta a Jennie, revelou sua aflição com o pequeno Winston, que não estava bem de saúde. Seria esse o pai desprovido de amor descrito em inúmeros livros?

Em 3 de janeiro, Jennie escreveu dizendo ao marido que se sentia desolada por ele ter se preocupado tanto, mas que estava feliz por sabê-lo em Nice. Disse que sua temperatura oscilava e não podia andar; que freqüentemente ficava deprimida; que havia uma enxurrada de contas de fornecedores de vinho e vendedores de móveis; e que ela era um saco de ossos dada a dieta real de leite, conhaque e gelatina.

Tudo em que conseguia pensar era juntar-se a Randolph no sul da França; não deu nenhuma sugestão de que ele viajasse para Londres, pois ele também estava doente. Nada ilustra seu otimismo, força e determinação melhor que essas cartas amorosas. Ela se divertia com o fato de que sua sogra, a duquesa, havia planejado o noivado de Georgiana, a irmã de 27 anos de Randolph, com o 4º conde de Howe, de 21 anos. ("Chamam sua mãe de a Seqüestradora de Bebê", escreveu ao marido).

Randolph rabiscou uma resposta aliviada por ela estar melhor e corretamente suspeitou de que os esgotos de Connaught Place a haviam deixado doente. Na mensagem que enviou por *Sir* John Gorst, disse que a encontraria em Marselha e juntos desfrutariam a Riviera. Também mandou uma faca de prata de abrir ostras; Jennie adorava ostras.

Em 14 de janeiro, ela conseguiu fazer uma viagem de carruagem com sua irmã Leonie. Enquanto isso, Randolph, na Villa Carmen em Monte Carlo, estava doente de novo, no meio de chuvas tempestuosas. Havia rumores de que tinha sífilis, mas ele não mostrava nenhum sintoma da doença nem qualquer indicação do menor problema venéreo. Sua mente estava clara, tão aguçada e beligerante como sempre;

sua saúde em estado adequado, não fosse por ataques recorrentes da doença de Raynaud; seu corpo não mostrava nenhuma perda de peso e não havia sinal de manchas em sua pele. Suas cartas eram não apenas coerentes, mas brilhantes, e seu comportamento era errático, mas não irracional; excêntrico, mas não demente. Seus filhos eram meninos saudáveis, robustos; Jennie não estava infectada. Em suma, a teoria da sífilis não faz sentido, e não há nenhuma indicação de que se manifestaria em seus últimos anos, quando uma outra doença, e mais terrível, se instalaria.

Como acabou acontecendo, Jennie, após se recuperar, não foi para o sul da França, e Randolph retornou bem-disposto. É provável que o fato de ela haver sofrido uma doença que pôs sua vida em risco tenha, em alguma medida, amolecido o coração do príncipe de Gales. Em 15 de março de 1883, o importante político *Sir* Henry James persuadiu o príncipe a comparecer a um jantar em sua casa para o qual os Churchill também estavam convidados. A revista *Vanity Fair* quase pôs tudo a perder ao publicar que, "embora lorde R. sinta grande satisfação por estar novamente em termos amigáveis com o herdeiro provável, ele não se propõe tornar-se íntimo de todos os amigos do príncipe". Mas Francis Knollys, secretário do príncipe, escreveu a *Sir* Henry pedindo-lhe que assegurasse a Randolph que Sua Alteza não o responsabilizava por aquela matéria descuidada e irresponsável, e com isso a velha amiga e vizinha dos Churchill, *lady* Dorothy Nevill, também deu uma festa para eles e o príncipe.

Em 30 de março, Jennie estava em Aintree, perto de Liverpool, para ver Carl Kinsky cavalgar sua magnífica égua Zoedone no Grande Prêmio ao qual ela nunca deixava de assistir. Fazia cinco dias que chovia pesadamente e a pista se transformara em pura lama, ameaçando as patas dos cavalos e dificultando o trabalho do cavaleiro.

Em suas brilhantes cores branco e vermelho, com uma faixa vermelho vivo do ombro à cintura, Kinsky causou uma forte impressão. Zoedone já passara por vários testes em solo inglês; excepcionalmente bem treinada em Parbuce, no que é agora a República Tcheca, por

Roland Reynolds, amigo de Kinsky, ela estava mais que à altura da competição.

Não havia grandes apostas na égua, mas Kinsky a cavalgou esplendidamente sobre as cercas recentemente elevadas e o famoso Becher's Brook, alcançando uma vitória por dez corpos que deixou seus torcedores em êxtase.

Jennie retornou a Londres a tempo de juntar-se a Randolph num ataque a *Sir* Stafford Northcote, a quem continuavam a desprezar como líder da Câmara dos Comuns; eles o chamavam de O Bode. Quando, num falso gesto de conciliação, o convidaram para um jantar, puseram um bode de porcelana de Dresden em sua mesa; reconhecendo o termo com que o apelidavam, Northcote retirou-se imediatamente. Sua fraqueza física — sofria de um mal do coração — somente aumentava o desprezo que sentiam por ele. E agora, provocando o irracional preconceito e a fúria dos Churchill, seu velho inimigo Northcote estaria a cargo de retirar o véu de uma estátua do falecido lorde Beaconsfield na Parliament Square.

Randolph escreveu duas cartas enfurecidas ao *The Times*, a primeira anônima, a segunda assinada, atacando a escolha de Northcote. Na segunda nota, ele perdeu totalmente a cabeça, atacando de frente o partido *tory*. Quando entrou na Câmara dos Comuns no dia 2 de abril, foi saudado com um gélido silêncio por ambos os lados, enquanto Northcote foi aclamado ruidosamente. Randolph riu-se da humilhação, mas ficou horrorizado quando seus colegas do Quarto Partido, Gorst e Wolff, assinaram um documento oferecendo apoio à liderança de Northcote.

Em maio, Randolph publicou um artigo na *Fortnightly Review* atacando violentamente Northcote mais uma vez. O artigo pelo menos teve o benefício de mobilizar Wolff, que foi à casa dos Churchill cumprimentá-los na noite seguinte e acabou entrando numa pequena discussão doméstica. Jennie chegou correndo durante a conversa, mostrando seu entusiasmo por haver encontrado dois painéis pintados, cobertos de fuligem londrina, numa loja de antiguidades; depois de limpos, eles seriam uma barganha por trezentas libras. Pressionado pela falta de dinheiro, como sempre, Randolph descartou a idéia imediatamente, recusou-se a ouvir e pediu-lhe que saísse da sala; ela ficou furiosa. Mais tarde, os painéis foram vendidos por mais de vinte vezes o que teria pago por eles — um fato que ela jamais esqueceu.

Em honra de lorde Beaconsfield, e para celebrar a inauguração da estátua, todos os membros do Partido Conservador usaram na lapela, durante toda a semana, a flor favorita do falecido primeiro-ministro, uma prímula. *Sir* Henry Drummond Wolff sugeriu que ele e Randolph, com Jennie e a duquesa de Marlborough como líderes, fundassem uma Liga da Prímula, uma sociedade conservadora de homens e mulheres que usariam a flor como um emblema e levariam adiante uma política antiliberal menos rancorosa, destinada a mitigar o ódio que muitos sentiam por Randolph e por suas críticas mais irracionais. Randolph concordou, Jennie e a duquesa ficaram encantadas, e a Liga da Prímula logo se tornou famosa.

Jennie estava em Dublin em maio quando novamente veio à tona sua fascinação com assassinatos e assassinos, revelada em Paris quando ficou obcecada pelo caso Praslin. Ela encontrou-se com um dos diretores assistentes da prisão de Kilmainham, que lhe ofereceu uma visita à prisão e um encontro com os assassinos de Phoenix Park que haviam matado Burke e Cavendish.

Os matadores eram membros do grupo terrorista conhecido como Os Invencíveis, e seu alvo havia sido apenas o subsecretário Thomas Henry Burke, a quem corretamente viam como um traidor dos irlandeses. Lorde Cavendish não havia sido uma vítima intencional, mas sua presença como testemunha tornou necessário o brutal esfaqueamento. Os matadores incluíam Joseph Brady, um operário de 25 anos de idade, Tim Kelly, também um operário, Patrick Delaney e Thomas Caffrey. Eles haviam sido denunciados por James Carey, um Invencível que obteve o indulto em troca da informação.

A horrível visita voyeurista consistiu em alinhar os assassinos em suas roupas de prisão numa sala onde o superintendente John Mallon, da polícia de Dublin, lhes fez perguntas inúteis para que Jennie pudesse olhá-los. Mallon mentiu dizendo que ela era um membro de sua própria família. Quando o jovem Tim Kelly, de 19 anos de idade, virou-se para sair, implorou a Jennie que desse uma ajuda à sua esposa, caso ele fosse enforcado. Abalada, ela disse que daria, mas não há nenhuma evidência de que o tenha feito.

Foi-lhe mostrada a carne deteriorada que era empurrada através de grades estreitas para os prisioneiros comerem; foi-lhe mostrado James Carey, o informante, mantido numa cela confortável para sua própria segurança. Ele a encarou com o ódio de um urso num zoológico. Enquanto continuava o passeio, veio um homem e disse a Mallon que o inspetor geral das prisões estava atravessando o portão e, se Jennie fosse vista, num desafio às regras da prisão e sem uma autorização assinada pelo vice-rei, Mallon seria punido.

Ela foi rapidamente posta numa cela vazia enquanto o inspetor geral passava adiante, e lá ficou esquecida durante vinte minutos em total escuridão, com ratos correndo de um lado para outro. Felizmente, o inspetor não olhou pelas grades, ou teria visto uma senhora famosa, vestida na última moda, sentada lá dentro. Afinal, o ruído dos passos esvaeceu e ela pôde escapar; saiu exausta e deprimida. A experiência, que começara como uma excursão cruel, deixou nela uma profunda impressão; 17 anos mais tarde, iria influenciá-la a levar Winston Churchill, como secretário do Interior, a iniciar a reforma penitenciária.

Jennie celebrou o 4 de julho, Dia da Independência americana, em Blenheim com diversos integrantes de seu círculo americano, que incluía Fanny Ronalds, Lily Marlborough, Consuelo Manchester e Leonie. Randolph estava em Londres, hospedado com o pai; eles jantaram juntos.

Na manhã seguinte, o criado do duque foi acordá-lo, preparar sua roupa e vesti-lo, mas o encontrou morto no chão do quarto. Jennie correu para Londres, onde Randolph estava inconsolável; a duquesa também estava devastada pela dor. Em 10 de julho, um trem especial foi requisitado para levar a família e amigos de Londres para o funeral; uma centena de pessoas enlutadas acompanhou o pesado caixão de carvalho em sua curta e triste jornada até o palácio de Blenheim.

Uma multidão silenciosa vestida de negro, com bandeiras negras, saudou os inúmeros membros da nobreza; três mil desfilaram diante do cadafalso no saguão do palácio. O serviço religioso na igreja da paróquia de Woodstock foi acompanhado por um coro completo cantando "I Heard the Voice of Jesus Say" e "Thy Will be Done".

Talvez a mais surpreendente presença no café-da-manhã do funeral tenha sido a inevitável Albertha, esposa de Blandford (que havia abandonado Edith Aylesford após o nascimento de um filho ilegítimo em Paris). Embora o casamento de Albertha estivesse oficialmente desfeito em 1880, dificilmente ela poderia resistir a tornar-se duquesa e permanecer para reinar sobre o palácio e as vastas propriedades. A viúva e herdeira duquesa de Marlborough ficou furiosa, principalmente quando a mais vulgar coroa de flores foi posta sobre o caixão com a inscrição "De Goosie", o apelido de Albertha.

Jennie e Randolph tiveram de encarar a perspectiva de que um Blandford dissoluto e viciado em drogas herdasse o ducado. Logo se soube que os Marlborough estavam mais afundados em dívidas do que nunca; a venda da famosa biblioteca Sunderland, com suas inestimáveis primeiras edições, algo que Jennie nunca se cansou de lamentar, seguida por jogos completos de porcelana Meissen, Spode e Minton vendidos na Christie's, não havia sido suficiente para cobrir os compromissos. Até mesmo as jóias da família, em suas famosas caixas de veludo vermelho, haviam ido, junto com uma quase inestimável mesa Maria Antonieta. O novo duque logo venderia muitas outras coisas e transformaria a famosa Galeria Ticiano numa estufa para frutas e num pomar. Ele tiraria as empregadas de seus alojamentos apertados no andar superior e substituiria os quartos por um laboratório de química e metais onde realizava experimentos misteriosos. Os empregados e hóspedes se acostumariam a ser acordados por explosões e nuvens de fumaça que saíam pelas janelas na profundeza da noite.

Logo após o funeral, os Churchill fizeram uma descoberta chocante em Connaught Place. Eletricistas que estavam consertando o dínamo no porão e removendo o piso encontraram grandes pilhas de ossos, e o mau cheiro provocava vertigens. Jennie fez investigações e descobriu que a casa fora construída sobre Potters' Field, onde haviam sido jogados os criminosos enforcados em Tyburn Tree. Ela providenciou para que os ossos fossem removidos e, a partir de então, os ruídos que ocorriam durante a noite, que ela sabiamente atribuía aos esgotos, foram interpretados pelos empregados da casa como sendo os espíritos irados dos mortos.

Em 12 de agosto de 1883, Randolph escreveu para seu irmão, o duque, suplicando que não vendesse mais nenhuma herança da família, mas os catalogadores da Christies's já estavam listando outros quadros em Blenheim. Blandford tinha sido incapaz de levantar dinheiro, e o pai o deixara sem nada. Quando vazou a história de que a saúde de seu pai era precária e que poderia falecer antes da esposa, os banqueiros haviam recusado empréstimos que poderiam ter sido afiançados se ela morresse primeiro (e Randolph encontrou o mesmo problema).

Os Churchill partiram de férias para a Europa em agosto. Era típico da pouca atenção que davam às finanças o fato de que embarcassem naquela dispendiosa viagem quando estavam desesperadamente necessitados de dinheiro vivo.

Na famosa estação de águas de Bad Gastein, nos Alpes alemães, encontraram o chanceler Otto von Bismarck, que estava fazendo um tratamento. É possível que o encontro não tenha sido acidental, como descrito por alguns; era essencial que os ingleses fossem informados das intenções de Bismarck. O chanceler decidira expandir o império, e os alemães estavam ameaçando interesses britânicos no sudoeste da África. É provável que o conde Kinsky tenha planejado o encontro, e dificilmente pode ter sido uma coincidência que o imperador Guilherme II da Alemanha também estivesse presente.

O programa local com os dois líderes alemães era fascinante: Guilherme, que havia visitado Bad Gastein anualmente desde 1863, com exceção de dois anos, literalmente tomou a cidade com seu séqüito de serviçais e membros do gabinete. Ele e Bismarck levantavam-se exatamente às 7h30 todas as manhãs, tomavam banho e eram vestidos por seus pajens; caminhavam das oito às dez e desfrutavam então um farto almoço, no qual o kaiser sempre se servia de caranguejos cozidos. Depois, das 14h30 às 15h30, havia uma reunião dos dois gabinetes, militar e civil. Um dos costumes reais era insuportável para os Churchill: em vez do habitual chá da tarde, o jantar (apenas três horas após o almoço) era servido às quatro horas. Cuidadosos com a alimentação, Jennie e Randolph tinham de enfrentar sopa, peixe, carne cozida, duas porções de cordeiro assado, uma sobremesa pesada e frutas, tudo regado com vinhos do Reno, no que deveria ter sido a hora do chá. Às cinco horas, empanturradas e sonolentas, Jennie e as outras senhoras dirigiam-se à sala de estar, enquanto os homens deleitavam-se com conhaque e charutos (isso, pelo menos, era como teriam feito na Inglaterra). Tarde da noite, Bismarck e o kaiser ofereciam aos que ainda estavam de pé ovos pochê, carne em conserva, morangos, sorvetes e, como saideira, o melhor dos champanhes.

Logo depois do retorno dos Churchill à Inglaterra, em finais de agosto, o testamento do duque de Marlborough foi lido em voz alta para a família e amigos em Blenheim. O 5º conde de Roden foi co-testamenteiro com o duque de Roxburghe. A propriedade foi avaliada em 146 mil libras (cerca de sete milhões de libras hoje); o duque deixou duas mil libras (cerca de cem mil libras) para a duquesa, além de jóias, louças, cavalos, carruagens, vinhos, mobília e quadros de sua casa em Grosvenor Square, bem como tudo o que ela escolhesse do mobiliário e das pinturas de Blenheim. Não deixou os imóveis para ela nem para ninguém — mas ela os herdaria automaticamente. Suas "filhas solteiras" (todas já estavam casadas) dividiriam dez mil libras entre si; receberiam o restante do dinheiro quando a duquesa morresse. Todas as terras no exterior deveriam ser vendidas, e o arrecadado seria mantido sob custódia para a duquesa. Dada a extravagância de tal testamento, sem menção a filhos, filhas casadas ou irmãs, desnecessário dizer que ficou anos na justiça. Se *lady* Marlborough não houvesse herdado a própria fortuna dos Londonderries, teria passado um sério aperto financeiro.

No século XXI, quando a juventude reina e uma criança pode tomar a palavra em discussões familiares, a cena de um provocador de 34 anos com sua mulher de 29 anos apresentando-se em público para desbancar um líder partidário não chamaria a atenção; mas, em 1883, era algo espantoso. Com chuva ou sol, nos trens abarrotados com seus partidários viajando em vagões de primeira classe cheios de fumaça de charutos e conversa animada, os Churchill estavam em alvoroço. Randolph estava determinado a chefiar a União Nacional de Associações Conservadoras, um passo ousado na direção de se tornar líder partidário e, muito improvavelmente, primeiro-ministro.

Essa organização relativamente ilustre, cujo nome excedia sua real importância, atuava como corporação intermediadora, tornando a máquina do partido mais popular e eficiente. Para tomar seu controle, Randolph tinha de fazer as pazes com o inimigo. Seria preciso mimar Northcote, que era o líder dos Comuns; demasiado cavalheiro para agir com a indecência do político normal, Northcote perdoou aos Churchill o bibelô em forma de bode colocado à sua frente quando o convidaram para jantar, bem como os insultos acumulados durante anos, e juntou-se a eles, inclinando-se sempre aos interesses de seu partido derrotado e desorganizado. Em dezembro de 1883, estando Jennie em Londres, Randolph desferiu um golpe triplo: três discursos nas províncias. No primeiro deles, atacou a arremetida de Gladstone contra o Egito e elogiou o exilado Arabi, mas não ousou mencionar os investimentos de Gladstone naquele país nem os do vizinho londrino de sua mãe, o financista real *Sir* Ernest Cassel. Num segundo discurso, atacou o projeto de reforma (*Reform Bill*) recentemente proposto, no qual tantos membros de seu partido haviam trabalhado longa e duramente. E, num terceiro, tentou acabar com Gladstone comparando-o a produtos domésticos como a mostarda Colman e o chá Horniman. Acusou-o de fretar um cruzeiro transatlântico para uso pessoal e de derrubar árvores como um passatempo destrutivo ("A floresta chora para que o senhor Gladstone possa transpirar"). Descreveu o primeiro-ministro recebendo uma delegação de operários em sua propriedade rural de Hawarden, cercados pelos troncos apodrecidos de árvores que um dia haviam sido nobres.

O ataque foi o máximo do cinismo; Randolph não teria chorado se tivesse visto um bosque de bétulas em chamas diante de seus olhos. Mas a traiçoeira zombaria operou milagres em seus colegas conservadores; mesmo sem apresentar planos concretos de tarifas para proteger as indústrias de Midland, que tanto se empenhou em descrever como falidas, ele provocava risos na audiência e era imensamente popular no papel de flagelador. Foi amplamente apoiado quando anunciou que se candidataria por Birmingham contra o velho tigre sarnento John Bright nas eleições seguintes.

Jennie não podia estar sempre com ele no rastro da campanha. Dada a afeição que tinha por Natty Rothschild e Cassel, ambos judeus, não deve ter aprovado os comentários anti-semitas que ele proferia ao atacá-los quando se referia à questão da exploração do Egito.

Ela, no entanto, tinha muito com que se preocupar. A educação de Winston, praticamente ignorada, bem como deplorada por Randolph em sua busca temerária de poder, não estava dando resultados; os boletins do colégio St. George's, preparados nos intervalos de vigorosos golpes de vara, eram desencorajadores. Ela ficou chocada ao descobrir que a ortografia do filho era ruim; a redação, fraca; a dedicação ao estudo, inexistente; ele era desobediente, fraco em geografia, primário no desenho e (um toque cômico) "muito guloso às refeições".

Apenas em janeiro de 1884 os boletins melhoraram um pouco; mas, já em abril, seu comportamento foi descrito como "excepcionalmente ruim; não se pode confiar em que faça qualquer coisa"; ele era "uma perturbação constante para todos, sempre em alguma enrascada".

Estava, portanto, firmemente alinhado com seu pai e com seu avô Leonard Jerome. E as surras continuavam, sem fim.

Além de ter que forçar o filho a se comportar melhor e a demonstrar mais ambição, Jennie precisava lidar com uma situação pessoal complicada. Ainda dormindo com Kinsky sempre que podia, encontrava-o quase diariamente nas reuniões com seu parceiro, o galhardo capitão "Bay" Middleton, dono de cavalos e caçador de raposas, e esse, por sua vez, no que equivalia a um *ménage à quatre*, desfrutava os favores da bela Blanche Hozier, filha do conde de Airlie.

Em 28 de setembro de 1878, Blanche havia se casado com o coronel Henry Hozier, possivelmente um sádico impotente que detestava a idéia de ter filhos e nunca a levou para a cama. A jovem precisava de um substituto imediato, e é provável que Jennie o tenha encontrado para ela. Middleton encaixava-se excepcionalmente bem: quem poderia ser um galinho garnisé mais deleitável do que um membro do 12º Regimento de Lanceiros (John Delacour, futuro amante de Jennie, era membro do 11º)? Com um uniforme justo que exibia todos os detalhes de uma figura imponente, abundantes cabelos negros, olhos melodramaticamente ardentes e um jeito único de lidar com cavalos, Bay era o melhor cavaleiro da Inglaterra.

Jennie e Blanche, que nunca apreciavam brincadeiras, podiam até suportar as gozações de Kinsky e Middleton: esses meninões crescidos ficavam de quatro nas festas e grunhiam um para o outro imitando uma luta de ursos; bombardeavam-se com limões e, numa casa, quebraram uma cristaleira e deixaram em pedaços um aparelho de porcelana Meissen; arrasaram o Café Royal em Londres numa baderna com bengalas e atacaram um campeão de bilhar cortando fora as abas de sua casaca.

No entanto, Blanche ficou grávida de Middleton em julho de 1884; isso poderia tê-la arruinado se o marido, cuja filha mais velha também provinha de um caso extraconjugal, não tivesse interferido e declarado que a criança era sua. A etiqueta e o desejo de parecer viril fizeram maravilhas. Mais tarde, a filha de Middleton, Clementine, tornou-se nora de Jennie, esposa de Winston Churchill.

Jennie não fazia segredo de seu caso com Kinsky, apesar das aspirações políticas do marido e da necessidade de fingir respeitabilidade. Estranhamente, a imprensa deixou de mencionar sua estada com o conde em Paris em 2 de junho, onde o príncipe de Gales, James Gordon Bennet e *Sir* Henry James juntaram-se a eles numa festa no Café Anglais, bem como sua presença ousada na Câmara dos Lordes em 18 de junho na companhia de Kinsky para ouvir um debate de Blandford como duque de Marlborough.

Enquanto isso, sua irmã mais nova, Leonie, apaixonara-se por um pintor inexpressivo chamado John Leslie, herdeiro de cinqüenta mil acres irlandeses nos condados de Monagham e Donegal e filho de um baronete cujos maltratos aos camponeses eram lamentavelmente previsíveis. Ao contrário de Moreton Frewen, que administrava com inépcia uma propriedade no distante Wyoming, os Leslie tinham dinheiro; seu castelo, romanticamente situado num lago, estava repleto de tesouros artísticos.

À imagem romântica de John Leslie, acrescentava-se a crença de que era descendente do rei George IV e de sua amante, a senhorita Fitzherbert; à de Leonie, somava-se o rumor infundado de que era amante do filho da rainha, o duque de Connaught.

Jennie esteve em Nova York rapidamente para o casamento de Leonie na Grace Church, em 2 de outubro de 1884; partiu no navio seguinte de volta para a Inglaterra, a fim de estar com Randolph em sua primeira campanha para tomar de John Bright a cadeira parlamentar de Birmingham.

Precisando do apoio de um aliado, eles conjuraram um gênio da lâmpada: o enorme e intimidante coronel Fred Burnaby, amigo de Bay Middleton e Carl Kinsky. Com 1,80 metro de altura e 104 quilos de músculos, ele tinha 111 centímetros de peitoral, um fato que jamais deixava de mencionar sempre que, contra a etiqueta da época, tirava a camisa e o paletó e exibia os músculos volumosos para qualquer um que quisesse olhar — e para os muitos que não quisessem.

Suas façanhas eram lendárias: ficou famoso por ter comido um ganso assado inteiro de uma só vez; por arremessar um passageiro pela porta de um vagão de trem porque não havia gostado de sua conversa; por ter carregado um pônei (alguns disseram que foram dois) subindo os degraus do castelo de Windsor e levado o relinchante animal à presença da rainha; por sustentar um haltere de 77 quilos com o braço esticado e numa só mão e por dobrar atiçadores de brasas ao meio. Cruzou o canal da Mancha num balão de ar quente, cavalgou quase dez mil quilômetros através do Oriente Médio em cima de um burro, lutou com rebeldes na Espanha e com cossacos nas estepes russas, esteve com o general Gordon no Sudão e conquistou um sucesso estrondoso como escritor de viagens.

Em 13 de outubro de 1884, Jennie chegou a Birmingham com Randolph e o coronel Burnaby; *Sir* Stafford Northcote juntou-se a eles, tão doentiamente submisso como sempre.

O liberal Joseph Chamberlain estava por trás do que ocorreu em seguida. Distribuiu cem mil ingressos falsos para a passeata do Partido Conservador no Aston Hall e no parque para todo jovem liberal disposto a protestar e agitar, além de passagens de trem grátis para baderneiros de outras cidades. Qualquer um que se dispusesse a participar recebia uma insígnia de Gladstone. Quando a turba, armada de paus e bastões, derramou-se dos coletivos e trens, Randolph mandou fechar e trancar os portões do parque; mas não foi possível barrar os rebelados enfurecidos e aos gritos. Eles haviam recebido escadas para essa contingência e as lançaram contra os muros de pedra, pulando-os e caindo do outro lado, enquanto brandiam as armas.

Invadiram um depósito de ferramentas, agarraram pedaços de madeira e atacaram o batalhão da polícia; muitos quebraram as barreiras e jogaram legumes podres, cadeiras e frutas contra os Churchill, Burnaby e Northcote. Dois homens suspenderam Jennie e começaram a tirar suas roupas; outro levantou Randolph nos braços. Burnaby os derrubou com os socos potentes de seus punhos. Temporariamente confusa, a turba recuou, enquanto o coronel, rindo do desconcerto que causara, encostou-se em um poste e calmamente acendeu um charuto.

Mas em poucos momentos, a multidão recomeçou a berrar, e Jennie e seus companheiros refugiaram-se no Aston Hall; a polícia trancou as portas inutilmente: elas foram derrubadas pelo lado de fora. Randolph empurrou Jennie para uma sala dos fundos e dirigiu-se então aos líderes dos agitadores, que o abafaram aos berros de "*Rule Britannia*".

Randolph apelou para que parassem com aquele despropósito e cantassem com ele "God Save the Queen", mas foi repelido; então ele e Burnaby foram forçados a correr para salvar suas vidas. Jennie os alcançou numa fuga precipitada pelo jardim dos fundos até uma pista de patinação onde outra multidão os saudou; só quando chegou reforço policial é que eles foram capazes de alcançar o hotel, as roupas em frangalhos. Jennie e outras partidárias mostravam lágrimas de raiva e de medo. Chamberlain alcançou seu propósito: Randolph perdeu a eleição no ano seguinte e, no dia 3 de dezembro, partiu para a Índia.

Pouco depois da partida de Randolph, o redator do *Times* de Londres perguntou a Jennie se ela havia ficado enfurecida com um artigo recente do jornal atacando seu marido. A resposta foi típica: "Nem um pouquinho. Tenho dez volumes de recortes de jornal sobre Randolph, todos ofensivos. Estes serão apenas um acréscimo."

Enquanto isso, Winston deixara St. George e se transferira para a escola da senhorita Thomson na Brunswick Road, em Brighton, onde estava muito mais feliz. O fato de Jennie ter escolhido uma escola dirigida por duas irmãs refletia sua constante recordação da senhorita Green em Washington Square: Lucy Green havia sido muito ajudada por sua irmã Mary. Mas a escola da senhorita Thomson era um estabelecimento muito menos rigoroso.

Randolph escreveu regularmente a Jennie durante sua viagem. Reputou o canal de Suez, em grande parte propriedade de Gladstone através dos Rothschild, uma "vala suja"; descrevendo a queima de cadáveres em Benares, mencionou a esperança dos mortos de alcançarem o paraíso, não importando quão desonestos tivessem sido em vida. Acrescentou que Gladstone devia ser cremado de igual maneira: seria sua última chance de ir para o céu. Na Índia, teve o prazer de encontrar-se com o grande comandante *Sir* Frederick Roberts e fez amizade para o resto da vida com lorde Dufferin, o vice-rei que acabava de chegar, enquanto criticava o que partia, lorde Ripon. Horrorizou-se com a miséria de 250 milhões de pessoas e sonhou futilmente em aliviá-la. Ficou chocado com a ignorância e a complacência do oficialato e perturbado pela ameaça potencial de revolta da facção muçulmana; a distância entre o governo e as necessidades de um povo imenso e sofrido muito o preocuparam.

O ponto alto de sua viagem foi o desfile militar em Nova Deli preparado para ele por Roberts, em 18 de janeiro de 1885. Enquanto o assistia, com Roberts e Dufferin, de uma plataforma especialmente construída, 35 mil homens em uniforme completo marchavam e formavam esquadrões diante dos muros da cidade. Uma saudação de 31 tiros de canhão assustou as gralhas e os urubus dos parapeitos das muralhas e foi seguida por uma série de trovões e relâmpagos. As tropas, encharcadas até os ossos, continuaram sua exibição durante quatro horas. Foi uma cena que Randolph jamais esqueceria; disse mais tarde que, sem a Índia, a Inglaterra não tinha sentido. E, para coroar tudo, levou uma pele de tigre de Bengala de presente para Jennie.

Ocorreram duas tragédias na ausência de Randolph: o conde de Aylesford morreu de tanto beber em Big Spring, no Texas, e, muito mais importante para os Churchill, seu querido Fred Burnaby, herói de Birmingham, pereceu no Sudão.

Ávido por aventuras como sempre, mal se refizera do levante do parque Aston e alistou-se no exército de *Sir* Garnet Wolseley para resgatar o general Gordon, sitiado pelo Mahdi em Cartum. Embora soubesse que faltava a Burnaby o conhecimento de estratégia militar, e que era tido como um mercenário, Wolseley apressadamente o havia nomeado vice-comandante da força de resgate quando o Mahdi a confrontou no oásis de Abu Klea. Burnaby comandava um esquadrão itinerante de infantaria, cavalaria e um contingente de marinheiros rasos.

O propósito de um esquadrão era manter sua formação intacta; os hussardos e homens da cavalaria possuíam um escudo protetor, e ninguém devia romper a formação para não abrir uma possível brecha para o inimigo. Com chocante irresponsabilidade pela segurança de seus homens e obcecado pela glória a qualquer custo, Burnaby rompeu a formação e precipitou-se contra os dervixes; dentro de minutos, estava retalhado e morto. Os homens de Mahdi arrasaram com a tropa e não deixaram quase ninguém vivo. A bravata de Burnaby foi o mesmo que assassinar seus próprios homens; o fato foi encoberto pelos militares, que o retrataram como herói. Os Churchill provavelmente nunca souberam da verdade chocante.

Jennie não podia resistir a uma figura charmosa e a um rosto bonito, e, na ausência de Randolph, ou pouco depois de seu retorno, reencontrou alguém que já conhecia. John Delacour havia sido um de seus protetores contra a ira do príncipe de Gales na briga Aylesford-Blandford; ela estivera em festas com ele como convidada, dentre outros, de seus amigos comuns, *Sir* Arthur Sullivan e Fanny Ronalds.

Esbelto, gracioso e franzino, com 1,74 metro de altura, Delacour, como seus demais amantes, não tinha compleição forte nem imponente; como Kinsky, era um cavaleiro refinado, embora não da mesma classe. Era financeiramente independente, rico, e mantinha uma casa sofisticada em Cadogan Place. Dono de grande charme e lealdade inabalável aos amigos, ostentava a postura militar obtida na vida de regimento, o que sempre atraíra Jennie; ela deplorava ombros arredondados e postura largada num homem.

Nascido em junho de 1841, Delacour era filho ilegítimo de um antigo embaixador para a Rússia, Ulick John de Burgh, 14º conde e 1º marquês de Clanricarde, barão Summerville de Kent, cuja mulher,

Harriet, era filha e herdeira do conde Canning, da ilustre família de políticos.

A amante de Clanricarde (e mãe de John Delacour) era Josephine Kelly Handcock, a sedutora de Galway, conhecida naquele condado por sua promiscuidade e apelidada de Pretty Kitty Kelly, como se fosse alguma criadinha devassa. Seu marido, William Henry Handcock, era dono de vários castelos e também da magnífica Carrantryla House em Dunmore, usada como residência de verão por muitos vice-reis da Irlanda, inclusive o sogro de Jennie. Pensava-se que sua famosa Capela Negra, com pinturas de dragões e serpentes e um macaco malévolo assomando sobre o altar, era usada para o culto ao demônio.

Os Handcock tinham quatro filhas; Clanricarde tinha dois garotos e quatro filhas. Em setembro de 1840, Josephine Handcock ficou grávida de Clanricarde, que, diante da ameaça de ruína social, tomou providências para entregar a criança à avó paterna, que pertencia à importante família dos Burke, de Galway. O irmão dela, *Sir* Thomas Burke, criou o menino muito bem; seu nome John de Burgh foi alterado, e foi-lhe dada a impressão de ser um órfão adotado de uma família de huguenotes irlandeses. Os Delacour eram uma família bem conhecida de comerciantes e donos de empórios em Dublin.

Quando Delacour tinha 11 anos, sua mãe biológica morreu, e ele herdou as propriedades. Três de suas quatro filhas haviam morrido antes dela, dando origem a rumores de que ela as havia envenenado para aumentar a herança do filho ilegítimo. Na verdade, assim como ocorrera com as irmãs Brontë, elas morreram de tuberculose. O irmão da falecida, John Stratford Handcock, contestou o testamento, argumentando que, como bastardo, Delacour não tinha direitos legítimos; ele queria para si o castelo de Moydrim e as casas Quaterstone e Carrantryla, com seus quatro mil hectares.

Seguiu-se um pleito judicial prolongado e furioso. Clanricarde finalmente entrou em acordo com John Handcock, manipulando para que a Câmara dos Lordes legislasse sobre o assunto. Seria permitido a Handcock manter as três residências em troca do pagamento de vinte mil libras anuais (hoje, cerca de um milhão) ao rapaz até sua maioridade. Depois disso, John receberia o pagamento completo da dívida principal, a estonteante quantia de quatrocentas mil libras (vinte milhões).

Nesse ínterim, *Sir* Thomas Burke o enviou para ser educado na Inglaterra aos cuidados do reverendo George Link, em Cheshire, e em Melton Mowbray, o centro favorito de caça à raposa dos Churchill. O jogo de cartas e apostas nos cavalos errados forçaram Delacour a vender sua herança por meras 4.500 libras antes de completar 21 anos. Mas não tardaria a enriquecer novamente por um golpe de sorte. Um jovem galante de 19 anos em 1860, Delacour entrou para o 11º Regimento de Hussardos, uma força de elite. Foi apresentado com as recomendações de *Sir* Thomas Burke, que servira, ele próprio, no 4º Regimento; anos depois, Winston Churchill também entraria para o 4º Regimento. Delacour era o oficial encarregado de levar a bandeira nas batalhas. O 11º Regimento era o dos famosos Cherry Pickers, ou Querubins, notórios pelas guarnições escarlates que enfeitavam seus uniformes azuis e conhecidos como os Cães de Caça de lorde Cardigan na guerra da Criméia. Muitos haviam sido mortos na Carga da Cavalaria Ligeira. A rainha os adorava tanto por terem acompanhado seu marido, príncipe Albert, a Londres quando ele chegou ao continente para casar-se com ela, que os chamava de o Regimento Pessoal da Rainha.

Depois de servir na Irlanda e na Índia, Delacour colocou o cargo à disposição e tornou-se uma figura social proeminente em Londres, com o auxílio da família Burke, fazendo o possível para atenuar a má reputação de lorde Clanricarde, que estava proibido de participar do Conselho Privado da rainha; ele era notoriamente um latifundiário irlandês ausente e depravado, e seus negócios e assuntos particulares eram um escândalo público.

Em 1885, ano em que Jennie reencontrou Delacour e apaixonou-se por ele após um intervalo de dois anos, ele foi co-fundador, com Blandford e Randolph, do Clube Orleans, um desmembramento do

Quarto Partido com sede no número 64 da Kings Road, em Brighton. Isso era conveniente para o caso amoroso deles não só porque Jennie esperava comparecer às reuniões, mas por estar perto da escola de Winston.

Outros membros eram o milionário homossexual Alfred de Rothschild, o cunhado de Jennie, John Leslie, o cortesão real Christopher Sykes, o colunável Tom Trafford, que havia estado com Randolph na Índia, e o popular escritor George Augustus Sala.

Ao mesmo tempo em que mantinha um caso com Delacour, Jennie descobriu que Randolph estava envolvido com a bela e brilhante anfitriã e patrona das artes Gladys de Grey, viúva do conde de Lonsdale, que morrera em 1882. Gladys havia dado grande apoio à opera e às carreiras de Gilbert e Sullivan como amiga de Fanny Ronalds; agora, estava prestes a se casar de novo, o que fez logo após o retorno de Randolph da Índia, em 7 maio de 1885. Seu novo marido era o herdeiro do marquesado de Ripon; dizia-se que havia abatido mais perdizes e faisões num só dia de caça do que qualquer outro homem na Inglaterra.

Era típico dessa época que as mulheres recém-casadas se envolvessem em flertes com outros homens e traíssem as relações familiares para satisfazer sua luxúria; Gladys estava traindo não só seu marido, mas também seu sogro, lorde Ripon. Randolph nunca deixava de atacá-lo como ex-vice-rei da Índia, comparando-o desfavoravelmente a seu sucessor, lorde Dufferin.

Com ciúmes de Gladys, Jennie compareceu ao triunfante discurso de Randolph na reunião da Liga da Prímula sobre sua aventura indiana e apoiou-o na celebração da queda iminente do governo de Gladstone, que sofria pressões em muitas frentes: a questão da coerção na Irlanda e a proposta de uso da força militar para suprimir ameaças de rebelião; a traição do general Gordon, assassinado em Cartum; e a maneira desajeitada como uma crise no Afeganistão em maio foi tratada, o que quase provocou uma guerra com a Rússia. Randolph aproveitou a oportunidade. Embarcou numa política amistosa, para não dizer sedutora, com o próprio homem que havia atacado durante anos: lorde Salisbury, líder dos conservadores e renitente candidato a ser o próximo primeiro-ministro.

Salisbury tomara, havia muito tempo, a aparência de um Papai Noel de barbas brancas, mas, em espírito, era uma toupeira entocada. Recusava-se a dar uma palavra ao ser encontrado por acaso num trem; em casa, tendia a evitar as reuniões da sociedade que sua mulher desfrutava na mansão Hatfield, escondendo-se num laboratório secreto em Blandfordlike onde conduzia misteriosos experimentos até altas horas da noite. Alimentava a fantasia de ser um Thomas Alva Edison inglês, armando uma complicada parafernália de sistemas de luz elétrica e aquecimento e um aparelho de telefone primitivo para substituir os tubos de comunicação usados para chamar os empregados.

Esse personagem recluso não aprovava o estilo oportunista, vistoso e sobrecarregado de retórica de Randolph, traiçoeiramente dirigido, como ele o via, contra seu próprio partido; mas agora, pelo interesse na unidade, e certo de que Randolph tinha potencial para provocar a queda de Gladstone, era preciso encontrar uma base comum, de alguma maneira. A correspondência trocada pelos dois na época tinha muito mais de conveniência que de amizade, cheia da adulação vazia de uma aliança necessária. Ao fazer das tripas coração, Salisbury até mesmo ocultou sua aversão pelo recém-formado Grupo Ginger de Randolph, um enxame de pernilongos radicais conservadores determinados a atormentá-lo sempre que possível; ele se protegeu recorrendo ao confiável recurso da hipocrisia.

Num ataque aprovado por Salisbury, Randolph, do assento que mantinha sob o passadiço da Câmara dos Comuns, comparou Gladstone, ainda na direção do Tesouro, ao "Terror Turco", Rashid Pasha. Embora relutante, Randolph ficou encantado quando, arquivando a idéia da coerção irlandesa como um item de sua própria plataforma, ele e Jennie receberam Charles Stuart Parnell para almoçar em Connaught Place; em troca da promessa de cancelar sua campanha anticoerção, conseguiu que Parnell lhe desse de presente o voto do Partido Irlandês.

Nas suas visitas à duquesa de Marlborough no número 50 da Grosvenor Square, os Churchill conheceram o vizinho mais próximo dela, o já mencionado e brilhante *Sir* Ernest Cassel, que logo se tornaria um amigo.

Cassel era o principal conselheiro financeiro da rainha Vitória e do príncipe de Gales. Era quase uma cópia do príncipe: barbado, jovial, de estômago proeminente, olhos saltados, fumando charutos sem parar. Nascido em Colônia em 1852, chegara a Londres em 1869 com apenas uma muda de roupas e um violino de segunda mão. Semelhante a Leonard Jerome, investira em ferrovias, mas com muito mais sucesso; com Jacob Schiff, diretor do banco Kuhn Loeb, investiu capitais reais em estradas de ferro de Nova York à Califórnia, sempre evitando empreendimentos duvidosos como a Union Pacific. Lançou-se com tudo em negócios de diamantes e ouro na África do Sul, e no açúcar cubano e sul-americano.

Deu uma ajuda a Randolph e Jennie em suas questões financeiras e, no devido tempo, também na educação de seus filhos; um dia, daria emprego ao caçula, Jack, e ao segundo marido dela, George Cornwallis-West.

Ao mesmo tempo, Jennie e Randolph receberam o apoio de Natty Rothschild, companheiro de escola de Randolph, para cuja família tantas das propriedades dos Marlborough haviam sido vendidas. Natty tinha todas as razões para não gostar deles: estivera entre aqueles financistas que haviam comprometido Gladstone com o Egito, e Randolph havia se oposto à penetração inglesa lá. Como Cassel, fora obrigado a agüentar o ataque de Randolph aos "usurários judeus", que exploravam países em busca de ganhos perniciosos. Mas Natty não era nenhum tolo: sabia que Gladstone estava acabado e enxergou claramente a iminência da nomeação de Randolph para secretário de Estado para a Índia, um posto que asseguraria proteção (caso fosse transformado em aliado e recebesse apoio financeiro) para o algodão, as ferrovias e os interesses de mineração dos Rothschild no subcontinente.

Sobretudo, apesar dos ataques que fazia aos velhos antiquados de seu partido, Rothschild sabia que Randolph era um homem do império, e ele próprio, Rothschild, também o era, acima de tudo. Tinha pavor da idéia de uma guerra com a Rússia ou a Alemanha, pois possuía investimentos com o czar e o kaiser, e nisso Randolph concordava com ele. Sua mulher, Emma, era muito cordial com Jennie, que a ajudou no projeto de uma Escola Livre de Londres para crianças.

Embora os Rothschild não tivessem nenhum investimento sério na Irlanda, Natty apoiou a posição de Randolph a favor do paternalismo e contra o autogoverno, pois temia que pudesse resultar no confisco das propriedades de seus amigos. Em colaboração com os Churchill, plantou um espião no campo liberal — Cyril Flower, lorde Battersea — para descobrir suas intrigas e corrupções internas.

Naquela primavera, Jennie, como sempre, estava profundamente envolvida com a carreira política de Randolph. Com a mudança de governo em junho e a pressão dos preparativos para assumir o posto de secretário para a Índia, ela se tornou candidata suplente por Woodstock. Blandford e outros Marlborough ocuparam a cidade antes que ela chegasse e pagaram aos cabriolés e às companhias de transportes coletivos locais para exibir as bandeirinhas rosa e branco dos Marlborough; os lojistas foram subornados para colocar slogans dos conservadores nas vitrines; aldeões foram armados com prímulas e cravos cor-de-rosa; as mulheres receberam vestidos cor-de-rosa de graça e o Bear Hotel foi decorado com bandeiras rosa atadas a bandeiras do Reino Unido penduradas de janelas e chaminés.

Durante várias semanas, Jennie levantava-se cedo no Bear Hotel e logo partia com a irmã de Randolph, Georgiana, numa elegante carruagem puxada por reluzentes cavalos enfeitados com fitas cor-de-rosa para conquistar com charme irresistível todos os quatorze distritos eleitorais. Que se saiba, foi a mais assombrosa campanha eleitoral de todos os tempos conduzida por uma mulher na Inglaterra. Muitos diziam que ela daria um estadista melhor que seu marido. Em 2 de julho, o *New York Times* publicou uma brilhante matéria de seu correspondente citando um velhinho de Woodstock que disse: "Essa mulher ianque vai fazer dele primeiro-ministro antes que eu morra." E a inevitável retaliação ocorreu: o candidato liberal Corrie Grant acusou Jennie de usar "práticas ilícitas" para influenciar o dono do moinho local. Verdade ou não, ela conquistou o cargo para Randolph.

Confirmado no verão de 1885 em seu novo cargo de secretário para a Índia, ao mesmo tempo em que mantinha sua cadeira por Woodstock, antes de assumir seus encargos em Londres, ele devia apresentar suas credenciais à rainha. Em vista do fato de que só recentemente havia sido perdoado por chantagear sua nora, essa poderia ter sido uma situação embaraçosa. Mas Randolph pôs em ação seu famoso charme, e Vitória deixou-se cativar; ele lembrava seu caçula morto, Leopold, e ela ficou tocada. Convidou o casal para jantar e, de acordo com um hábito real que Jennie achava maçante, a conversação foi toda conduzida em sussurros.

Doze dias depois, Randolph enviou-lhe da Índia seu primeiro relatório oficial na tradicional caixa de expedição vermelha. Mal a abriu, Vitória foi tomada pelo fedor de cigarros. Retirando as folhas de papel cobertas com os garranchos quase ilegíveis de Randolph, ficou horrorizada ao se deparar com um toco de cigarro de tabaco turco negro no fundo da caixa. Mas quando um nervoso secretário assistente explicou-lhe que lorde Randolph apreciava fumar enquanto trabalhava, desfez-se em retumbante gargalhada.

Ela ficaria ainda mais deliciada se houvesse tido conhecimento de que Randolph se coligara com seu partidário Natty Rothschild, que tinha interesses substanciais nas ferrovias do subcontinente: entre 1881 e 1887, Natty e seus irmãos emitiram 6,4 milhões de libras em ações de ferrovias indianas. Como registrado pelo historiador dos Rothschild, Niall Ferguson: "Churchill não perdeu tempo em estabelecer com Natty e seus irmãos o tipo de cumplicidade de que antes acusara o governo de Gladstone de manter... com relação ao Egito." Randolph disse ao vice-rei da Índia, lorde Dufferin, que, quando o próximo empréstimo para as ferrovias indianas fosse liberado, ele enfrentaria uma "grande batalha" para colocá-lo nas mãos dos Rothschild, e não nas do governo, pois sua "perícia financeira é tão grande quanto a do banco da Inglaterra e sua clientela é enorme". E, de fato, Randolph tomou providências para que os títulos fossem emitidos dessa forma.

Seguindo a antiga tática de Leonard Jerome de fazer publicidade dos investimentos em ferrovias em artigos no *New York Times*, Randolph promovia a causa de Natty Rothschild a cada declaração à imprensa que saía do Gabinete da Índia. Em troca, ele e Jennie receberam a ajuda financeira de Rothschild enquanto esse viveu. Edward Hamilton, secretário de Gladstone, registrou em seu diário que o jingoísmo era popular, desde que trouxesse lucro; outro comentarista disse que Randolph e Natty dirigiam juntos os negócios do império. A esposa de Salisbury disse ao alemão Herbert von Bismarck que Randolph passava segredos de Estado a Natty, e que não eram de graça as informações políticas que as pessoas davam às grandes casas financeiras.

Randolph e Jennie tiveram a sorte de contar com a orientação do meticuloso e seco Adolphus W. Moore, talvez o homem mais bem informado da Inglaterra em assuntos indianos, como seu secretário pessoal. O poder de Randolph era absoluto: apoiado por Moore e com a aprovação da rainha (embora ela tenha discordado de sua restrição ao duque de Connaught como comandante-em-chefe em Bombaim), ele era uma força por si mesmo: tinha a garantia de ser ouvido por lorde Dufferin; era pago não por voto da Câmara dos Comuns, mas com recursos do Tesouro; e estava pessoalmente respaldado por Salisbury, que acumulava o cargo de secretário do Exterior, assegurando assim que a política colonial indiana não sofresse nenhuma interferência.

Embora Randolph tenha dito que participar da reunião do conselho que supervisionava as despesas do Gabinete da Índia fazia-o sentir-se como um aluno de Eton apresentando-se numa reunião de mestres, ele logo conseguiu que os conselheiros comessem em sua mão, e eles começaram a liberar verbas que ele usava em benefício próprio e dos Rothschild. Quando Natty Rothschild forneceu-lhe um brilhante relatório sobre as ferrovias indianas, redigido para provar que precisavam de expansão e que o banco Rothschild deveria lançar mais ações, ele incluiu as propostas em seu orçamento.

A ganância e o excesso de trabalho inevitavelmente cobraram um preço. Em agosto, Jennie cuidou de Randolph em casa quando ele adoeceu, dando-lhe calomelano, um paliativo para seu esgotamento nervoso. Mais tarde, levou-o para a Escócia, tratando-o com pequenas doses diárias de digitális, usado para problemas cardíacos.

Deve ter sido difícil para Jennie separar-se de Kinsky, que estava em Londres naquele ano, em alternadas missões do serviço secreto a Paris, e de John Delacour, também na cidade; ela continuou com ciúmes de Gladys de Grey.

De volta ao Gabinete da Índia em Londres em finais de setembro, Randolph, com a aprovação de Jennie, da rainha, de lorde Salisbury e dos Rothschild, embarcou na aventura mais corrupta de sua vida: a anexação da Birmânia do Norte, por causa de seus rubis, algodão, seda e teca, além do exército de homens, mulheres e crianças escravos. Jennie apoiou-o integralmente, cônscia do quão popular sua atuação se tornaria em Birmingham, cuja cadeira ele ainda cobiçava. A indústria têxtil daquela cidade se beneficiaria do algodão barato da Birmânia. Uma grande delegação proveniente daquela cidade, certamente com promessas de voto, apresentou-se em Connaught Place: estavam ansiosos por tê-lo como seu representante na Câmara dos Comuns.

Um exultante lorde Dufferin ficou encantado com a idéia da anexação; mais tarde, ele se tornaria lorde Dufferin e Ava, acrescentando o nome de uma província da Birmânia a seu título.

A Birmânia do Norte era rica: seus rubis eram o alvo dos Rothschild, e o rio Irrawaddy irrigava terras férteis. Enquanto as florestas e montanhas eram espetacularmente belas, o povo era oprimido por uma sucessão de tiranos. Em 1824-26, a Inglaterra, sequiosa de despojos, havia tomado a região sul do reino; quando os governantes derrotados se rebelaram, foram subjugados numa segunda invasão em 1852-53.

A Birmânia obteve uma forma espúria de independência, com a Inglaterra e a França disputando a supremacia comercial. Agentes dos dois países, um após o outro, mostravam seu desdém pelo povo local. Em 1885, o desprezível rei Thibaw reinava em Mandalay, a capital do norte; havia assassinado parentes e antigos amigos que se lhe opunham quando assumiu o poder em 1878. Sua mulher era uma réplica de Maria Antonieta, dilapidando o tesouro nacional em roupas encomendadas de Worth e Paquim, seus rubis sendo peneirados por exércitos de escravas na poeira das minas e depois incrustados em magníficos colares e pingentes por joalheiros de Paris e Londres.

Em janeiro de 1885, Thibaw, desesperado por dinheiro para satisfazer as últimas exigências de sua mulher, fez um trato com os franceses para entregar os recursos do país em troca de milhões de francos. Furioso com as notícias, Gladstone promoveu uma negociação extraoficial no interesse da Inglaterra, oferecendo um empréstimo de valor equivalente com a condição de que Thibaw vendesse toda a teca do país para a Bombay-Burma Trading Company. Isso daria à Inglaterra um monopólio virtual da fonte mais cobiçada de matéria-prima para o mobiliário da classe média.

A companhia não conseguiu cumprir sua parte na barganha, deixando de pagar contas, aterrorizando os nativos para que derrubassem florestas sem pagamento e contrabandeando cargas pelo rio Irrawaddy na calada da noite. Thibaw entrou com um processo contra isso, o que deu a Randolph o pretexto ideal para a conquista. A menos que Thibaw desfizesse os arranjos secretos com os franceses e desobrigasse a Bombay-Burma Trading Company, ele enviaria uma força de invasão e derrubaria o rei de seu trono.

Thibaw não ousou fazer feio perante seu povo e recusou-se a obedecer. Randolph deu ordens imediatas a *Sir* Henry Prendergast, um empedernido defensor do império e comandante militar autocrático, para que obrigasse Thibaw a ceder. Em 27 de outubro, Randolph mandou um telegrama a lorde Dufferin declarando que a Birmânia seria "um investimento dos mais lucrativos", e a rainha entusiasticamente concordou com ele.

Enquanto isso, de novo seguindo a cartilha de Leonard Jerome, e provavelmente com a aprovação de Jennie, Randolph providenciou para que seus amigos da imprensa denunciassem os horrores do regime de Thibaw: outro ótimo pretexto para a conquista.

Em 11 de novembro de 1885, o ultimato a Thibaw expirou e a invasão teve início. Foi uma barbada; o povo da Birmânia não dava a mínima para quem o governava, pois não tinha direito a voto. Umas poucas tropas ofereceram alguma resistência; agüentaram 17 dias até que, em 28 de novembro, Prendergast marchou sobre Mandalay.

Seguiu-se uma cena de ópera bufa: Prendergast não tirou os sapatos enquanto prendia Thibaw e a rainha no palácio real, o que era considerado uma grande ofensa. Em vez de levá-los num palanquim ou mesmo num jinriquixá, seus homens os amontoaram num carro de bois. Tremulamente segurando suas sombrinhas coloridas para se protegerem do calor, eles foram jogados num vapor para Rangoon e para um exílio perpétuo na Índia. A porta se abriu para que os Rothschild obtivessem seus rubis; para não dar na vista, esperaram quatro anos antes de lançar as ações no mercado, com enorme sucesso.

Randolph celebrou com Jennie em diversas festas em Londres. Em 1º de janeiro de 1866, comunicou oficialmente à rainha que a Birmânia era dela. Ela não podia estar mais satisfeita: sua coleção de rubis, que remontava à jóia do capacete do Príncipe Negro (que é, na realidade, uma imitação), sempre poderia ser aprimorada.

Jennie teve sua recompensa. É claro que a rainha Vitória e lorde Salisbury sabiam que ela havia influenciado seu marido nas questões da anexação da Birmânia e das ferrovias indianas, pois foi agraciada, o que era absolutamente excepcional para a esposa de um secretário de Estado, com a Ordem da Coroa da Índia, em 3 de dezembro de 1885, numa cerimônia privada no castelo de Windsor; Randolph não recebeu nenhum prêmio. E isso ocorreu antes da Birmânia ser oficialmente declarada uma colônia britânica; alguns bolsões de resistência tiveram que ser varridos das montanhas e florestas.

A rainha, ao prender a medalha da Ordem no peito de Jennie, espetou-a acidentalmente com o alfinete. Desculpando-se, a monarca prendeu-a de novo e alisou o vestido de Jennie, que ficou tão aturdida a ponto de quase esquecer que deveria retirar-se de frente para a rainha; não se deve jamais virar as costas à presença real. Foi embora e não se lembrou de levar a caixinha e o pergaminho que acompanhavam a medalha, de modo que a marquesa de Ely, que se desdobrava em dama de honra e médium espírita, especializada em sessões de imitações do príncipe Albert e do falecido favorito John Brown, correu atrás dela para entregar as peças. Mais tarde, escreveu a Jennie: "A rainha me disse que a achou elegante e que tudo correu muito bem". Em vista do que havia feito para consegui-lo, essa recompensa não foi das coisas mais memoráveis para a premiada.

Capítulo sete

Em 6 de janeiro de 1886, Lewis ('Loulou') Harcourt, o homem mais bem informado sobre as intrigas na sociedade de Londres, escreveu em seu diário que, em breve, Jennie entraria com um processo de divórcio contra Randolph citando *lady* de Grey como co-ré, e que Randolph, por sua vez, a processaria citando John Delacour. Registrou que sua fonte era um jornalista que, se lermos nas entrelinhas, veremos que só pode ter sido seu principal contato na corte e no Parlamento, Henry Labouchère. A razão para o duplo divórcio proposto é clara: Jennie não poderia suportar o relacionamento de Randolph com uma mulher que a igualava em aparência e importância social e, além disso, cujo marido (o campeão de jogo e futuro conde de Ripon) era amigo seu.

Embora Randolph fosse capaz de tolerar a idéia de um conde austríaco dormindo com sua mulher, no que veio a ser conhecido popularmente em sociedade como a "aliança austríaca", não podia suportar o pensamento de que ela ia para a cama com o filho ilegítimo de um nobre arruinado; mas logo ele acabaria aceitando também Delacour, principalmente por ambos serem membros do Clube Orleans.

Como acabou acontecendo, os Churchill não levaram avante seu divórcio: não quiseram a mesma notoriedade de um caso similar então na ordem do dia. O eminente *Sir* Charles Dilke, membro do Parlamento e amigo muito próximo deles, que havia sido apaixonado por Jennie durante quatro anos, foi citado como co-réu no processo em que Donald Crawford (outro parlamentar) divorciava-se de sua esposa Virginia.

Crawford criou um tumulto no tribunal ao declarar que, após receber uma série de cartas anônimas acusando sua esposa de ter mantido relações com Dilke, havia-lhe perguntado, bem ao modo de um melodrama vitoriano: "É verdade que você profanou meu leito?" Ao que ela graciosamente retrucou: "É perfeitamente verdade", acrescentando uma descrição do desempenho sexual de Dilke que levou a multidão ao delírio.

Crawford relatou haver dito a Virginia que ia açoitar Dilke como a um cavalo, promessa que não cumpriu, pois veio a saber que as cartas anônimas eram de autoria de sua sogra; essa revelação provocou ondas de júbilo no tribunal. Como testemunha, Virginia foi incrivelmente divertida. Disse que, se *Sir* Charles entrasse em seu quarto agora, faria tudo o que ele mandasse. Informou ao júri que ele a forçara a compartilhá-lo com outra mulher, e então acrescentou — para gáudio do público — que "plantaria bananeira na rua" se Dilke lhe pedisse. Disse que ele lhe havia ensinado "todos os vícios franceses", e, por sua causa, ela sabia muito mais sobre sexo do que "qualquer mulher de trinta anos", o que de novo fez a casa vir abaixo. O divórcio foi concedido. Furioso por seu nome ter sido levado em vão ao tribunal de divórcio, Dilke entrou com um processo contra Donald e Virginia Crawford, acusando-os de se mancomunarem para sujar seu nome. Foi um equívoco: ele perdeu — e ficou arruinado.

Em 12 de fevereiro, Jennie acordou de madrugada com gritos histéricos e sons de janelas quebradas. Na densa neblina amarela e sulfurosa, centenas de manifestantes que protestavam contra o desemprego nas

Midlands saíram aos borbotões dos trens carregando tochas para iluminar a escuridão, cruzaram pontes, invadiram Mayfair e fizeram uma fogueira na Trafalgar Square até que a polícia os desbaratasse.

Ao mesmo tempo, os Churchill enfrentavam uma penosa situação: Winston, que sempre sofrera do peito e padecia com a umidade gelada do inverno de Brighton, desmaiara na escola, e o diagnóstico foi pneumonia dupla.

Felizmente, o Dr. Robson Roose, um bom médico membro do Clube Orleans, morava perto dali. Winston estava demasiado mal para ser retirado da escola; Randolph e Jennie chegaram em 12 de março. Randolph ficou por um breve período antes de retornar a Londres para cuidar de assuntos referentes à mudança de governo — Gladstone estava de novo no poder desde 12 de fevereiro, de forma que ele perdera seu cargo no Gabinete da Índia —, mas Jennie ficou.

A maior preocupação de Roose era manter afastada Elizabeth Everest, ainda impopular diante de todos, exceto de Winston e Jack. Choviam cartas de condolência: de Salisbury, lambendo suas feridas em Monte Carlo, onde lhe fora recusada a entrada no cassino porque suas roupas miseráveis faziam-no parecer um mendigo, de *Sir* Henry James, do príncipe de Gales, de Moreton Frewen e das irmãs de Jennie. Clarissa estava em Londres com um Leonard Jerome adoentado e não podia ir para Brighton.

Durante vários dias, o garoto debateu-se com temperaturas entre 37 e 40 graus; a duquesa de Marlborough escreveu de Londres dizendo esperar que Elizabeth fosse razoável e não demasiado efusiva a ponto de excitar o paciente. A crise fez Jennie e Randolph se reaproximarem temporariamente; Randolph chamou-a de "minha querida" numa carta. Em 18 de março, foi visitar o convalescente com seu amigo lorde Castlereagh; Jennie fazia vigílias noturnas. Finalmente a febre passou, e Winston recuperou-se.

Em 6 de maio, os Churchill ofereceram um jantar em Connaught Place para o qual o príncipe de Gales se convidou; para embaraço de todos, o dínamo no porão falhou e o grupo viu-se mergulhado na escuridão.

Natty Rothschild ainda estava por perto, pagando as contas dos Churchill. Ele previu a queda iminente do governo liberal restaurado, à medida que as fileiras se dividiam e as entregas de cargos se seguiam por causa da questão do autogoverno; e previu também que Randolph reassumiria seu posto. Em junho de 1886, escreveu a Randolph dizendo que, de fato, estava satisfeito com a mudança de ventos. Após a derrota da primeira lei de autogoverno proposta por Gladstone, acrescentou: "Espero que você consiga alguma coisa com o Grande Ancião quando for procurá-lo em seu próprio monte de esterco." Chamou Randolph para um encontro em Connaught Place, a fim de discutirem a campanha na Escócia. Era típico dele que quisesse ter Randolph como chanceler do Tesouro, já que o governo de Gladstone caíra no dia 20 de julho; nada seria mais conveniente do que ter como empregado remunerado um homem responsável pelo dinheiro de uma nação!

Randolph recebeu o cargo de volta; novamente contratou Adolphus W. Moore como seu braço direito. Ao mesmo tempo, havia más notícias de Blenheim. Blandford havia vendido, em três leilões sucessivos da Christie's, obras de Rubens, Breughel, Van Dyck, Gainsborough, Holbein e Rembrandt, seguidas de Ticianos e Caravaggios. Nessa ocasião, recordando sem dúvida as fraudes do leilão das jóias, os encarregados na Christie's foram mais cuidadosos: os catálogos da época mostram marcas e notas nas margens revelando que certos itens listados por Blandford como originais eram, na verdade, cópias ou obras falsamente atribuídas aos mestres.

Em 20 de março, Randolph havia deixado Jennie contrariada ao se hospedar no Hotel Vendôme, em Paris, com Gladys de Grey. Em setembro, a agonia de Jennie em relação a *lady* de Grey chegou ao máximo. Sua velha amiga Consuelo Mandeville estava tratando de confirmar as suspeitas; sua cunhada *lady* Cornelia Guest não as negava. E então Jennie escreveu à sogra, a duquesa, o que foi um ato indiscreto e insensato: o que quer que pensasse de seu filho, teria ela algo comprometedor a dizer?

Em resposta à carta de Jennie, que se perdeu, lady Marlborough demonstrou solidariedade pela crise em torno de Gladys e pediu à nora que resgatasse seu casamento e tivesse cuidado em não dizer muitas coisas a Blandford ("Ele é, no mínimo, indiscreto e cria desavença entre as pessoas"). Ela exortou Jennie a ir a Blenheim para estar com as crianças e fez referências veladas a Delacour e Kinsky; Jennie deveria "fazer sacrifícios" já e desistir de "corridas de cavalos, namoros e intrigas". Sabendo, provavelmente, que Delacour e Kinsky eram freqüentadores das corridas de Newmarket, escreveu, em 26 de setembro, acreditar que, "para o bem de vocês dois, nada seria notado em Newmarket". Gladys de Grey certamente também estaria lá.

Em meio a essa correspondência embaraçosa, Jennie almoçou com sua irmã Leonie em Londres, falando com desespero sobre Gladys. Leonie escreveu a Clarita dizendo que, embora estivesse claro que Randolph de fato se devotava a Gladys, ela não encorajaria Jennie a ir a seu encontro e ofendê-la. Aconselhara Jennie, disse ela, a não "provocar" Randolph, "pois penso que R. tem outros amores, só que Jennie faria melhor em não saber disso".

Naquele mesmo mês, Randolph, voluntarioso e impulsivo, novamente irritando seu próprio partido, cometeu uma fraude. Estava preocupado com as relações britânicas com a Bulgária, um país em que a Rússia estava se infiltrando rapidamente e colocando em risco, do ponto de vista da Inglaterra, o equilíbrio de poder na Europa. Quando o secretário do Exterior, *Sir* Stafford Northcote, agora lorde Iddesleigh, nomeou o vociferante e belicoso Alexander Condie Stephen embaixador para a Bulgária, pedindo a Natty Rothschild um empréstimo de quatrocentas mil libras para montar uma resistência anti-russa local, Natty, que tinha investimentos na Rússia czarista, negou. Randolph participou de uma conspiração para remover Stephen e, assim, respaldar os investimentos de Natty em Moscou: enviou ao primeiro-ministro lorde Salisbury uma carta falsa em código diplomático, acima de uma assinatura forjada de Iddesleigh, solicitando a demissão de Stephen. A fraude funcionou e Stephen foi despedido.

Quando Salisbury descobriu o que Randolph havia feito, ficou furioso, mas em vista da necessidade de manter a solidariedade partidária, não abriu um processo criminal. Ao mesmo tempo, Randolph encontrou evidências de uma colossal corrupção do governo nos arquivos da chancelaria.

A partir de 1882, haviam ocorrido escândalos numa escala sem precedentes na história da Inglaterra. A podridão se estabelecera com as deficiências na administração do departamento de compras do Exército no Egito. Randolph encontrou como provas sabres quebradiços, baionetas tortas e cartuchos entupidos, enquanto os fabricantes de armas obtinham lucros substanciais com contratos do governo. O almirantado despendera um milhão de libras sem o conhecimento do Tesouro, garimpando vantagens pessoais e fazendo dos navios *Ajax*, *Agamemnon* e *Imperieuse* alvos fáceis e praticamente inúteis, equipados com canhões que explodiam e causavam ferimentos. Naquele governo de Salisbury, Randolph escolheu como vítimas de seus ataques lorde George Hamilton, primeiro lorde do almirantado, e W. H. Smith, ministro da Guerra. Em outubro, em reuniões com os dois homens, disse-lhes que, se não houvesse uma redução dos gastos duvidosos e uma investigação completa, ele renunciaria ao posto. Pediu que preparassem estimativas adequadas das despesas do Exército e da Marinha para esclarecer o assunto. Mais tarde, no mesmo mês, escreveu a ambos exigindo que aprontassem as estimativas até o Natal.

Não recebeu resposta satisfatória e continuou suas investigações; parece que Jennie ocupava muito de seu tempo discutindo as cifras que ele e Adolphus Moore traziam para casa. Randolph descobriu que as despesas haviam aumentado exorbitantemente a partir de 1884, passando de uma média de 25 milhões para 31 milhões de libras por ano, financiadas com um excesso de impostos: o total da taxação do chá, dois terços do imposto sobre o tabaco, três quartos do imposto sobre a cerveja e seis sétimos do imposto sobre heranças, mais os três pence por libra de imposto sobre a renda. Ele atribuía a despesa à corrupção e à ineficiência. A rainha, que aprovava tais práticas, ouviu rumores sobre o assunto e aconselhou o príncipe de Gales a não se associar a Randolph; o príncipe respondeu não ver razão para rejeitar nenhuma figura pública e lembrou-lhe que Randolph sacrificara cinco mil libras anuais (em negócios) para se tornar chanceler.

Randolph não parou por aí: tomou nas próprias mãos a redução dos impostos sobre heranças (tinha de levar em conta o envelhecimento de sua mãe, embora ela só viesse a falecer em 1899). Por razões óbvias, queria reduzir a carga fiscal das empresas, as tarifas sobre bebidas alcoólicas e cancelar a taxa do tabaco — uma ponderação séria para um fumante inveterado como ele.

A rainha, para quem a idéia de pagar imposto de qualquer espécie era tão remota quanto um ensaio sobre o besouro aquático de Madagascar, achava que, àquela altura, Randolph era simplesmente um homem louco, maligno e perigoso de se relacionar — para repetir a descrição de Byron feita por *lady* Caroline Lamb. Para Salisbury, ele era um infrator do código de silêncio dos cavalheiros quanto aos malfeitos de seus superiores. Em teoria, ele seria considerado ameaçador até pelos Rothschild que o sustentavam, mas Natty manteve a renda que lhe dava; isso pode ser explicado pelo fato de que, se fosse constatado que os lucros do governo com armas e outros suprimentos militares eram irregulares, os contratos de fornecimento desses itens poderiam vir parar nas mãos dos Rothschild. E quanto a *Sir* Ernest Cassel, o assessor financeiro da rainha, ele ainda não estava tão profundamente envolvido no financiamento de armamentos, que iria resultar numa venda arrasadora, em mais de um sentido, de balas para metralhadoras Vickers em guerras futuras.

Em 2 de outubro de 1886, Randolph proferiu um discurso incitante para uma multidão de 14 mil pessoas em Oakland Park, Dartford: levantou aplausos quando clamou por melhores condições para os trabalhadores rurais e por uma aliança entre Inglaterra, Alemanha e

Áustria que levasse à paz no futuro. Assegurou à multidão excitada que a Inglaterra apoiaria Bismarck e o imperador Francisco José da Áustria em garantir a liberdade do muito oprimido povo dos Bálcãs. Logo depois disso, fez um discurso parecido em Bradford. Salisbury ficou irritado, mas Gladstone adorou — e também, podemos estar certos, o supremo pacificador financeiro Natty Rothschild. Então Randolph e seu velho amigo Thomas Trafford, uma figura de destaque social, partiram para a Europa.

Parece que, assim como sua viagem à Índia no ano anterior fora projetada para torná-lo futuro secretário de Estado para o subcontinente, Randolph agora aspirava a tornar-se ministro do Exterior. Descrita à época como umas férias por motivo de saúde, sua aventura era, na verdade, uma jogada política independente, cujos detalhes Henry Labouchère expôs numa elaborada sátira em forma de poesia na edição de Natal de 1886 da revista *Truth.*

Labouchère sugeriu que um dos objetivos da viagem era evitar determinado processo de divórcio no qual Randolph não era citado como co-réu; isso só podia significar que Randolph decidira, em vista da continuação de seu caso com Gladys de Grey, não arriscar a ruína social levando avante o processo contra Jennie e John Delacour. É certo que contava com o apoio de Rothschild para a viagem, pois ambos estavam ansiosos por manter uma paz européia que, como Randolph corretamente temia, Salisbury estaria ameaçando ao insistir em aumentar os armamentos. Acima de tudo, os Rothschild não se atreviam a romper suas redes de conexões com as nações potencialmente beligerantes.

Claramente, o objetivo de Randolph era reafirmar aos chefes de Estado europeus que a expansão das despesas navais e militares da Inglaterra não era autorizada por ele e que ele estava fazendo todo o possível para reduzir tais atividades bélicas.

Se estivesse também determinado a provar a Salisbury que era infundado o temor do governo de que as tensões levariam a uma possível guerra, então ele estava enganado. Desde o começo de 1886, a

Europa era, como sempre fora, um barril de pólvora. Durante os primeiros meses do ano, a Grécia esteve em conflito com a Turquia, provocando um bloqueio naval internacional que forçou os gregos a se desarmarem; em 20 de agosto, o príncipe Alexander de Battenberg foi seqüestrado e exilado depois de trair a causa russa na Romênia oriental, nos Bálcãs, situação que quase levou à guerra; em 10 de novembro, houve séria ameaça de a Rússia invadir a Bulgária; e, três dias depois, Bismarck estava lutando para evitar um confronto entre a Rússia e a Áustria.

Desembarcando em Berlim como "Mr. Spencer", antigo apelido de Blandford, Randolph não conseguiu obter uma audiência com Bismarck; quando Thomas Trafford protestou, Bismarck riu, dizendo a um ajudante: "É o Pequeno Polegar tentando ver um gigante."

Randolph foi recebido com a mesma indiferença em Viena, Paris e Bruxelas, acabando por ir parar com Trafford nos fiordes noruegueses, como um pescador acidental. Os aspectos diplomáticos de sua viagem haviam sido um fracasso lamentável.

Estava de volta à Inglaterra em 9 de novembro, quando Jennie o acompanhou à festa de aniversário do príncipe de Gales em Sandringham; para infelicidade dela, lá estava *lady* de Grey com seu compreensivo marido, e também Salisbury, ocultando sua irritação com a usual passividade de ouriço. Jennie encantou a multidão acompanhando a princesa de Gales em duetos de Brahms e Schumann para dois pianos.

Em meados de novembro, Randolph estava de novo transbordante de críticas a seu próprio governo: Edward Hamilton, assistente de Gladstone, registrou em seu diário que as opiniões dele "explodiam como uma bomba no campo conservador".

Ele escondeu de Jennie sua próxima jogada, para eterno ressentimento dela: com a intenção de impor reformas ao orçamento e à prática de apropriações indébitas de verbas, ele pediria sua demissão a Salisbury, esperando ser readmitido imediatamente e então poder conduzir as coisas à sua maneira. Um plano que claramente revela uma combinação de ingenuidade, egoísmo e erro de cálculo.

Em 20 de novembro, Randolph escreveu ao ministro da Guerra, W. H. Smith, dizendo que estava chocado com a espantosa estimativa de 560 mil libras do orçamento, o que demonstrava que todos os seus apelos para uma redução haviam caído em ouvidos moucos. Seguiu-se intensa troca de cartas, mas Smith simplesmente se recusou a economizar. Em 15 de dezembro, Randolph lançou uma declaração ameaçadora do Tesouro: a menos que Smith fizesse o que lhe estava sendo pedido, Randolph não se responsabilizaria mais pelo financiamento do Ministério da Guerra. Lorde George Hamilton, como secretário da Marinha, havia oferecido uma proposta conciliatória. Smith respondeu no dia seguinte que não cederia, e Salisbury o apoiou; Randolph de novo falou em renunciar, a menos que fosse atendido.

Em 18 de dezembro, ele estava mais agressivo do que nunca, escrevendo a Smith sobre "sua pavorosa extravagância no Ministério da Guerra". No mesmo dia, jantou com Salisbury em Connaught Place, mas a conversa foi infrutífera, as gentilezas mútuas mal disfarçando a fria hostilidade. Quatro dias depois, Salisbury escreveu-lhe dizendo que estava certo da iminência da guerra na Europa; neste momento, acrescentou, não havia nem como pensar em reduzir as requisições de armas do Exército e da Marinha. Mencionou as deploráveis condições de defesa dos portos e a insuficiência dos postos de reabastecimento de navios; na eventualidade de uma invasão, a Inglaterra estaria vulnerável.

Outras cartas para Hamilton e Smith ficaram sem resposta, como era de se esperar, e uma outra reunião com Salisbury deu em nada. Como chanceler do Tesouro, Randolph tornara-se irritante e dispensável.

Ele manteve Natty bem informado o tempo todo; ansioso para que continuasse no cargo, Natty insistiu em que não pressionasse Salisbury em demasia. Mas, em 20 de dezembro, Randolph estava com a paciência esgotada, e Jennie podia apenas conjeturar sobre a crescente tensão do marido. Ele ainda não lhe havia dado nenhuma indicação de seu plano de renúncia.

Ele foi chamado para uma entrevista com a rainha, mas sem a presença de Jennie. Na viagem de trem para Windsor, encontrou-se por acaso com seu inimigo, lorde George Hamilton, que, na melhor tradição dos políticos, armou um espetáculo de amabilidade. Randolph disse a Hamilton que ainda tinha intenção de renunciar; nada havia sido feito para satisfazer suas exigências como chanceler, além das poucas concessões de Hamilton. Acostumado a fazer conciliações como um modo de vida, Hamilton sentia que a atitude dele era extremada; com toda certeza, algo podia ser arranjado. Mas ao chegar ao castelo de Windsor, Randolph, na presença de Hamilton e sem dar atenção às suas objeções — não deveria ele consultar os amigos e sua mãe, a duquesa viúva? —, foi em frente e rabiscou a carta fatal que enviou a Salisbury. Para ter alcançado o primeiro-ministro na mansão Hatfield naquela mesma noite, a carta deve ter sido levada por um mensageiro.

Durante o jantar com a rainha, Randolph limitou-se a uma discussão sobre o protocolo na próxima abertura do Parlamento; ele deliberadamente não mencionou a carta que havia enviado. Ocupada naquela noite com a preparação de uma recepção no Ministério do Exterior, Jennie não tinha a menor idéia do ato autodestrutivo de seu marido, talvez porque Randolph tivesse algum motivo adicional que não queria revelar. Houve rumores entre a arraia miúda liberal de que ele estava sendo pago pelos Rothschild para ir ao exterior incitar à paz, ficando ressentido com a implicação de suborno.

Na noite seguinte, não tendo recebido resposta de Salisbury, Jennie e Randolph compareceram à apresentação da peça de Sheridan *A escola de maledicência*, no Teatro Strand em Londres. Randolph estava nervoso e inquieto; Jennie não sabia o porquê e, para sua consternação, ele foi embora depois do primeiro ato. Randolph levou uma cópia de sua carta de demissão ao redator-chefe do *Times*, George Buckle. Buckle arregaçou as mangas, mandou a carta para as oficinas, trancou as portas até amanhecer para impedir qualquer vazamento, e a notícia apareceu no jornal da manhã.

Jennie tomava o café-da-manhã sozinha quando Adolphus W. Moore entrou correndo com o jornal antes que ela pudesse ler seu exemplar. Aquele leal colega estava furioso e tremendamente perturbado, gritando em agonia: "Ele se jogou do topo da escada e jamais vai alcançá-lo novamente!" Igualmente furiosa, Jennie viu seu mundo chegando ao fim. A duquesa viúva de Marlborough estava na mansão Hatfield com os Salisbury; Salisbury, que recebera a carta durante um baile na noite anterior, não havia revelado nada à amiga. Ela leu o *Times* em sua bandeja do café. Reduzida quase à histeria, correu para *lady* Salisbury e gritou: "Por que, oh, por que meus filhos não são como as outras pessoas?" Sua criada empacotou suas coisas e ela partiu imediatamente para Londres.

Conversando com amigos, Salisbury comparou Randolph ao Mahdi, que se fingia de louco, enquanto Randolph se fingia de são. Questionado sobre se poderia recusar o pedido de demissão e dar o que Randolph pedia, retrucou: "Alguma vez viram um homem que, tendo lancetado um furúnculo no pescoço, pedisse outro?" Com raiva de Randolph por não a ter informado, a rainha concordou; e Jennie, ao escrever suas memória muitos anos depois, descreveu aquele Natal como "amargo e desagradável". Até mesmo o velho colega do Quarto Partido, *Sir* John Gorst, atacou Randolph na Câmara dos Comuns; *Sir* Henry Drummond Wolff e Arthur Balfour lamentaram profundamente seu ato. Gladstone gostou, é claro.

O *New York Times*, como sempre, livre das regras que restringiam a imprensa britânica, foi provavelmente a única fonte pública da verdade. Seu editorial de 26 de dezembro dizia:

> Recusar as verbas usuais ao Exército e à Marinha numa época em que a guerra parecia ser meramente uma questão de meses foi visto por todos como um erro inacreditável e indefensável. Mas o que Churchill fez foi recusar-se a amontoar novos milhões sobre dois

> grandes e onerosos ministérios, a menos que tivesse alguma garantia de que não seriam desperdiçados e roubados como no passado.... (Churchill) vai expor com detalhes a estupidez e a roubalheira do Exército e da Marinha ingleses, para espanto e escândalo do império. *Foram pagos milhões por armas, depósitos e munições inexistentes e por um trabalho que nunca foi feito.* (Grifo nosso.)

Salisbury tomou a inacreditável iniciativa de escrever um artigo de duas colunas no *Post* de Londres advertindo o governo turco de que, após a renúncia de Randolph, a Inglaterra não aprovaria a proposta de submissão à Rússia que Randolph havia defendido. O primeiro-ministro disse a seus leitores ingleses que a Europa estava em extremo alvoroço e que tropas russas, austríacas e alemãs estavam sendo reunidas para a guerra. Mas se enganava; no momento mesmo em que escrevia, Bismarck estava elaborando o plano de paz que Randolph vislumbrara. Em 12 de fevereiro, o chanceler alemão apresentou o Primeiro Acordo do Mediterrâneo com que Randolph e os Rothschild haviam sonhado: a Inglaterra e a Itália (e mais tarde a Áustria e a Espanha) concordavam com a manutenção do *status quo* nas várias regiões ao sul da Europa; essa União consolidada garantiria proteção mútua e colaboraria com os interesses ingleses no Oriente Médio.

Em 20 de fevereiro de 1887, de novo com o apoio de Bismarck, a Tripla Aliança das potências centrais da Europa foi renovada por cinco anos, assegurando a paz ainda por vários anos. Mas a corrupção em torno dos armamentos britânicos continuou imbatível, sem nem sombra de uma desculpa. Quando George William Goschen, contador e político, substituiu Randolph em janeiro, já havia sido bem preparado para o cargo; "Esqueci de Goschen" tornou-se uma famosa exclamação randolphiana.

Randolph juntou insulto à ofensa, contrariando toda a tradição ao não entregar à rainha os selos do cargo; em vez disso, partiu para breves férias na Europa, sem Jennie. Retornou à Câmara dos Comuns em 27 de janeiro para proferir o discurso de sua vida.

Chamou a atenção para a roubalheira, a trapaça, a corrupção e a extravagância no Exército e na Marinha; mencionou as espingardas que não disparavam e as espadas tortas que causavam mortes. Revelou as despesas desmedidas e o abominável desvio de verbas.

Sua mãe jamais se refez do choque causado pela renúncia; uma amiga, a anfitriã da alta sociedade *lady* Jeune, registrou em suas memórias que, pelo resto de sua vida, a duquesa exibiu um coração partido, embora tentasse encarar o mundo com coragem. Em 28 de dezembro, a rainha esteve com Salisbury e disse-lhe estar certa de que Randolph havia cometido "um grave erro, pois não tem seguidores". Mas ele tinha; as massas ainda o amavam.

Gladstone ficou encantado com seu discurso; num bilhete para seu secretário Edward Hamilton, disse que Randolph era "um bom liberal". Numa nota anterior do diário de Hamilton, o melhor registro da época hoje disponível, o jogo é aberto: Randolph escreveu a Edward Hamilton agradecendo-lhe toda a ajuda prestada nos últimos seis meses. Essa ajuda só pode significar o fornecimento de informações sobre a má administração de verbas das forças armadas, que os espiões liberais vinham coletando havia muito tempo.

A história não tem sido clemente, e até mesmo Winston, no que poderia se aproximar de uma hagiografia de seu pai escrita muitos anos depois, não pôde conter a amargura com relação àquela renúncia. Mesmo assim, a verdade, desconsiderada por todos, é que o ato de Randolph não foi insano. Embora ingênuo, foi um ato muito decente e moralmente soberbo quando comparado à sua aquisição da Birmânia. Ao desafiar lorde George Hamilton, ele estava desafiando uma parenta, embora fosse malvista: Hamilton era irmão de Albertha, *lady* Blandford. E, como tantas denúncias nobres e incompreendidas de males na alta sociedade, a de Randolph não teve efeito. Num período de paz que se prolongou por nove anos até 1896, continuou o desenfreado e imoral aumento dos armamentos.

O ano-novo trouxe duas mortes: Adolphus W. Moore morreu de sobrecarga de trabalho e do choque da renúncia de Randolph, e lorde

Iddesleigh morreu de desespero depois de ser excluído do gabinete, um elegante anacronismo numa era de política brutal. O temido Moreton Frewen perdeu um de seus poucos empregos autênticos: era secretário de Goschen e, portanto, inaceitável no campo inimigo.

No rastro da tormenta que se seguiu à renuncia de Randolph, Jennie se acalmou; ela e o marido descobriram um aliado inesperado em Blandford, que se mostrou solidário o tempo todo, apesar de seu envolvimento num caso famoso de divórcio que se iniciara em outubro. A *cause célèbre* teve um bom resultado: fez Randolph e Jennie, confrontados com um escândalo não apenas político, finalmente desistirem de seus planos de divórcio. A partir de então, Randolph aceitaria os amantes de Jennie e ela as dele da maneira reconhecida pela alta sociedade britânica, que eles haviam combatido por tanto tempo.

Pouco antes da crise da renúncia, Blandford havia dito aos Churchill que, após mais uma liquidação das obras de arte em Blenheim, ele havia decidido que devia seguir os passos de Randolph e casar-se com uma herdeira americana. Divorciara-se de Albertha em 1880 e estava cansado de sua amante atual, a elegante e surpreendentemente bela Vera Blood, *lady* Colin Campbell. Jennie escreveu ao pai em Nova York; ele deveria exercer novamente os talentos de casamenteiro que usara ao prover sua colega de escola Consuelo Yznaga com o herdeiro do ducado de Manchester. A nova duquesa de Marlborough deveria ser atraente, muito rica e, acima de tudo, em idade de procriar. Mas, infelizmente, naquele momento lorde Colin, filho do rico duque de Argyll, entrou com processo de divórcio citando Blandford como co-réu.

Os Churchill foram em seu socorro. Contrataram seu velho amigo *Sir* George Lewis, ainda o advogado mais esperto e inescrupuloso de Londres, para cuidar de Blandford; era essencial limpar seu nome, ou uma herdeira americana poderia hesitar em se casar com ele.

Pouco antes do início do caso Campbell, Jennie apresentara Vera Blood ao artista James McNeil Whistler, que a retratou num estudo chamado *Harmonia em branco e marfim.* De acordo com a historiadora do palácio de Blenheim, Marian Fowler, ele também a retratou nua.

Interrompido pelas audiências, o primeiro retrato não chegou a ser completado; o segundo, aparentemente, foi.

Lorde Campbell foi representado por um bom amigo dos Churchill, o brilhante *Sir* Charles Russel, que havia trabalhado com eles para limpar o nome de Parnell da acusação de que planejara os assassinatos do parque Phoenix; Blandford foi representado pelo procurador-geral *Sir* Richard Webster.

Os fatos eram chocantes, mesmo pelos padrões de Londres. Campbell tinha sífilis desde meados de 1870, o que lhe causara uma fístula (uma fenda no períneo) que dificultava a relação sexual.

Apesar disso, ele se casara com Vera na Savoy Chapel de Londres em julho de 1881; enfraquecido por várias operações, o infeliz marido não podia cumprir suas obrigações conjugais sem risco, e a presença de uma enfermeira na lua-de-mel assegurou que não as cumprisse. Lorde Colin teve relações íntimas com sua esposa quatro meses mais tarde, mas muito raramente depois disso.

Lady Campbell contraiu sífilis do marido e ficou acamada em sua mansão londrina aos cuidados de um certo Dr. Thomas Bird, a quem Colin acusou de manter relações com ela e de fazer o aborto de um bebê de ambos. Acusou também o capitão Eyre Shaw, o chefe do corpo metropolitano de bombeiros, apropriadamente conhecido como um tipo esquentado, de desfrutar os favores de sua mulher; e, finalmente, acusou Blandford.

Numa audiência, com detalhes que o *Times* divertidamente descreveu como "extremamente impróprios para as páginas de um jornal nacional", foi revelado que, estando Vera em Paris com seus pais, Campbell solicitou à polícia uma ordem de prisão contra ela, alegando comportamento licencioso. Ao receber a ordem, ela desmaiou, e seus pais a mandaram às pressas para a Bélgica. Mais tarde, hospedando-se com seus primos *Sir* Philip e *lady* Miles em Leigh Court, perto de Bristol, a ordem de prisão vencida (e, de qualquer forma, sem validade na Inglaterra), Vera achou-se convenientemente instalada ao lado do quarto de Blandford. Uma criada, avisada de que Blandford estava

Acima à esquerda: Um desenho de Jennie ainda jovem *(© Mary Evans Picture Library)*
Acima à direita: A pista de corrida Jerome Park foi inaugurada em 1866 e dedicada a Clarissa, Clarita e Jennie *(© Hulton Archive/Getty Images)*

Abaixo à esquerda: O financista real *Sir* Ernest Cassel, patrocinador de Jennie e Randolph Churchill *(© Hulton Archive/Getty Images)*
Abaixo à direita: Natty Rothschild, também financista dos Churchill *(© Hulton Archive/Getty Images)*

Uma antiga foto de Jennie
(© Hulton Deutsche Collection/Corbis)

Lorde Randolph Churchill
(© Mary Evans Picture Library)

Fanny, duquesa de Marlborough, sogra de Jennie
(© Hulton Archive/Getty Images)

Duque de Marlborough, sogro de Jennie *(© Hulton Archive/Getty Images)*

Acima à esquerda: Jennie como a imperatriz do século XI Teodora de Bizâncio *(© Hulton Archive/ Getty Images)*

Acima à direita: Um retrato de Jennie feito por volta de 1880 *(© Hulton Archive/Getty Images)*

À esquerda: Jennie na idade madura *(© Mary Evans Picture Library)*

Jennie com o jovem Winston e o irmão Jack *(© Hulton Archive/Getty Images)*

Com Winston, pouco antes de partir para a Índia com o governo, e Jack *(© topfoto)*

Com Jack a bordo do navio-hospital *Maine* *(Cortesia do ILN Picture Library)*

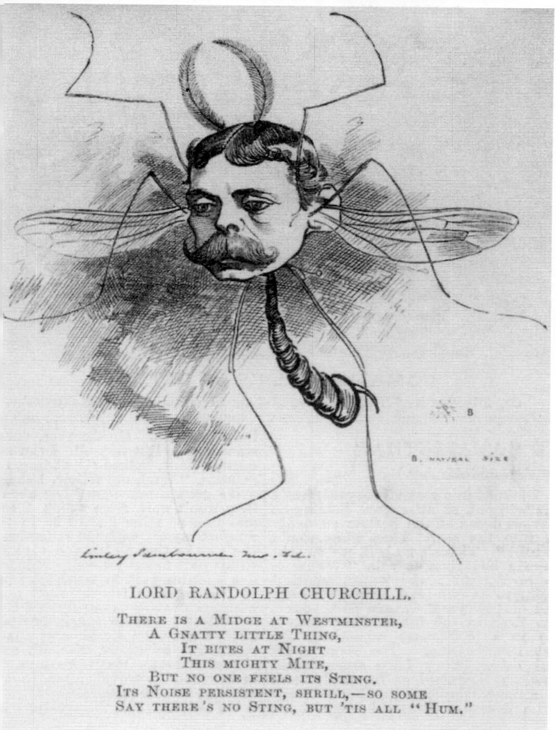

Lorde Randolph Churchill retratado como um "inseto desagradável" no *Punch* *(© Mary Evans Picture Library)*

Charge de Winston *(© Mary Evans Picture Library)*

Acima: Lorde Salisbury *(© Mary Evans Picture Library)*
À direita: William Ewart Gladstone *(© Mary Evans Picture Library)*

À esquerda: Rei Eduardo VII *(© Bettmann/Corbis)*

Abaixo: Príncipe Carl Kinsky, amante de Jennie durante muitos anos, em seu cavalo Zoedone, com o qual ganhou o Grande Prêmio *(Cortesia de Reg Green)*

Segundo marido de Jennie, George Cornwallis-West *(© National Portrait Gallery)*

Terceiro casamento de Jennie, com Montagu Porch, anunciado no *Tatler* *(Cortesia da ILN Picture Library)*

Acima: 4 de julho de 1917, Jennie após uma reunião em homenagem ao Dia da América *(© Hulton Archive/Getty Images)*

À esquerda: Clementine, esposa de Winston *(© Hulton Archive/Getty Images)*

pronto para o amor, entrava nos aposentos de Vera com as palavras previamente combinadas em código, "O cozinheiro deseja falar-lhe, senhora."

Lady Miles era de natureza lasciva; informada por Vera dos encontros noturnos com Blandford, registrava-os fazendo cruzes sob os salmos no *Book of Common Prayer* de sua filha Violeta. Foi impossível amainar as gargalhadas da multidão na sala do júri diante dessa revelação, bem como quando um mordomo, questionado sobre quanto tempo *lady* Campbell ficava na cama com lorde Blandford, e vice-versa, respondeu: "Às vezes uma hora, às vezes quinze minutos,... depende." "Depende de quê?", gritou alguém, e a sala de audiência caiu na risada.

As testemunhas superavam os personagens de qualquer opereta bufa. Descreviam cartas de Vera para Blandford levadas através de Londres, não enfiadas nas caixas de correio, mas entregues ao ávido destinatário em mãos, em seguida a uma batida fortíssima na porta que os criados tinham instruções para não atender. As respostas vinham por cocheiros, um dos quais mal pôde ser ouvido por causa das gargalhadas que provocou quando se descreveu, trêmulo, aos pés da cama de *lady* Campbell enquanto ela escrevia uma carta de amor para Blandford.

A criadagem falou de Vera vestindo-se de homem e indo a pé ao encontro de seu amante, escondendo o chapéu dele sob sua capa ao retornar, e de como, em certa ocasião, seu próprio chapéu quase foi levado pelo vento, o que revelaria o comprimento de seus cabelos.

Sua criada suíça favorita, Rose, foi a estrela das audiências ao contar como encontrou o vestido de sua patroa desabotoado nas costas depois de uma visita noturna à casa de Blandford; após satisfazer sua lascívia, ele a havia mandado embora debaixo de chuva. Espiadelas em buracos de fechadura; almofadas em desarranjo; animais de estimação jogados para fora de quartos; códigos previamente combinados e movimentação de cortinas como sinais — assim se desenrolava a ladainha melodramática do adultério.

Afinal, depois das pilhas de cartas e relatórios de testemunhas, o júri desautorizou o divórcio por concluir que as partes envolvidas no processo estavam mancomunadas e buscavam apenas sua liberdade. De forma que lorde e *lady* Campbell ficaram casados para sempre, e Blandford estava livre para se casar com uma americana. Agora Jerome podia desencavar quem quisesse da pilha de estrume que era a sociedade de Nova York. Como um desafio a qualquer futura parceira, Blandford colocou o nu de *lady* Campbell acima de sua cama em Blenheim.

O caso Campbell, que coincidiu com a crise da renúncia, terminou em janeiro de 1887. Randolph partiu para o Mediterrâneo com Harry Tyrwhitt-Wilson, uma jogada astuta, dado que Wilson era assistente do príncipe de Gales. Apesar de tudo, o príncipe ainda era um forte partidário dos Churchill; havia almoçado com Jennie em Connaught Place durante o tumulto da renúncia de Randolph. Tyrwhitt tinha ligações com Kinsky e Bay Middleton; eles se serviam da sede de sua família em Leicestershire para caçar e o achavam útil como alto comissário daquele condado. Em troca, eram úteis a Tyrwhitt com conselhos de saúde e médicos para tratar sua incipiente tuberculose — que, todos sabiam, iria condená-lo a uma morte prematura, como de fato ocorreu.

Jennie recebeu cartas em que Randolph descrevia suas aventuras com Harry: fugindo de uma epidemia de cólera na Sicília num barco de pesca; encontrando por acaso o amigo dos Churchill, lorde Rosebery, em Roma (o futuro primeiro-ministro descreveu a política, corretamente, como um monte de esterco); e várias atividade audaciosas e irresponsáveis que despertaram o colegial em Randolph, seu aspecto mais cativante.

Nesse meio-tempo, Jennie fez um importante acréscimo à criadagem: Rosa Ovendon, que mais tarde ficou famosa como Rosa Lewis, a "duquesa de Jermyn Street", proprietária do Cavendish Hotel. Ela acabou se revelando excelente cozinheira, governanta e ajudante geral.

Voltando para casa, Randolph combinou com Blandford que *lady* Campbell se mudaria para um *palazzo* em Veneza, onde a venda de mais tesouros de Blenheim a manteria no luxo, cercada por bandos de criados.

Longe de abandonar sua investigação das finanças do governo, e ainda membro do Parlamento por South Paddington, desde 1885 Randolph montou um Comitê Parlamentar Especial de Defesa; lançou então um ataque mais contundente que nunca às falhas na construção naval, aos armamentos inúteis e às desnecessárias provocações a potências estrangeiras para justificar aquelas extravagâncias imorais. Tendo em mente os investimentos dos Rothschild na Rússia, encorajou a amizade da Inglaterra com o czar.

Chegou então o aniversário de cinqüenta anos de rainha Vitória no poder. A monarca engoliu sua irritação e incluiu os Churchill nos eventos sociais por influência do príncipe de Gales.

Enquanto isso, como em tantas outras vezes antes, e ao contrário do dócil Jack, Winston se comportava como um monstrinho endiabrado. Brigava o tempo todo com Rosa Ovendon, que se ressentia das suas invasões aos domínios sagrados da cozinha. Ele a atacava com perguntas sem fim enquanto ela tentava preparar a comida, enfiando os dedos nos bolos, pudins e tortas; ela tinha que afugentá-lo com uma concha de sopa, gritando que ele era um "cabeça de vento" ou, em outras palavras, um tolo e malandro. Ela odiava a babá Elisabeth Everest por sua paparicação, que acreditava torná-lo ainda pior.

Kinsky estava fora naquele verão, em missões de espionagem em Paris, Bruxelas, São Petersburgo e Viena. Não se recuperara da decepção do campeonato hípico de 1885, o Grande Prêmio; havia começado em boa forma, mas logo sua querida égua Zoedone sofreu uma hemorragia e teve de ser excluída da competição. Descobriu-se depois que *bookmakers* inescrupulosos, temendo grandes prejuízos caso a égua ganhasse, a haviam envenenado; o animal sobreviveu, mas Kinsky jamais voltou ao Grande Prêmio, e Zoedone nunca mais correu.

John Delacour afastou-se de Jennie; agora estava envolvido com a rica Theresa Harriet Towneley, de proeminente família de mineradores e fazendeiros de Lancashire, e três anos depois se casaria com ela. Como juiz de paz naquele condado, continuou a ser visto de tempos em tempos no meio social de Jennie em Londres e era muito amigo de Kinsky, Winston e Jack.

Randolph começou um novo caso amoroso, desta vez partilhado com Blandford, cuja atuação era imprudente, pois Jerome estava caçando uma esposa para ele em Nova York. Mas a belíssima Frances Evelyn Maynard era um prêmio a que poucos homens podiam resistir.

Ela era familiarmente conhecida como Daisy [margarida]: uma margarida pronta para ser colhida. Herdara o suntuoso Easton Lodge em Essex e uma quantia hoje equivalente a um milhão de libras por ano. Aos 16 anos, fazia par com o altamente desejável lorde Brooke, de 23 anos, Francis Greville, e casaram-se na abadia de Westminster em 30 de abril de 1881.

Enquanto Randolph e Blandford compartilhavam seus favores, ela desfrutava também as atenções do galhardo comandante naval lorde Charles Beresford, filho casado da 4ª marquesa de Waterford, um garanhão elegante que lutara ao lado de Kitchener em Cartum e ficara famoso por dizer, quando enfrentara o risco de ser morto pela lança de um dervixe: "É duro morrer sem saber quem venceu o Grande Prêmio." Para uma mulher que não sabia o que esperar em sua noite de núpcias, Daisy havia aprendido umas poucas coisas.

Lorde e *lady* Beresford visitavam Easton Lodge com freqüência, até que, numa noite, Daisy entrou no quarto de Mina Beresford para informá-la do caso que estava tendo com seu marido e de que tencionava tomá-lo dela. Furiosa, Mina despachou Charles para Londres; Daisy se consolou com os irmãos Churchill.

Na primavera de 1887, com o entusiástico apoio de Jennie, Randolph começou a rodear lorde Salisbury para obter dele o cargo de embaixador na França. Salisbury opôs-se, pois viu que Randolph, contra sua orientação, estava em contato com uma figura política de que não gostava, o ministro da Guerra e herói nacional francês Georges Boulanger. O único motivo que se pode apresentar como explicação dessa ligação política aparentemente bizarra é que Boulanger havia reduzido drasticamente os armamentos como parte de uma tencionada *entente cordiale* com outras potências européias, e Randolph queria usar esse exemplo para promover mudanças semelhantes em Whitehall.

Naquela época, Jennie encontrou uma nova amiga: Pearl Craigie, mais tarde famosa com o pseudônimo de John Oliver Hobbes, romancista e dramaturga, que um dia daria o nome de John Churchill a seu filho em homenagem a Jack. Pearl era bonita, mas frígida; há indicações, nas cartas que escreveu a Jennie ao longo dos anos, de que era uma lésbica frustrada. Apaixonada além do grau de afeição usual entre mulheres da época, lamentando suas separações por motivo de viagem, extasiada com as atividades da amiga (especialmente no campo da música, que ambas adoravam), teve uma séria paixão por Jennie.

Pearl tinha um pai excêntrico, cuja loucura por curandeiros e médiuns tornavam-no objeto de chacota em Londres. Era casada, quem diria, com um funcionário do Banco da Inglaterra, Reginald Walpole Craigie, que havia herdado uma pequena fortuna e aparentemente gostava de seu humilde trabalho. Ele era muito bonito, o que pode explicar o casamento, e um sádico, o que ameaçava constantemente a união. Enlouquecido com a frigidez de Pearl, ele desfilava nu pelo quarto deles na esperança de que, ao ver seus músculos bem formados, ela cobiçasse suas atenções, mas nada deu resultado. Num acesso de irritação, ele lançou os livros dela à lareira e a violentou. Mais tarde, sujeitou-a ao que ela descreveu em audiência judicial como "práticas sujas e nojentas" — presumivelmente incluindo cunilíngua e sodomia —, mas ela acabou concebendo uma criança. Jennie e Pearl eram o contrário uma da outra: assim como Jennie não podia viver sem um macho sadio fazendo amor com ela, Pearl tremia só de pensar na possibilidade.

Kinsky voltou para Londres como adido especial na embaixada austro-húngara e adjunto do príncipe herdeiro Rudolph, filho do imperador Francisco José e hóspede da coroa. Atento a seus interesses financeiros em Viena, Natty Rothschild tomou Rudolph sob sua proteção, e o mesmo fizeram *Sir* Ernest Cassel e o príncipe de Gales. Nessa altura, a "aliança austríaca" de Jennie com Kinsky já era aceita por Randolph e por toda a sociedade; numa festa em homenagem ao príncipe herdeiro da Áustria no palácio de Buckingham, a rainha demonstrou sua simpatia pela Áustria-Hungia permitindo que Rudolph a levasse pelo braço ao entrar no salão de baile. Kinsky entrou logo depois com uma dama da corte vienense, seguido, entre outros, por Jennie e Randolph. Kinsky apresentou os Churchill à sociedade austro-húngara presente, sem dúvida para promover as relações entre Viena e Londres. É claro que Natty Rothschild via vantagens nisso, pois seu apoio financeiro aos Churchill continuava inabalado. Um acordo tripartite entre Inglaterra, Áustria-Hungria e Itália seria assinado em 12 de dezembro daquele ano.

Em seguida à visitação austro-húngara, Randolph e Jennie decidiram visitar a Rússia. Mantiveram sua intenção em segredo até o último minuto, fingindo ir para a Espanha. Já se especulou sobre o objetivo da viagem e, sem dúvida, ainda se vai especular no futuro, mas a única conclusão é que deve ter sido planejada por Natty Rothschild: se Randolph tivesse um bom desempenho diplomático durante a excursão, poderia ser secretário do Exterior em algum governo futuro, com tudo o que isso significava em termos de benefícios para o banco dos Rothschild.

Além disso, a viagem dos Churchill seria uma missão de paz, e isso, naturalmente, era o que Natty queria acima de tudo. O conflito entre Inglaterra e Rússia que quase havia levado a uma guerra pelo Afeganistão tinha de ser solucionado, e a presença de uma mulher atraente como Jennie só podia ser útil. Pois, afinal, os políticos russos eram homens — e sucumbiriam ao feitiço de um dos rostos mais belos e obsedantes do mundo.

Kinsky conseguiu uma transferência temporária para São Petersburgo, naturalmente para garantir que tudo corresse bem e, muito provavelmente, para arranjar acomodações onde ele e Jennie pudessem ter seus encontros amorosos. Salisbury entrou em pânico ao saber da viagem. Declarou, por intermédio do Ministério do Exterior, que ela não tinha propósitos políticos, embora o embaixador francês na corte de St. James tivesse comunicado o contrário a seu governo.

Os Churchill partiram em finais de outubro; em sua comitiva estavam Thomas Trafford e o marquês de Breteuil, Henri, amigo de Natty e investidor em suas empresas na África do Sul. Não apenas Kinsky atuaria como anfitrião, mas também *Sir* Robert Morier, o embaixador inglês, cujo entusiasmo com a visita era ocasionado pelo ardente desejo de garantir uma paz perpétua.

Um baile no Palácio de Inverno de São Petersburgo, passeios de trenó e tróica, patinação em ringues de gelo, a fascinação dos domos e das praças de Moscou, tudo isso foi para Jennie uma visita inesquecível, que Randolph esperava que fosse vista como uma vitória diplomática. Além das propostas que fizera a Hugo, filho de Bismarck, no verão anterior, Randolph fez uma oferta ao czar: a Rússia se comprometeria a não atacar a Índia, para não ameaçar os interesses ferroviários dos Rothschild e o poder britânico no subcontinente como um todo, e, em troca, os russos teriam carta branca na Turquia. A negociação, enfaticamente desautorizada por Whitehall, só podia ter sido idéia de Natty, ou foi inspirada pelo desejo de Randolph de manter seu relacionamento com ele.

A Rússia não havia sido incluída no Segundo Tratado do Mediterrâneo de 12 de dezembro entre Inglaterra, Áustria e Itália, que assegurava proteção à Turquia e impedia que outras potências se imiscuíssem em sua soberania. O acordo foi redigido quando os Churchill estavam na Rússia, e seu objetivo era manter a estabilidade no Oriente Médio. Sugerir que a Rússia pudesse ser autorizada a penetrar na Turquia, ou mesmo ir além disso, estava em contradição direta com o tratado. Se a Rússia tivesse seguido a sugestão, as potências signatárias do tratado teriam sido obrigadas a intervir. A irresponsabilidade da idéia causou danos incríveis a Randolph em Whitehall.

Em Berlim, os Churchill não foram esnobados por Bismarck como no ano anterior; sendo um pacificador da Europa, Bismarck tinha muito que discutir. Mas quando os Churchill voltaram a Connaught Place, levaram um tapa na cara. Tanto Salisbury quanto a rainha estavam furiosos com uma missão tão independente; Vitória escreveu ao príncipe de Gales em 3 de janeiro de 1888 dizendo, em referência à viagem, que Randolph era destituído de qualquer princípio e que estava possuído pelas mais insulares e perigosas doutrinas sobre política externa. Mas a missão serviu para manter a paz com a Rússia durante muitos anos.

Na ausência dos Churchill, foi lançado um romance que lhes traria ainda mais notoriedade, e trouxe. O *Romance de Miss Bayle*, por "Anônimo" (mais tarde confirmado como William Fraser Rae), era a história de Alma J. Bayle, uma arrivista da sociedade norte-americana. Embora descrita como "a principal rival de *lady* Randolph Churchill", para evitar um processo por difamação, cada detalhe é a pura descrição de Jennie. Alma admira *lady* R., observando que, enquanto "compatriota", ela havia alcançado grande influência na política britânica.

Alma, em sua ascensão social, cativa um homem de estampa randolphiana, lorde Plowden Eton (ligeira referência à universidade de Randolph), que é descrito como "um *tory* radical", admirador de lorde Randolph e da Liga da Prímula. A imagem da ambição ianque é completa; no que constitui uma biografia semifictícia dos Churchill, Alma lança lorde Eton para o topo, apenas para lá encontrar oposição.

Winston continuava um problema em casa. Havia estado com a duquesa de Marlborough em Grosvenor Square durante a viagem dos pais à Rússia e quase esgotara a paciência da avó com suas palhaçadas; mas ela adorava Jack, tão quieto e bem-comportado. Elisabeth Everest de modo algum era de seu agrado, sua natureza afetiva em franco contraste com a crescente irritabilidade e má disposição dela. Quando, já idosa, a exagerada babá adoeceu com difteria, encontrou pouca atenção da parte de Fanny.

O sucesso de Winston na escola e sua aprovação nos exames de admissão para Harrow foram um consolo para Jennie. Ela havia preferido esse local a Eton porque Harrow ficava num lugar elevado e era considerado mais saudável para os que sofriam de bronquite crônica.

Mas Winston não se saiu bem ali. O diretor da escola, Henry Davidson, relatou que ele era esquecido, descuidado, "irregular" e desatento aos horários; perdia os livros, ia mal nas provas e, se não desse um jeito em sua displicência, jamais teria sucesso; sua mania de pedir dinheiro emprestado aos colegas era uma calamidade. Os Churchill ficaram furiosos; lavaram as mãos com respeito a Winston e recusaram-se até mesmo a comparecer às reuniões de pais e mestres.

Durante todo aquele inverno, Leonard Jerome estivera ocupado procurando uma noiva para Blandford, alguém cuja família pudesse pagar o preço de mercado dos nobres ingleses. Havia se mudado para o Brunswick Hotel, estava sofrendo de artrite e recusava qualquer comida a não ser ostras engolidas com champanhe. Mas, finalmente, mandou boas notícias a Jennie: encontrara um par para Blandford. Lily Hammersley era gordinha, tinha um sombreado de bigode e era meio desajeitada; e também era muito rica. Natural de Troy, estado de Nova York, era conhecida socialmente como "Lily de Troy". Havia se casado em 1879 com o multimilionário homossexual Louis Carré Hammersley, que estava tendo um caso amoroso com o próprio pai; isso era um pouco demais até mesmo para a sofisticada Manhattan, e muitos o execravam. Em 1883, ao morrer, provavelmente um suicídio, deixou o equivalente hoje a 160 milhões de dólares, quantia mais do que suficiente para comprar um Marlborough. Quando Leonard comunicou a Jennie que Lily estava disponível e disposta, Jennie disse-o a Randolph, e Blandford partiu para Nova York.

O encontro foi arranjado num camarote do Metropolitan; funcionou, e Jerome escreveu a Clarissa dizendo acreditar bastante no casamento de Blandford com Lily Hammersley. Fingiu não ter nenhum papel no arranjo; ainda era o rei dos mentirosos. Mas disse a verdade quando acrescentou que Lily tinha "montes de metal". E Blandford não perdeu tempo em pedir a seus banqueiros que descobrissem quanto "metal" — ou seja, dinheiro — havia exatamente.

O assunto foi decidido; Leonard recebeu uma comissão pela venda de Blandford. Em 29 de junho de 1888, o prefeito de Nova York presidiu a cerimônia de casamento no City Hall. Um sacerdote da igreja episcopal recusou-se a conduzir o serviço religioso porque Lily havia sido casada anteriormente, mas um pastor batista o substituiu. Ao chegar a Blenheim, Lily ficou chocada com o nu de *lady* Colin Campbell sobre o leito conjugal e mandou destruí-lo.

Por ocasião das corridas de Goodwood naquela temporada, Moreton Frewen deu uma festa em homenagem a um milionário indiano de visita, o nababo *Sir* Salah Jung, em quem esperava despertar o interesse por investimentos. Na mansão de Frewen em Lavington Park, perto das pistas de corrida, Jennie, Randolph, John Delacour, Kinsky e Sunny, o filho de Blandford, rejubilavam-se na companhia uns dos outros. Randolph não demonstrava desconforto na presença dos amantes de sua mulher, tanto o antigo quanto o atual. Kinsky entretinha o grupo, atuando com sua banda de czardas húngaras; o magnata nova-iorquino W. Butler Duncan, que comprara a Escola para Meninas da Senhorita Green e a havia transformado em sua casa, também estava na festa.

Em novembro de 1888, apareceu um romance em que Randolph figurava como protagonista principal com o próprio nome. O jovem James M. Barrie, anos antes de ficar famoso como autor de *Peter Pan*, publicou por conta própria (pois fora recusado por todas as editoras de Londres) um romance sombriamente brilhante intitulado *Better Dead* (*Melhor morto*), cuja autoria mais tarde tentou renegar, sem sucesso. A obra tem paralelos intrigantes com *Clube dos suicidias,* de Robert Louis Stevenson. Andrew Riach, um jovem escritor em luta pelo sucesso, chega a Londres, onde entra para a sociedade secreta dos *Doing Without* ["os que vivem sem"], cujo propósito é eliminar homens famosos que obtiveram publicidade na proporção inversa de suas realizações. A cada membro da sociedade é confiada uma cota de vítimas por cuja eliminação será recompensado.

A Riach cabe Henry Labouchère, que continuava como editor da revista *Truth*. Pronto para matar, o jovem chega à casa de Labouchère; a vítima em potencial está prestes a sair para a igreja, um claro toque satírico, pois Labouchère era ateu. Labouchère o convida a entrar. Riach diz a ele que, se concordar em ser morto, alcançará uma imortalidade que não poderia obter de outra forma: na atual situação, dada sua fortuna, fama e poder, o melhor que poderia lhe acontecer seria uma promoção à Câmara dos Lordes, e isso mancharia sua imagem de radical. Labouchère acha a idéia inaceitável e ordena a seu mordomo que conduza o jovem à porta.

O próximo na lista de Riach é lorde Randolph Churchill. De início, ele planeja atirar em Randolph com "um rifle elétrico", mas decide que um punhal será mais eficaz — e discreto. De uma janela do Morley's Hotel, observa Randolph flanando logo abaixo, rindo-se do desconforto dos pedestres que tentavam atravessar a rua sob a chuva e fustigados pelo vento.

Seguindo-o passo a passo, vê que toma notas diante das vitrines. Descobre que os objetos de seu interesse são caixas de fósforos estampadas com fotografias de pessoas famosas; isso era a repercussão de um incidente infame, em que o redator e o editor de uma revista foram demitidos por usar, inapropriadamente, imagens das amantes do príncipe de Gales, as senhoritas Cornwallis-West e Lillie Langtry, com fins lucrativos. A um passo de Randolph agora, Riach prepara-se para sacar o punhal, mas *Sir* William Harcourt, gladstoniano convicto e inimigo político da vítima, interpõe-se por acaso entre eles, ironicamente salvando a vida de Randolph. Quando, já desesperado, Riach corre atrás de sua vítima potencial, outra figura política, Henry Chaplin, tromba com ele e de novo o golpe de morte é frustrado. Finalmente, no saguão do Grand Hotel, Riach perde Randolph de vista na multidão e tem de se contentar com um pé de sapato da vítima. O final da história mostra Riach casado e feliz, e sobre o piano de sua sala de estar repousa o pé de sapato, como suvenir.

Em vez de ser indiciado por calúnia, Barrie recebeu um bilhete cordial do retratado dizendo ter achado a história divertida; tal reação refletia o humor de Randolph, uma imagem bem diferente do tipo amargo, sombrio e deprimido registrado, por historiadores até os dias de hoje.

Uma das razões de tanto ele quanto Jennie estarem de bom humor era sua participação no *Beefsteak Club*. Essa alegre confraria de atores e amantes do teatro tinha sede no antigo salão onde se guardavam os móveis usados do Teatro Lyceum. Ali, *Sir* Henry Irving, estrela soberana de Londres, e sua parceira Ellen Terry, igualmente lendária, reuniam-se para representar peças de Shakespeare. Desde a noite memorável de janeiro de 1876, em Dublin, em que Randolph ousara dizer a Irving que nunca havia lido uma peça do bardo, os Churchill raramente perdiam suas produções quando na Inglaterra. Randolph veio a adquirir um conhecimento enciclopédico do cânone e podia discutir todas as obras com surpreendente erudição, e o mesmo acontecia com Jennie. Nas noites do *Beefsteak*, o príncipe e a princesa de Gales muitas vezes participavam das discussões eruditas e encharcadas de álcool no grandioso salão forrado de lambris de carvalho e flanqueado de retratos dos maiores atores.

Certa noite, Irving e Ellen preparavam uma produção de *Macbeth* (supersticiosamente mencionada na conversa como "a peça escocesa"), quando Jennie chegou num luxuoso vestido verde-escuro cujo corpete era enfeitado com imitações de asas de besouros. Ellen ficou encantada com a roupa e perguntou se podia usá-la para representar *lady* Macbeth; Jennie concordou na hora, tornando famosa a vestimenta nos anais do teatro. John Singer Sargent retratou Ellen Terry vestindo-o, e o retrato foi doado à Tate Gallery de Londres.

Quatro dias depois do Natal, Jennie rejubilava-se na estréia de *Macbeth*, vendo seu vestido provocar uma onda de aplausos. Como uma homenagem, Sargent fez um esboço a carvão da própria Jennie, que se tornou quase tão famoso quanto o vestido de *lady* Macbeth.

Os primeiros meses de 1889 foram tomados por visitas a Blenheim, onde Lily Marlborough mostrava-se a parente e amiga mais extravagante de Jennie. Com milhões para gastar, encomendou eletricidade e aquecimento central, aboliu candelabros e instalações a gás, trocou o telhado, instalou um órgão na biblioteca e esbanjava em festas de sociedade nas quais Jennie, Fanny Ronalds e Pearl Craigie cantavam e tocavam piano. Jennie, bem como Consuelo Mandeville, a adoravam. As três americanas com freqüência se reuniam felizes no palácio que, de uma pilha de pedras fria e deprimente, havia sido transformado num lar muito mais aprazível. Lily conseguiu até instalar banheiros em número suficiente, e os penicos foram banidos; deu a Blandford um laboratório ampliado, no qual ele podia conduzir seus experimentos até se fartar.

Havia indicações de que o processo de lorde Brooke contra sua mulher, citando Blandford e Randolph como co-réus estava prestes a estourar, mas ainda não era a ocasião para isso. Naquele verão, Jennie ficaria fascinada por um novo grande caso judicial.

Capítulo oito

Georgiana Charlotte, filha do 1º conde Howe e esposa do 8º duque de Beaufort, era uma das amigas mais próximas de Jennie. Um de seus filhos, lorde Arthur Somerset, era escudeiro do príncipe de Gales, e Jennie o via freqüentemente com Georgiana em Badminton, sede da família em Beaufort, nas corridas de cavalos. Sua homossexualidade era conhecida por toda a sociedade, inclusive por Jennie, que não tinha preconceitos homofóbicos.

A *cause célèbre* que ficou conhecida como o caso da rua Cleveland começou em julho de 1889, quando se descobriu que um garoto de quinze anos de idade, escriturário dos correios de Londres, furtara quatorze xelins. Interrogado, o menino negou o roubo, mas disse que lhes haviam sido dados por um cliente numa casa de prostituição masculina no número 19 da rua Cleveland, saindo da Tottenham Court Road.

Um outro prostituto foi interrogado e nomeou lorde Arthur Somerset como o cliente mencionado; investigações posteriores revelaram que a clientela do bordel incluía o duque de Clarence, filho mais velho do príncipe de Gales e herdeiro potencial do trono (embora viesse a morrer antes do pai).

O dono do bordel fugiu para a França e depois para a Califórnia — e não foi pego. Assim que a realeza foi citada, departamento após departamento de governo foi passando o assunto de escritório em escritório; ninguém queria lidar com coisa tão explosiva. A polícia interrogou lorde Arthur por duas vezes e o aconselhou a nada declarar; foi solicitado a Jennie, Randolph e seu círculo que não se manifestassem. Em vez de ser preso, lorde Arthur foi autorizado a deixar o país para encobrir a verdade; podia até mesmo retornar para eventos esportivos, a fim de aplacar as más línguas. Para salvar as aparências, continuou a residir com o príncipe de Gales, que se recusava a crê-lo capaz daquela baixeza.

O príncipe, iludido, convidou lorde Arthur para acompanhá-lo ao balneário de Bad Gastein para uma temporada. Enquanto isso, munido de informações vazadas, Labouchère assumiu a questão e exigiu a prisão do lorde. É claro que, para protegê-lo, Jennie conseguiu que Kinsky o ajudasse no exílio. Não há evidência de que o jovem já conhecesse Kinsky, e somente Jennie saberia do paradeiro de Kinsky na ocasião ou estaria em posição de pedir-lhe ajuda para um homossexual foragido.

Os dois se encontraram em Budapeste, onde Kinsky estava de passagem numa missão diplomática. Numa atitude decente, ele se dispôs a comprar cavalos dos estábulos de Somerset em Londres para financiar o exílio de lorde Arthur, mas Somerset disse que não ousaria ir à Inglaterra para cuidar dos detalhes. Kinsky então fez a mais generosa das propostas: daria a ele a administração da magnífica propriedade de um primo seu na Áustria, sem custo de hospedagem e com o comando de uma vasta criadagem; o contrato seria por doze meses, enquanto seu primo viajava pelo exterior. Com inacreditável tolice, lorde Arthur não aceitou, dizendo que não tinha a menor idéia de como administrar uma grande propriedade. A irmã de Somerset ficou consternada; registrou em seu diário estar certa de que o conde Kinsky agira como o anjo que sempre fora, e repreendeu Arthur severamente por sua ingratidão.

Em vez de administrar centenas de hectares de terras austríacas, lorde Arthur foi para Viena, onde de novo escapou por um triz de ser preso quando a polícia pôs rapazes de aluguel em seu caminho; teve apenas o suficiente bom senso de rejeitá-los. Em janeiro de 1890, num julgamento dos prostitutos da rua Cleveland (com a exclusão do nome do duque de Clarence e a menção a lorde Arthur como "Mr. Brown"), o advogado de Somerset, Arthur Newton, foi expulso da corte e levado à prisão por ter arquitetado a fuga de seu cliente, o dono do bordel, dessa forma obstruindo a ação da justiça. Como H. Montgomery Hyde revelou em seu livro *O caso da rua Cleveland*, o verdadeiro motivo da prisão foi impedir que ele se referisse à conexão real, que ameaçava expor. Se pronunciasse uma única palavra, coisa muito pior lhe poderia acontecer. Labouchère convocou uma Comissão Especial de Investigação na Câmara dos Comuns, mas, compreensivelmente, não teve sucesso, e as coisas ficaram por aí.

Harry Tyrwhitt-Wilson, amigo de Randolph, teve parte na história. Em 21 de dezembro de 1889, pouco antes de lorde Arthur partir para Budapeste e do encontro com Kinsky, Tyrwhitt enviou-lhe um bilhete forjado em papel timbrado do príncipe de Gales no qual, imitando sua caligrafia, dizia, numa referência direta ao perigo de lorde Arthur expor um membro da família real:

> Você está determinado a acrescentar traição e vergonhosa ingratidão à bestialidade? Pelo amor de Deus, negue as calúnias imundas de sua família.

A referência era ao irmão de lorde Arthur, Harry, que, para proteger a própria homossexualidade, o havia denunciado à polícia.

O ano de 1889 trouxe não apenas as tensões do caso da rua Cleveland, mas o choque do fracasso de Randolph em obter a cadeira de Birmingham no Parlamento após a morte de seu velho inimigo John Bright. Irrefletidamente, ele deixou nas mãos de uma panelinha de liberais-sindicalistas liderados por um falso amigo, o traiçoeiro Joseph Chamberlain, a decisão sobre se deveria ou não concorrer. Jennie o acusou de covardia — estava furiosa com ele por causa disso —, mas a possível briga do casal foi rapidamente sanada pelo crescente interesse que compartilhavam pelas corridas de cavalos; seu cavalo Abbesse de Jouarre ganhou as competições nas pistas de Oaks naquele ano.

Em fevereiro de 1890, Jennie estava em Cannes, consolando-se com os ganhos nas mesas de jogo da notícia do noivado de seu ex-amante John Delacour com a herdeira de Lancashire, Harriet Theresa Towneley; eles se casaram em finais do ano. Leonard a acompanhava, ainda pior de saúde e muito fraco. Ela enviou uma adorável cesta de laranjas para Winston, que sofria com a umidade de Londres. De volta à Inglaterra, em 1º de março, pôde rir de uma caricatura do *Punch* sobre ninguém menos que Randolph propondo uma Lei de Temperança na Câmara dos Comuns.

Mas foi um verão miserável: Winston estava indo muito mal em Harrow, tanto que Randolph desistiu outra vez dele e parecia de fato odiá-lo. Jennie estava amargurada, e escreveu ao filho na escola sobre sua infelicidade.

Houve uma pequena recompensa em 10 de julho de 1890, quando Winston, então com quinze anos, foi admitido na Liga da Prímula. Pouco antes, Jennie e Randolph haviam alugado uma casa de campo em Banstead, próxima às pistas de Newmarket.

No rigoroso inverno de janeiro de 1891, desligando-se dos problemas de saúde de seu pai, Jennie acompanhou Randolph a Wretham Hall, em Norfolk, como hóspedes do barão austríaco Maurice de Hirsch, amigo e financista de Kinsky e do príncipe herdeiro Rudolph. Numa festa de fim de semana estavam o próprio Kinsky, lorde e *lady* Brooke, lorde Hartington e Henry Chaplin; o príncipe de Gales era o convidado de honra.

No meio da festa, o príncipe, de modo chocante, informou que estava sendo processado por calúnia por *Sir* William Gordon-Cumming, antigo pretendente de Jennie, após ele e outros terem acusado

Sir Henry de roubar no jogo de cartas na propriedade de Tranby Croft, em Yorkshire.

Jennie, Randolph e os demais convidados ficaram estupefatos. Todavia, por ocasião da audiência, em junho seguinte, como era de se esperar, *Sir* William perdeu a causa. Foi o fim de sua carreira social, mas, em compensação, ele possuía milhões de libras e 16 mil hectares de terras adequadas à caça da galinha-brava.

De volta a Londres, Jennie recebeu péssimas notícias. Suas irmãs estavam em Brighton cuidando do pai, gravemente afetado pela doença. O velho pirata estava esgotado. Sua longa carreira de alegres trapaças havia ficado para trás, junto com os escombros das vidas arruinadas dos acionistas que levara à falência com suas manipulações. Ele estava reduzido a viver num humilde apartamento; suas pernas estavam inchadas com flebite, apanhara uma pneumonia e, agora, tinha uma doença cardíaca. Com sua dieta costumeira de ostras e champanhe, morreu silenciosamente. Robert, filho de Abraham Lincoln e agora representante diplomático junto à corte inglesa, compareceu ao funeral na capela de Grosvenor, em Londres. Moreton Frewen fez o translado do corpo através do Atlântico para enterrá-lo nos Estados Unidos. Por singular ironia, Leonard não foi enterrado no cemitério de Woodlawn, onde tinha interesses financeiros desde os velhos tempos do Bronx, mas, por engano, no de Greenwood, onde nada possuía.

Então, por fim, veio à tona o romance da queridinha Daisy: o processo de lorde Brooke contra sua mulher, em que Blandford e Randolph seriam citados como co-réus.

Os fatos eram claros. Daisy, passando da cama de Blandford para a de lorde Charles Beresford, ficou irritada quando Beresford voltou para sua mulher, e ainda mais contrariada quando *lady* Beresford ficou grávida, prova indubitável de relações conjugais restauradas. Daisy enviou a Beresford um bilhete furioso, acusando-o da ofensa mortal de ser pai de um filho que não era dela; *lady* Beresford, imitando um costume típico dos criados da época, abriu a carta com vapor antes que seu marido pudesse lê-la.

Transtornada, *lady* Beresford dirigiu-se a *Sir* George Lewis, procurador dela e dos Churchill, que prometeu fazer o que pudesse, mas, muito inadequadamente, contou a Daisy que seu recado havia sido interceptado. Alarmada com a eventualidade de um escândalo caso isso viesse a público, Daisy, a conselho de Lewis, foi ao príncipe de Gales, que a olhou de alto a baixo e, enxergando nela uma promessa para seus travesseiros, ofereceu ajuda.

Ele pediu a Lewis que destruísse a carta, mas esse se recusou, a menos que *lady* Beresford concordasse. O príncipe foi visitá-la, mas ela não cedeu a seus propósitos e informou ao marido, na ocasião conduzindo manobras navais no Mediterrâneo. Lorde Beresford retornou a Londres, entrou furioso na mansão real dos Marlborough e brandiu o punho na cara do príncipe, denunciando-o como um canalha por tentar suprimir o bilhete. Naquela altura, Daisy já estava firmemente instalada no leito real.

Não sendo um corno condescendente, lorde Brooke fez planos de divórcio com a colaboração de Lewis, citando Randolph, Blandford e Beresford como co-réus, mas a influência real impediu que o caso fosse levado aos tribunais. Estabelecida como amante do príncipe de Gales, Daisy representava grande perigo para o trono caso falasse à imprensa; ficou claro que o caso Tranby Croft jamais teria vindo a público se ela não tivesse dado com a língua nos dentes.

Nesse ínterim, Randolph partira para a África do Sul a serviço dos Rothschild; os outros investidores da viagem eram seus parentes lorde e *lady* Wimborne. Os Churchill tinha investimentos em ouro e diamantes na África do Sul por meio de Natty e do plenipotenciário Cecil Rhodes, primeiro-ministro da colônia do Cabo, que haviam conhecido em Londres. Numa jogada que Winston mais tarde imitaria, Randolph assinou contrato com o *Graphic* de Londres para escrever uma série de artigos sobre sua viagem.

Ao que parece, ele cometeu um erro ao informar seus leitores de que tanto a British South African Company, respaldada pelos Rothschild e depositária de aplicações em ouro, quanto a famosa DeBeerds

Diamond Company estavam em dificuldades; mas havia método nessa loucura. Seguindo os mesmos passos de Leonard Jerome, Randolph esperou que as ações caíssem e comprou-as na baixa, ganhando uma fortuna. De início, Natty Rothschild enfureceu-se com ele, mas se beneficiou mais tarde imitando-o; nem ele nem seus sócios tiraram os Churchill de sua agenda.

Na ausência de Randolph, Kinsky ficou ao alcance da mão na casa de Clarita e Moreton Frewen em Londres, onde continuava dormindo com Jennie. Certa manhã, Winston, que admirava Kinsky e o considerava como um segundo pai, encontrou-os juntos no café-da-manhã, ao passar por lá bem cedo. Jennie o havia convidado; queria que Winston soubesse.

Kinsky era tão devotado ao rapaz de 16 anos como se fosse seu próprio filho. Levava-o aos teatros e ao Lord's para as finais do campeonato de críquete e, quando o kaiser Guilherme II da Alemanha foi a Londres, providenciou para que Winston participasse das festividades. Levou o rapaz ao Palácio de Cristal em sua carruagem e assistiram a dois mil bombeiros, com equipamentos puxados a cavalo, desfilar para o visitante real; compareceram ao banquete que se seguiu e beberam muito champanhe.

Quando um oficial tentou impedi-los de operar um bondinho aéreo, Kinsky quase quebrou o braço do homem. Depois do desfile, ele e Winston venceram todos os participantes numa corrida de carruagens até o West End de Londres. Em agosto, Kinsky estava em Banstead ensinando Winston e Jack a atirar e a cuidar dos alvos; dormia no celeiro quando a casa estava cheia de hóspedes, de modo que Jennie pudesse visitá-lo durante a noite.

Winston foi influenciado por Kinsky, de quem ganhou um rifle de presente, no sentido de seguir a carreira militar; falava-se de mandá-lo para Sandhurst. O garoto estava cheio de sonhos imperiais; adorava os romances patrióticos de H. Rider Haggard, especialmente *As minas do rei Salomão*, com suas histórias de aventuras na África, o nome eroticamente sugestivo das montanhas Seios de Sheba que abrigavam o lendário tesouro, os três aventureiros ameaçados por tribos nativas.

Grande parte do ano de Jennie era tomada por assuntos relacionados ao mau comportamento de Winston: ele foi acusado de roubar uma toalha de mesa; gastava tudo o que recebia dos pais, bem como o dinheiro de Elisabeth Everest. Mostrando seu exagero típico, a velha ama escreveu que morreria de fome se as exigências de Winston continuassem. Em dezembro, Jennie enviou o rapaz a Paris para estudar francês sob os cuidados do barão de Hirsch; Winston chamou Hirsch de "um pequeno bruto" e protestou histericamente porque não estaria em casa no Natal. Amaldiçoou sua sorte, resmungou e gemeu; mas Jennie (e o diretor de Harrow) não cedeu. Por fim, Winston buscou alguns amigos de Jennie, que, sabendo ser ele uma encrenca, adiaram ao máximo a hora de encontrá-lo. Entre eles estava Thomas Trafford, marquês de Breteuil, e, finalmente, ninguém menos que o próprio barão de Hirsch.

Na ausência da companhia de Randolph ou Winston, Jennie enfrentou uma pequena crise doméstica: Elisabeth Everest quase provoca a saída de Rosa Ovendon, a indispensável governanta e cozinheira. No dia de Natal, Elisabeth insistiu em tocar música num pente coberto com papel de seda para o pessoal da cozinha dançar uma giga; Rosa não durou muito tempo na casa depois disso.

Finalmente, Randolph voltou da África. Levando Jack, Jennie fez uma perigosa viagem em péssimas condições climáticas para recebê-lo ao desembarcar do navio em Portsmouth, mas perdeu todas as conexões. Quando finalmente o encontraram, ele não estava bem; padecia de novos sintomas da doença de Raynaud. Sentia arrepios dolorosos nas mãos e nos pés, bem como espasmos generalizados e sensações de dormência, anestesia e formigamento, só aliviadas com compressas quentes ou banhos de vapor. Quando a circulação voltava, as partes afetadas ficavam vermelhas e inchadas, muito sensíveis e doloridas; aplicações de calor ajudavam, mas os sintomas retornavam com freqüência, especialmente em clima frio. Randolph sofreria de Raynaud pelo resto da vida; parecia prematuramente envelhecido, calvo, com uma barba emaranhada e malcuidada, o que era o bastante para preocupar a família.

O choque de sua reaparição na Câmara dos Comuns causou frêmito nos partidos da oposição. Era inacreditável que aquele orador dinâmico e potente fosse visto com as faces pálidas e as mãos trêmulas calçando luvas pesadas; correram rumores de sífilis. Compreendendo que a carreira política de seu marido estava acabando e que pouco podia fazer para ajudá-lo, Jennie partiu para Monte Carlo em março, tolamente apostando e perdendo o dinheiro de que precisava para a educação dos filhos. Anunciou que sua bolsa havia sido roubada, provavelmente como um álibi.

Suas perdas e as de Randolph no bacará e na roleta forçaram os Churchill a entregar a casa de Connaught Place, após dez anos, e se mudar com Elisabeth e os garotos, infelizes, para o número 50 de Grosvenor Square, para a casa da duquesa viúva de Marlborough. Nessa ocasião, Jennie achou um novo amante: o belo Frederic Carr Glynn, de 28 anos, barão de Wolverton, um liberal cujo pai havia sido um esteio de Gladstone. Lewis Harcourt anotou em seu diário, em agosto de 1892, que Jennie de fato morava com Wolverton, citando Randolph e Natty Rothschild como fontes da informação. Randolph, entretanto, parecia não se importar; aparentemente, não estava mantendo outras ligações amorosas nem dormindo com Jennie — e passava muitas noites no Clube Carlton.

Wolverton integrava a comitiva do príncipe de Gales e, como Randolph, era cria de Eton e Oxford. Estava noivo de *lady* Edith Amelia Ward, filha do conde e da condessa de Dudley, amigos de Jennie; ele e Jennie passavam muito tempo na Escócia, onde os Wolverton tinham propriedades.

Naquele ano, Jennie teve muito o que fazer com sua amiga dos tempos de escola, Consuelo Yznaga. Após a morte do sogro, Consuelo tornara-se duquesa de Manchester. Seu marido, lorde Mandeville, estava muito desfalcado de dinheiro fazia algum tempo. Em seu último ano de vida, Leonard Jerome havia feito o que podia para escorar a situação agenciando um casamento do irmão de Consuelo, Fernando, com Jennie Vanderbilt, irmã do riquíssimo William K. Vanderbilt, mas o casamento não durou, e o apoio de Vanderbilt foi retirado.

O pai de Consuelo não podia ajudar. Mandeville dilapidou o que restara de seu dinheiro em lutas de boxe e nas extravagâncias de sua amante, a travesti masculina Bessie Bellwood, que, vestida de fraque e cartola e fumando um charuto, cantava canções obscenas em teatros de variedades. Quando o velho duque morreu, Consuelo e Mandeville herdaram uma propriedade quase falida; o próprio Mandeville havia declarado falência em 1888. Num julgamento sensacional, Bessie Bellwood processou Mandeville por abandoná-la e ganhou a causa.

Em agosto de 1892, Mandeville estava à morte e Consuelo ao pé de sua cama, embora sua sogra não chegasse a tanto. Durante anos, a terrível ex-duquesa alemã havia sido amante de lorde Hartington, agora duque de Devonshire. Numa atitude típica, abandonou o filho no leito de morte e, aos 60 anos, casou-se com Devonshire. Dois dias depois, Mandeville expirou.

Enquanto Jennie estava vivendo com lorde Wolverton, adoeceu de repente. Levada da Escócia para Grosvenor Square, foi atendida pelo Dr. Robson Rose e por um especialista em doenças femininas, o Dr. George Keith. Foi diagnosticada como sofrendo de peritonite pélvica, condição perigosa que poderia ter origem venérea ou sido causada por um aborto ou por apendicite. Ficou de cama por várias semanas e, com sorte, sobreviveu.

Em novembro, não pôde viajar para uma reunião de família em Blenheim, quando Blandford e Lily convidaram Randolph e ela para se juntarem a Clarita e Moreton Frewen, Leonie e *Sir* John Leslie, Consuelo Manchester, Albertha e várias irmãs e cunhados de Randolph. Durante a reunião, na manhã de 9 de novembro, um pajem encontrou Blandford em seu quarto com o que descreveu como "uma expressão terrível" no rosto, exatamente como acontecera com o pai. Seu coração havia se calcificado, uma condição normalmente constatada em homens muito mais velhos. Randolph e o resto da família tomaram a medida inusitada de encomendar uma investigação. Claramente, o motivo, já que não se podia suspeitar de alguma jogada escura, eram razões econômicas: o suicídio (e Blandford era depressivo e histericamente autodestrutivo) eliminaria qualquer pagamento à viúva. O veredicto foi morte por causas naturais; o seguro de um milhão de libras, hoje equivalente a pelo menos cinqüenta milhões, foi pago a Lily.

Jennie não teve forças para deixar Londres e ir ao funeral, no qual Albertha comportou-se da maneira ultrajante de sempre. Não satisfeita em oferecer uma coroa funerária vulgar e ostentosa com flores que Blandford detestava, incluindo gladíolos e calêndulas, anunciou no meio da cerimônia que encontrara um novo amante: lorde William Beresford, que, em 1895, se casaria com Lily e realmente não tinha interesse algum em Albertha. Charles Richard John, seu filho de 21 anos, agora seria duque de Marlborough, mas ninguém se entusiasmava com essa perspectiva. Sunny, como era conhecido, era um tipo fraco e insignificante, mas, pelo menos, ao contrário do pai, era alegre, animado e não usava drogas.

Revelou-se que Blandford havia deixado o equivalente hoje a um milhão de libras para *lady* Colin Campbell, que ousara aparecer em Blenheim por diversas vezes após o casamento de Blandford, atormentando Lily e eclipsando-a facilmente em aparência. Em certa ocasião, sugeriu a Lily que removesse sua "barba" com um barbeiro perito. Agora, ela podia continuar vivendo indefinidamente em seu magnífico *palazzo* em Veneza, cercada por seu bando de criados.

Lily vasculhou os armários que Blandford a proibira de abrir, achou montes de quadros retratando *lady* Colin e os estraçalhou. Partiu depois para Londres, a fim de persuadir o editor da *Pall Mall Gazetti* a não publicar um artigo que Blandford escrevera pouco antes de morrer, enumerando todas as suas amantes em ordem cronológica. O editor foi um cavalheiro, e ela foi atendida.

Lily desistiu do odiado palácio de Blenheim e mudou-se definitivamente para Brighton, onde Jennie era hóspede freqüente no número 8 de Brunswick Terrace. Ela logo se tornou a adorada amiga e aliada de Winston e Jack, que sempre a chamaram de "duquesa Lily".

Após os ritos funerários em Blenheim, Jennie ouviu a triste notícia sobre o fim da pista de corrida de cavalos de seu pai. Um grupo as havia comprado do testamenteiro de Leonard, William A. Duer, demolido a sede do clube, arrancado a pista e dividido a propriedade. Mais tarde, a terra foi vendida para a Câmara de Vereadores do Bronx, que construiu ali um reservatório.

Havia muito que a Central Avenue de Nova York fora renomeada Avenida Jerome. O conselho municipal, influenciado pelos novos proprietários, tentou restaurar o nome original, mas a viúva de Lawrence Jerome, Kate, reagiu com fúria e cavalgou ao longo de toda a avenida derrubando todas as placas de madeira fixadas às pressas. As autoridades, incapazes de resistir a tamanha determinação, mantiveram o nome de Jerome.

Foi somente em janeiro de 1893, depois de cinco meses de convalescença, que Jennie se recuperou. Mas então sofreu um choque no dia 10, enquanto se hospedava com a cunhada de Randolph, *lady* Wimbourne, na mansão de Bournemouth. Winston, seguido de Jack, havia saído para uma caçada selvagem numa floresta. Encurralado numa pinguela, pulou num galho de árvore para escapar; começou a escorregar pelo tronco, mas não conseguiu se segurar, e caiu de uns oito metros. Sua queda foi atenuada pela ramagem; caso contrário, teria morrido.

Jack correu para a casa e contou a Jennie o que acontecera; ela correu para o local, aninhou Winston em seus braços e deu-lhe um trago de conhaque, chamando em seguida o Dr. Roose. Randolph veio da Irlanda. Além dos vários arranhões, Winston machucou o pescoço: pelo resto da vida, as radiografias continuaram a acusar o dano, e ele padeceu de dores recorrentes por muitos anos. Mas, ao contrário do que relatou em suas memórias, não sofreu nenhuma lesão nos rins.

Seu acidente foi alvo de zombaria. Havia uma piada anônima muito contada em Londres, em forma de diálogo:

> PRIMEIRO MEMBRO DO CLUBE: Ouvi dizer que o filho de lorde Randolph teve um sério acidente.
> SEGUNDO MEMBRO DO CLUBE: Sim, brincando de "siga o líder".
> PRIMEIRO MEMBRO DO CLUBE: Bem, não parece provável que Randolph fique desapontado com isso.

Poucas semanas depois, Fanny, a duquesa viúva de Marlborough, para fúria eterna de Winston, despediu Elisabeth Everest. Tamborilar com pente na cozinha teria sido razão suficiente, mas a velha e calorosa ama era, sem dúvida, desnecessária naquela casa pouco amistosa. Elizabeth mimara constantemente o rapaz, agora com 18 anos — algo que Jennie e Randolph haviam tentado evitar; ele permaneceu um indivíduo mimado durante sua longa e inigualável carreira política. Elizabeth, sustentada por uma pequena pensão e algum trabalho eventual para Randolph, Winston e Jennie, morreu em 1895, com pouco mais de duzentas libras em seu espólio; seus amados garotos a visitavam sempre que podiam.

Em abril de 1893, Jennie estava em Paris. Aos 39 anos de idade, em sua velha forma, passeava de carruagem, patinava, apostava nas corridas de cavalos e dançava a mais não poder em bailes da sociedade. Randolph afundara-se de novo na política. O Parlamento, com a reforma eleitoral, abolira Woodstock, seu distrito eleitoral cativo, e ele se ocupava em representar South Paddington, Londres, e concorrer, sem sucesso, por Bradford; era agora um *tory* mais liberal que nunca, apoiando cada vez mais abertamente o velho Gladstone, em vez de lorde Salisbury. Naquele verão, Winston finalmente foi para Sandhurst; Randolph não se entusiasmou, escrevendo-lhe, como um pai outrora extremoso, mas agora decepcionado, que ele deveria ter se alistado na infantaria, consideravelmente superior à cavalaria. Advertiu-o de que estava destinado a ser "um refugo social, um dentre centenas de fracassados das escolas públicas;... você vai degenerar numa existência miserável, infeliz e fútil". A carta ficou gravada na memória de Winston pelo resto da vida.

Os Churchill partiram com os filhos para um passeio pela Suíça; em Kissingen, lugar predileto de Randolph e Jennie em anos anteriores, Otto von Bismarck, que já não era chanceler da Alemanha, foi visitar Randolph enquanto Jennie estava fora com amigos; com a memória falhando, Randolph, numa carta para sua mãe descrevendo o encontro com Bismarck, mostrou não ter se lembrado da visita anterior a Bad Gastein, quando o chanceler o hospedara.

De volta a Londres, com Winston acomodando-se em Sandhurst, Randolph por fim abrandou sua atitude para com o filho errante, mandando-lhe charutos, acompanhando-o ao teatro e às pistas de corrida nas folgas escolares. A razão dessa mudança pode ter sido, em parte, o declínio de seu estado de saúde; sabia instintivamente que tinha pouco tempo de vida.

O doutor John H. Mather, como historiador médico de Churchill, obteve registros que mostram Randolph sofrendo continuamente do mal de Raynaud ao longo de grande parte do ano de 1893 — tonteiras, palpitações e dormência nas mãos e nos pés — e não, como afirma a maioria, de cegueira sifilítica terciária, surdez e uma incipiente demência. No obstinado amor por Jennie, expresso em cartas escritas quando ela estava em Paris em abril daquele ano, não há sinais de desordem mental, e não houve indícios de demência sifilítica nas vezes em que foi à Câmara dos Comuns. Em 28 de maio, trocou ironias com Herbert Asquith na Câmara dos Comuns sobre o assunto premente das "furiosas corridas de bicicleta". Rawson Shaw, representante de Halifax, levantara a questão de os adeptos das corridas estarem causando acidentes; Asquith declarou que a polícia estava pronta para quaisquer contingências. Randolph perguntou: "Foi a atenção de Vossas Excelências despertada para o caso dos biciclos que nos atropelam furtiva e silenciosamente?" Asquith retrucou jocosamente: "Minha experiência não se assemelha à do nobre senhor. Ouço-os continuamente soando suas campainhas." A casa explodiu em risadas.

No outono, Randolph dava sinais de severa neurose. Tinha dificuldade de falar tanto nos palanques de província quanto na Câmara dos Comuns. Quando, numa caçada de fim de semana, atirou acidentalmente num cãozinho bassê de *lady* Curzon, devolveu-o empalhado à dona; numa festa oferecida pelo médico da sociedade Henry Thomsen, reclamou aos berros de que o prato de caça que lhe fora servido estava mal cortado; exigiu uma nova porção e, ao recebê-la, devorou-a como um lobo. Padecia de dores de cabeça tão severas que mal podia se agüentar.

Baseando-se nos relatórios do doutor Ralph Buzzard, médico de Randolph, o doutor Mather concluiu que, com toda certeza, o paciente, àquela altura, além do problema nervoso e da doença de Raynaud, tinha um tumor no lado esquerdo do cérebro, resultado talvez de toda uma vida como fumante inveterado, consumidor de quarenta cigarros por dia. Randolph foi sujeitado à clássica medicação vitoriana de láudano como analgésico, e beladona e digitális para o problema cardíaco. Jennie teve de encarar a perspectiva de assistir à morte de seu amado marido. Randolph voltou a Bad Gastein para duas temporadas de hidroterapia, mas não surtiram efeito. Em consulta com Roose e Buzzard, disse que gostaria de fazer um tour pelo mundo, o que eles corretamente consideraram fora de cogitação. Randolph alimentava a desesperada esperança de que a viagem pudesse ser restauradora; sua coragem e sandice eram tão óbvias como sempre haviam sido.

Em 8 de junho de 1894, escreveu à mãe dizendo ter combinado com Jennie afastar-se da vida política por um ano, que a "Nova Corte" (Natty Rothschild) já fizera todos os arranjos para uma viagem pelo mundo e que a excessiva prudência de seus médicos era absurda. Embora sua viagem ao continente não lhe houvesse feito bem, o que admitia, estava certo de que essa outra o faria; não temia o calor de Manhattam depois da Índia, da África do Sul e do Egito. Roose e

Buzzard imploraram a Jennie que desse um basta ao projeto insano, mas ela sabia, de prolongada experiência, que seria inútil tentar.

Com uma criada, dois pajens e o doutor George Keith, um colega de Roose (e uma estranha escolha, pois era ginecologista), além de um caixão para qualquer emergência, os Churchill partiram para a primeira etapa de sua viagem pelo mundo no dia 28 de junho de 1894. Chegando a Nova York, defrontaram-se com uma avassaladora onda de calor e uma greve ferroviária que paralisara a cidade, de forma que o líder político Chauncey M. Depew fretou um trem especial para levá-los a Bar Harbor, no Maine, onde também se encontrava presente lorde Wolverton — que, para infelicidade de Jennie, ainda estava noivo de *lady* Edith Amelia Ward, filha do conde de Dudley.

Enquanto Randolph e Jennie prosseguiam em sua viagem, com Randolph tendo crises intermitentes devido à doença de Raynaud e ao câncer no cérebro alternadas com períodos de alívio, Kinsky ficou como pai substituto de Winston e Jack. Em agosto, levou os garotos à grande Exposição de Bruxelas, onde era adido diplomático, e garantiu que se divertissem a valer. Para desespero de Jennie, Randolph caiu doente de novo em Banff, Alberta; sua fala era irregular e confusa e tinha que tomar soníferos à noite. Todavia, na Califórnia ele recuperou a coerência, escrevendo um bilhete ríspido a Winston opondo-se à idéia de seu alistamento num regimento de cavalaria. Em setembro, no Japão, estava cheio de alegria, incontrolável e recusando remédios; em outubro, ainda no Japão, sofreu uma hemorragia, sintoma típico de um tumor no cérebro.

Passava por violentas mudanças de humor, tornando quase insuportável a vida de Jennie; despediu um dos seus pajens e ameaçou atacar um guia turístico. Escreveu à mãe que precisava mergulhar mãos e pés em água quente para restaurar a sensibilidade, que padecia de frio nos dedos das mãos e dos pés e que fora obrigado a comprar luvas e pantufas de peles. Fingia estar melhor da doença de Raynaud e atacava o doutor Keith por não enxergar isso, mas sua caligrafia não podia trazer consolo algum à mãe — era uma garatuja desesperada, quase ilegível.

Em finais de outubro, estava tendo delírios, e sua alternância de estados violentos e apáticos deve ter arrastado Jennie aos infernos. Em Londres, Roose, que incorretamente havia diagnosticado sífilis, fez Winston comparecer a seu consultório para comunicar, em segredo, a notícia do engano. O choque de Winston foi além da imaginação. Em meados de novembro, em Cingapura, Randolph perdia peso, seu queixo e seus lábios ficaram paralisados, seu andar trôpego e hesitante. Insistiu em passeios de bonde em Hong Kong, em ir a festas e comparecer a um almoço do marajá na Índia; depois, insistiu em ir a Birmânia contemplar os frutos de seu triunfo de 1866.

Desejava visitar os Lagos Reais e o templo pagão de Schwei Dagon; quando os Churchill chegaram a Mandalay, os parentes do rei exilado Thibaw foram forçados a receber o casal que destruíra seu líder querido. Ironicamente, foi lá, no cenário da questionável vitória de seu marido, que Jennie experimentou sua maior derrota pessoal.

Decepcionado por ela não lhe ter prometido casamento quando ele havia enfrentado a forte oposição de sua aristocrática família para lhe pedir a mão, Kinsky telegrafou dizendo que estava noivo da bela e rica condessa Elizabeth Wolff-Metternich, cujo irmão mais tarde se tornaria embaixador junto à Corte de St. James; foi um golpe devastador, e ela decidiu que deviam voltar para casa. Pouco depois, soube que Wolverton também se casaria em breve.

Jennie sofreu amargamente nas sete semanas da viagem de retorno. Escreveu a bordo do navio à irmã Leonie dizendo que Kinsky era o único homem com quem poderia começar uma vida nova, mas que merecia seu abandono, pois o tratara mal e recusara-se a casar com ele. Culpou Wolverton por ter-lhe pedido que abandonasse Kinsky. Fantasiava que Kinsky, uma vez que a visse, desistiria de Elizabeth, e que essa não faria objeções, pois conhecia a situação. Implorou a Leonie que argumentasse com Kinsky, dizendo que ela era "perfeita para ele", que seus problemas a haviam amadurecido e que seria "tudo que ele desejasse" novamente. Há algo de perturbador na cena que a carta evoca: Jennie em sua cabine, no calor da viagem, rabiscando em linguagem telegráfica uma carta à irmã pedindo que preparasse o caminho para um casamento com seu amante, enquanto o marido jazia torturado pela dor e pelo delírio.

De volta a Londres, encontrou-se com Kinsky e, decidindo levar o caso na esportiva, não fez mais exigências; continuariam amigos. Escreveu a Leonie dizendo que não mais desperdiçasse sua simpatia e piedade com ela e que não era uma pessoa submissa (não que Leonie jamais a houvesse julgado assim). Acrescentou que Kinsky se comportara mal, que não tinha mais nada a admirar nele e que desistira de tudo: assunto encerrado.

O casamento de Wolverton ocorreu em 7 de janeiro de 1895 e o de Kinsky dois dias depois, também em Londres — e, com toda crueldade, no mesmo dia do quadragésimo primeiro aniversário de Jennie. Após breve melhora durante o Natal, Randolph piorou, e suas dores de cabeça o faziam gritar. Delirava estar a bordo de um navio, prestes a chegar a Monte Carlo, embora num momento de lucidez tenha indagado a Winston sobre seus exames em Sandhurst.

Jennie era uma enfermeira devotada; velava noite e dia, a ponto de quase ter um colapso. Sofria de dores de cabeça nevrálgicas, e a mãe teve de forçá-la a descansar pelo menos duas horas por dia, enquanto sua cunhada Georgiana insistia em levá-la para passeios de carruagem no parque. A mansão de Grosvenor Square tornou-se um triste espetáculo de dor e luto. A duquesa ficava fora de si com o desfile da parentela pelo quarto do doente; não serviam de nenhum consolo e, na verdade, traziam aborrecimentos. Por fim, em estado avançado de dor e alienação, Randolph mergulhou em seu sono final e misericordioso no dia 24 de janeiro de 1895.

O testamento foi insatisfatório, como todo testamento dos Marlborough. Havia sido redigido em 1º de junho de 1883, em Londres, e nomeava Jennie, Blandford e George Curzon como co-testamenteiros e fiduciários. Assim como Marlborough e Blandford não haviam deixado às suas esposas senão algumas centenas de libras, Randolph também: Jennie receberia quinhentas libras e as "provisões e os estoques domésticos de bens de consumo", ou seja, a comida. Depois, quase como uma consideração secundária, teria cavalos, carruagens, louça, porcelana, cristais, livros, quadros, mobília e outros itens domésticos. Nada disso fazia sentido, já que em 1895 ela já não tinha mais casa nem quase nenhum dos itens da lista de Banstead Manor; nada no número 50 de Grosvenor Square ou em Blenheim lhe pertencia, como Fanny Marlborough sem dúvida teria o prazer de lembrá-la.

O resto do espólio, que incluía, significativamente, o estoque de ações da ferrovia indiana de Rothschild, deveria ser aplicado: Jennie desfrutaria a renda e, após sua morte, o principal seria dividido entre seus filhos e herdeiros.

Acrescentou-se um adendo ao documento original: os papéis particulares de Randolph — inclusive a correspondência e as notas sobre assuntos políticos — deveriam ser divididos entre Louis Jennings, um traiçoeiro jornalista de aluguel (que espalhara o boato de que Randolph tinha sífilis e fingia ser seu amigo) e, de novo, lorde Curzon. Jennings teria deixado vazar os segredos das cartas, mas, felizmente, falecera havia pouco. Podia-se ter certeza de que Curzon manteria tudo trancado.

Um dos desejos de Randolph foi negado: Winston alistou-se na cavalaria. A escolha de Jennie foi o 4º Regimento de Hussardos, o mesmo de *Sir* Thomas Burke, pai adotivo de John Delacour. Embora não se equiparasse aos Cherry Pickers, o 4º Regimento tinha muito boa fama.

Em 18 de fevereiro de 1895, Jennie enviou o tabuleiro de gamão de Randolph a seu amigo irlandês mais próximo, Gerald Fitzgibbon, hóspede freqüente nos natais. Em nota anexa, culpava lorde Salisbury pela queda política de Randolph; citou o ciúme como a motivação de Salisbury, uma crença irracional. Num tom similar, Fanny Marlborough escrevera à amiga *lady* Salisbury descrevendo Randolph como um homem preocupado, que sofria em silêncio; disse que o partido *tory*, que ele havia salvado, abusara dele, e que nunca mais fora o mesmo depois daquilo. Acrescentou então, chorosa e em contradição com a afirmação anterior na qual inculpava Salisbury, que, lamentavelmente, ela tinha de admitir que Randolph estava errado; mas ele sofrera pelo que fizera, e ela estava com o coração partido. "Meu querido voltou para casa para morrer, mas oh, que amarga ironia, parece agora ser tarde demais para que possa ser compreendido e apreciado." Referia-se aos panegíricos dos políticos que inevitavelmente acompanham os funerais das figuras públicas a quem odeiam.

Pouco depois da morte de Randolph, foi publicada mais uma obra de ficção tendo Jennie como personagem. O famoso romancista irlandês George Moore, que havia muito tentava conquistar, sem sucesso, Pearl Craigie (a amiga de Jennie que escrevia romances com um pseudônimo), lançou um romance baseado em sua vida, *Mildred Lawson*. Assim como James Barrie deu o nome de Randolph a um personagem de sua obra, também Moore nomeou Delacour, agora casado e feliz, o alvo das afeições de Mildred (Jennie).

Nessa obra singularmente sugestiva, Delacour, retratado corretamente como católico e, com menos precisão, como um aristocrata (ligeira referência à condição de filho ilegítimo do conde Clanricarde), está casado e vivendo em Paris, onde de fato John e sua mulher Theresa mantinham uma casa. "Mildred" vai morar com os dois e ameaça a felicidade do casal (Jennie estava em Paris quando o livro saiu), e é aí que começam as complicações.

Em 2 de maio, chamando-o de "*Sir* John", Winston escreveu à mãe dizendo ter encontrado Delacour nas corridas de Newmarket, acompanhado do ex-amante dela, lorde Wolverton, e de Natty Rothschild, todos os três com suas esposas. E o outro amor de Jennie se fazia presente na vida de Winston: pela soma principesca de um guinéu, ele comprou de Jack o retrato de Kinsky, transferindo-o do quarto do irmão, em Harrow, para o seu próprio, em Sandhurst.

Jennie teve de encarar o fato de que o espólio de Randolph, cerca de 72 mil libras (bem acima de três milhões hoje), pertencia a Natty Rothschild. Grande parte dele consistia em empréstimos sobre ações pendentes, não arrolados no testamento. As ações da companhia da qual Randolph era sócio haviam sido lançadas em 1893, e os Rothschild imediatamente ficaram com 27 mil do estoque inicial, de forma que eram donos de uma parcela considerável do ouro e dos diamantes da África do Sul. Isso para eles representava enorme vantagem, apesar do jogo de aparências realizado no ataque a Randolph por ter feito declarações negativas que depreciaram o valor das ações. Num piscar de olhos, haviam ganhado muito mais, fazendo o valor subir como um foguete. Quando Randolph morreu, os investimentos de Jennie representavam um valor considerável, e a declaração de que tinha uma dívida de 72 mil libras era, de fato, sem sentido: Natty cancelou a dívida simplesmente readquirindo os papéis apreciados, transferindo dinheiro de um bolso para outro, e depois generosamente ofereceu-lhe um pouco mais.

Em Londres, *lady* Gladys de Grey, que Jennie finalmente perdoara pelo prolongado caso com Randolph, ofereceu um almoço em que Oscar Wilde foi convidado (ele lhe dedicara *A Woman of no Importance*). Thomas Lister, 4º barão de Ribblesdale, cujo filho era amigo de Winston, também estava presente. Degustando o vinho, Wilde anunciou, já meio alto, que poderia discutir qualquer assunto que lhe propusessem; então Ribblesdale mencionou a rainha. "A rainha não é assunto", respondeu Wilde, e o salão veio abaixo. Jennie fez uma aposta com vários amigos sobre a exatidão de uma citação em *The Importance of Being Earnest* [*A importância de ser prudente*]. Escreveu a Wilde, que confirmou seu acerto, e ela teve a coragem de citar a resposta em suas memórias:

> Como são tediosos os homens! Deveriam ouvir as mulheres brilhantes e olhar para as que são belas — e quando, como neste caso, uma mulher é não só brilhante, mas também bela, deveriam ter o mínimo bom senso de admitir que ela é verbalmente inspirada. Confio em que sua aposta será paga sem delongas, pois quero começar a escrever minha nova comédia e não tenho caneta!

Pouco depois disso, Wilde foi destruído por seu imprudente processo de difamação contra o homófobo marquês de Queensberry.

Abril trouxe a notícia da morte da mãe de Jennie, que havia passado vários anos em Tunbridge Wells. Austera e moralmente correta como sempre ela sacrificara todo o seu conforto para pagar as dívidas de Jerome quando seus velhacos companheiros lhe passaram a perna e o prejudicaram. Ela nada deixou para Jennie, registrando em seu testamento que já adiantara certas quantias para a filha; assim, suas pequenas posses foram divididas entre Clarita e Leonie.

Nenhuma das três filhas fizera preparativos para o enterro de Clarissa, sua mãe; houve um funeral, mas o corpo foi deixado numa câmara fria enquanto elas decidiam o que fazer com ele. Jennie compareceu por pura formalidade ao funeral pouco concorrido em Tunbridge Wells e, em seguida, retornou à França no primeiro navio.

Naquela primavera, ela ficou conhecendo o especulador e político nova-iorquino William Bourke Cockran, que estava em Paris recuperando-se do choque da morte de sua segunda esposa, Rhoda, em Nova York. Os dois enviuvados tinham muito de que falar. Mais de um biógrafo tem exagerado a relação de amizade, querendo transformá-la num caso de amor, mas não há evidência disso. Independentemente de seu esgotamento emocional, Jennie jamais acharia Cockran atraente: não era seu tipo. Alto, avançado na meia-idade, feio, intimidante e gordo, com uma farta massa de cabelos negros, era um homenzarrão peludo ao estilo de Theodore Roosevelt.

Nascido na Irlanda, subira com a máquina política do corrupto Partido Democrata, dirigido em Nova York pelo notório "Chefe" Tweed. O papel de Cockran era fornecer eleitores que haviam sido ameaçados, engambelados ou arrastados das camas de doente às urnas; prover nomes de pessoas mortas ou residentes no exterior para as listas de eleitores e contratar atores para votarem várias vezes com diferentes disfarces. Era uma loteria de corpos e almas, perniciosa e bem recompensada. Quando Tweed foi preso, merecidamente, Cockran não parou; apoiou o igualmente infame "Chefe" Croker, contratando gângsteres para garantir àquele desprezível democrata irlandês a posição de "rei de Manhattan", com subornos, pagamento de propinas e um ou dois assassinatos pelo caminho.

Quando chegou a Paris, Cockran decidira que a vida que vivia era demasiadamente perigosa. Abandonando Croker, envolveu-se numa política reformista, desafiando os antigos amigos a matá-lo. Chegou a passar para o lado dos republicanos e, mais tarde, entregou os nomes dos que traíra ao *Enquirer* de Cincinnati (28 de setembro de 1895). Cockran apreciou as paisagens de Paris com Jennie, e sua grandiloqüência e voz estentórea, famosas nos Estados Unidos, deixaram-na impressionada. Ela resolveu que Winston deveria imitar sua oratória caso entrasse para a política, e foi isso o que aconteceu de fato — com significativos aperfeiçoamentos.

Em julho, Cockran levou o corpo de Clarissa de volta para Nova York, na companhia de Clarita e Leonie; enterrou a infeliz mulher ao lado do marido no cemitério de Greenwood. No sentido mais pleno, ela nunca vivera realmente.

Jennie estava em Londres na ocasião, assistindo aos dois dias de julgamento do processo de divórcio de Pearl Craigie, que acusava o marido de uma legião de novas ofensas: novamente, o *Times* declarou com afetada correção que os detalhes eram "demasiado sujos" para as páginas de um jornal. Ela acusava Reginald de fazer sexo com várias mulheres, apesar de ter sífilis; de infectá-la intencionalmente com a doença, violentando-a quando estava menstruada; de ameaçá-la com uma pistola; de arrancar seu corpete e pisoteá-lo; de puxar sua roupa de cama e tentar estrangulá-la. Após a recitação desses pecados, o ofensivo e enamorado funcionário do Banco da Inglaterra desistiu de se defender e Pearl ficou livre.

Em julho, no mesmo dia em que o divórcio foi concedido, Jennie ficou sabendo da morte de Elizabeth Everest. Winston correra para o pé da cama da moribunda assim que o doutor Roose o avisara em Sandhurst; por alguma razão, Jack não foi informado em Harrow. As últimas horas de Elizabeth, sofrendo de peritonite em conseqüência da extração do apêndice, foram amenizadas pela amorosa atenção de Winston; logo que ela se foi, ele partiu para Harrow para comunicar a notícia ao irmão. Jennie não compareceu ao funeral — nunca havia gostado muito da velha ama —, mas pagou pelo enterro, pela lápide e mandou uma coroa de flores de Paris.

Ela passou o verão na Suíça e na Escócia, onde se hospedou com lorde e lady Tweedmouth e ficou sabendo que Winston planejava ir a Nova York e Cuba em busca de aventura: havia uma revolta contra o governo espanhol, e ele alimentava a esperança de se envolver na batalha. Jennie enviou-lhe um recado caracteristicamente ríspido em 11 de outubro, dizendo que, em vez de anunciar sua partida, ele poderia tê-la consultado antes, acrescentando que Nova York era uma cidade muito cara (verdade) e que a maioria dos homens a achava aborrecida (mentira). Mas ela havia dado à luz um turbilhão, e não tinha como detê-lo.

Nesse ínterim, um velho plano matrimonial acalentado por Jerome antes de morrer concretizara-se espetacularmente quando já era tarde demais para que dele se beneficiasse. Havia muito que fizera as pazes com seus velhos inimigos, os Vanderbilt, e tencionara que William Vanderbilt, filho do falecido comodoro, casasse sua filha Consuelo com Sunny Marlborough, agora que o rapaz atingira a maioridade. O dinheiro dos Vanderbilt, mais os milhões de Lily Hammersley, garantiriam a manutenção de Blenheim por vários anos, e Sunny, com vinte e poucos anos, podia procriar um herdeiro, apesar da saúde precária.

Quando Alva, mãe de Consuelo, divorciou-se de William, ainda havia bastante dinheiro; o equivalente hoje a um milhão de libras por ano incluídas no acordo do divórcio, além dos cinqüenta milhões de libras do capital principal. Terminando com o namoro de Consuelo com o desportista William Rutherfurd, Alva (por meio de Jerome e Jennie) ficou conhecendo Sunny num baile na residência do duque de Sutherland, em Londres. Farejando grandes lucros, e disposto a vender-se, Sunny convidou mãe e filha a Blenheim. Consuelo não se sentiu atraída pela aparência frágil de Sunny, que possuía um queixo delicado — queria um homem potente como Rutherfurd —, mas a vontade de sua mãe era absoluta.

O casamento foi na Igreja de St. Thomas, em Nova York, no dia 8 de novembro de 1895. Jennie mandou um aparelho de porcelana, mas o presente mais interessante veio da duquesa de Marlborough: rubis incrustados em braceletes (um butim da Birmânia), um cinturão de ouro sólido, um broche e um diadema dignos de uma imperatriz, bem como uma adaga incrustada de brilhantes e abotoaduras de rubi. Winston, tendo calculado mal o tempo, chegou com dois dias de atraso a Nova York, como hóspede de Bourke Cockran, e perdeu o casamento da década.

Winston e Bourke tornaram-se grandes amigos: a tortuosa retórica de Cockran (que acorbetava sua política ambígua — ele apoiaria Williams Jennings Bryan para presidente, enquanto havia prometido apoio a William McKinley) deixou Winston inexplicavelmente impressionado. Jennie ficou ansiosa quando, em Cuba, o filho teve sua primeira refrega com os rebeldes, tendo desfrutado intensamente a situação perigosa, um traço indubitável que constituiria seu caráter. Winston previu com acerto a futura guerra hispano-americana e levava uma bala no bolso quando chegou de volta a Londres.

Capítulo nove

Em 11 de fevereiro de 1896, Alan Cameron Bruce-Pryce, advogado galês de certa reputação, mas um homofóbico excêntrico da mesma tradição do marquês de Queensberry, escreveu a Ian Graham Hogg, recentemente nomeado 4º hussardo, acusando Winston de ter cometido "atos de imoralidade grosseira do tipo praticado por Oscar Wilde" com outro oficial, que havia sido publicamente castigado pela ofensa.

Hogg mostrou a carta a Winston. Esse se dirigiu imediatamente a *Sir* George Lewis, procurador permanente de Jennie, e deu entrada a um processo de calúnia contra Bruce-Pryce em 21 de fevereiro, exigindo uma indenização de vinte mil libras por danos. O coronel John P. Brabazon, do 4º Regimento de Hussardos, deu firme apoio a Jennie e seu filho contra a acusação, mas desaconselhou um processo do tipo wildeano. O assunto foi resolvido após uma ameaça de Lewis, e Bruce-Pryce desculpou-se em 12 de março.

A questão deveria ter sido encerrada aí, mas Henry Labouchère, traindo a amizade que mantinha com os Churchill desde os dias do Quarto Partido, e sequioso de melhorar a circulação de sua revista *Truth*, não pôde resistir a mencionar o caso, e, nesse processo, expôs mais do que um suposto escândalo.

No número de 19 de março de 1896, acusou Winston e seus subalternos de atos impróprios durante a corrida de cavalos da Copa Challenge do 4º Regimento de Hussardos, em março de 1895, por terem inscrito um cavalo substituto sob o nome falso de Surefoot, que competiu com o favorito *lady* Margaret — um ato ilegal. Quando "Surefoot" ganhou e a fraude foi descoberta, a copa da vitória foi tomada do vencedor. Labouchère denunciou, além disso, que a turma de Winston, conhecida como o Clube Nimrod, agira de forma truculenta contra o filho de Bruce-Pryce, conhecido por Alan Bruce, que havia acusado o pai de homossexualidade. Labouchère relatou que, num jantar do Clube Nimrod, Winston disse a Alan que não era bem-vindo ao regimento por não ter dinheiro para se manter; o clube já havia banido o tenente George C. Hodge por falta de fundos, e Alan teria o mesmo destino. Furioso, Alan retrucou que de forma alguma deixaria o regimento. Era excelente atleta e cavaleiro, perito na esgrima, um soldado-modelo na aparência, na dedicação, no físico e nas maneiras.

Alan relatou o caso a um oficial superior, que nada fez; e Winston tampouco, por enquanto. No dia seguinte ao Natal de 1895, todavia, o caso estourou novamente.

Alan foi ao jantar dos sargentos naquela noite para se encontrar com um veterano da guerra da Criméia — e bebeu à saúde do amigo. De acordo com Labouchère, Winston o delatou por isso; os princípios da hierarquia militar não permitiam que os tenentes participassem das refeições dos sargentos. Três dias depois, o coronel do regimento, Brabazon, prendeu Alan, que foi acusado de "associar-se impropriamente a oficiais de patente inferior". Alan foi forçado a entregar a patente, e isso foi o fim de sua carreira militar.

Não satisfeito em expor o caso que levara Alan Bruce-Pryce a acusar Winston de homossexualidade, Labouchère atacou novamente. Acusou Winston e seus amigos de arrastar o tenente Hodge de sua cama, atirá-lo escada abaixo e jogá-lo num cocho de cavalo, levando-o, depois, sangrando, de volta ao quarto e reduzindo seu pijama a frangalhos. Num debate em 19 de junho na Câmara dos Comuns, foi revelado que a principal objeção do Clube Nimrod a Hodge era que ele não podia sustentar cães de caça e cavalos.

Muito mais veio à luz: Winston e seus colegas haviam ameaçado matar Hodge atirando-o de uma janela; queimaram suas roupas, arrombaram e pilharam seu armário. O Ministério da Guerra abafou o assunto e nada mais se ouviu depois daquele verão. Nas páginas de *Truth*, Labouchère abordava constantemente — e nunca foi processado por isso — a fraude nas corridas, a intimidação e a ruína das carreiras dos dois jovens causada por Winston e seu clube.

Em 16 de março de 1896, Jennie estava na estação Vitória com Lily e Beresford, Fanny Marlborough, Albertha e suas filhas Lillian e Norah para receber Consuelo e Sunny após os infelizes quatro meses de uma lua-de-mel desprovida de amor nas capitais da Europa, marcados por todas as desavenças possíveis num casamento arranjado. Sunny estava apagado e insignificante como sempre, mas Consuelo exibia seu ar glamoroso com um casaco e um chapéu de marta, comprados durante uma incontrolável orgia consumista em Paris.

Jennie viu nela a rara combinação de riqueza, beleza e intelecto que suas brilhantes memórias, *The Glitter and the Gold* [*O brilho e o ouro*], iriam revelar muitos anos depois; ficaram amigas na mesma hora.

Na noite seguinte, Albertha e Fanny Marlborough deram um jantar de recepção que, mesmo para os padrões decadentes das duas, foi um desastre. A certa altura, Albertha perguntou a Consuelo: “Então é verdade que vocês americanos vivem em fazendas cheias de escravos negros e que índios peles-vermelhas estão lá para escalpelá-los assim que dobram uma esquina?” Como era crença generalizada ser Jennie de ascendência iroquesa, isso foi mais do que um insulto casual. E quando Consuelo perguntou-lhe a razão de não ter ido ao casamento, Albertha respondeu que Sunny se recusara a pagar sua passagem; quem poderia culpá-lo?

Em suas memórias, Consuelo Marlborough disse (com certa malícia e afeição) que Jennie era "a dona de muitos corações"; quis dizer corações masculinos, é claro. E acrescentou, significativamente: "O príncipe de Gales notoriamente se encantava com sua companhia." Será que Jennie de fato dormia com o príncipe?

É verdade que ele terminara com sua última amante Daisy, condessa de Warwick, em 1894, desde que ela ousara vestir-se de Maria Antonieta para um baile à fantasia no castelo de Warwick e fora atacada pela imprensa por se igualar em extravagância àquela rainha num momento em que tantos na Inglaterra passavam fome.

Quando ele se tornou rei Edward VII em 1901, incluiu Jennie no chamado "Galinheiro" durante sua cerimônia de coroação na abadia de Westminster; dizia-se ser essa uma área exclusiva para as mulheres cujos favores ele havia desfrutado. Há outra indicação: em finais de 1896, ele se hospedou no palácio de Blenheim por uma semana e pediu que fosse Jennie a única pessoa presente além dos Marlborough. Ele recorrera a esse expediente para obter amantes no passado, e é possível que o tenha usado no caso de Jennie.

Durante grande parte de 1896, Jennie esteve envolvida com o multimilionário William Waldorf Astor; ninguém sabe como se conheceram e nem há como garantir que tiveram relações físicas, mas, sendo ele um homem alto, forte, fumante de cachimbo, de meia-idade e quadris largos, não era o tipo físico que ela apreciava. Havia sido amigo de Jerome, que pode muito bem tê-la mencionado como possível futura noiva, e também de James Gordon Bennett e Pierre Lorillard. Em 1896, era um viúvo com dois filhos, um deles estudando em Eton. Era dono da *Pall Mall Gazette* e nomeara como seu editor Harry Cust, admirador de Jennie que alguns diziam, embora sem provas, ser seu amante.

De humor sardônico, Astor era famoso por pregar peças: em 11 de julho de 1892, deu instruções a seus funcionários em Londres para que anunciassem sua morte à imprensa; só James Gordon Bennett ficou sabendo a verdade. As manchetes anunciaram o falecimento, que, como o de Mark Twain, foi muito exagerado; ele leu os obituários, tomou nota de quem o apreciava e quem não — e passou a agir de acordo. Quando Bennett anunciou no *New York Herald* que a notícia era falsa, a circulação do jornal dobrou.

Impressionada com as residências inglesas de Astor — a mansão de Cliveden no campo, uma casa às margens do Tâmisa e outra no Carlton House Terrace —, Jennie estava cativada por sua riqueza, mas boatos prematuros de que haviam ficado noivos arruinaram o relacionamento. Temendo comprometer-se com um segundo casamento, Astor recuou, e Jennie, que poderia ter se tornado extremamente rica, também. É duvidoso, de qualquer maneira, que ele se casasse com um homem que não desejava fisicamente.

As visitas de Jennie a Blenheim naquele verão foram terríveis. Sunny e Consuelo não conseguiam se comunicar, e as refeições eram uma tortura silenciosa. Sunny desenvolveu o hábito desagradável (mais tarde reproduzido na famosa peça de Patrick Hamilton, *Angel Street*) de esconder quadros e ornamentos e depois dizer que haviam sido roubados. E a capela de Blenheim foi tomada por um cheiro horrível quando os caixões dos Marlborough lá enterrados estouraram e lançaram ao ar os distintos ocupantes.

Em 11 de setembro de 1896, Winston partiu com o 4º Regimento de Hussardos para prestar serviço militar na Índia; desde o dia em que zarpou até seu retorno, Jennie recebeu dele uma torrente de cartas animadas e informativas, provas da grande afeição que existia entre mãe e filho. Ela estava extremamente ocupada em Londres: enquanto *Sir* Ernest Cassel, sem dúvida instruído pelo príncipe de Gales, fazia por ela o melhor que podia, apesar das perdas no jogo em Monte Carlo e da temerária extravagância com vestidos, jóias e peles, ela embarcou numa especulação que se provou desafortunada.

Por meio de lorde Cadogan, um amigo de Randolph, ficara conhecendo o trapaceiro James Henry Irving Cruikshank, que se especializara em depenar os ingênuos fazendo-os investir num conglomerado de estradas de ferro imaginárias nos Estados Unidos. Cassel havia ganhado fortunas para seus clientes com ações de ferrovias americanas, e Jennie devia lembrar-se das bem-sucedidas especulações ferroviárias de seu pai. Assim, é incompreensível que tenha aceitado tudo o que Cruikshank lhe disse sem antes buscar informações seguras. Mas ele tinha muito charme e era consideravelmente hábil na conversa, de forma que ela colocou boa parte de seu capital disponível nas mãos dele — e perdeu tudo. Por meio do velho amigo e procurador *Sir* George Lewis, conseguiu levar Cruikshank à justiça, mas, na audiência de 25 de novembro de 1897, descobriu-se que o homem estava falido e despendera todo o dinheiro com a boa vida, com bons cavalos e belas casas.

Ela se mudou de Grosvenor Square, deixando para trás a constante inimizade de Fanny Marlborough, e foi morar numa casa elegante em Great Cumberland Place; isso é um sinal seguro de que usufruía privilégios reais, e nos dá quase certeza de que era amante do príncipe de Gales. O príncipe também via com simpatia o progresso de Jack e compartilhava com Jennie e Cassel a esperança de que ele acabaria se tornando um corretor da Bolsa.

Em novembro, Jennie ouviu de Winston a boa notícia de que arranjara uma namorada atraente, Pamela Plowden, filha de um oficial do governo na Índia; um envolvimento romântico anterior havia sido quebrado quando a pretendente de então o deixou por um dos filhos do marquês de Queensberry. A maior parte de sua correspondência com Jennie referia-se à necessidade de dinheiro; queria mandar um cavalo de corrida para ser vendido na Inglaterra, com o que ela não concordou. De Bangalore, aconselhou-a também sobre como sair da situação criada por Cruikshank e processá-lo por fraude. Ela aprovou seu desejo expresso de concorrer a uma cadeira no Parlamento assim que voltasse — a previsível excitação com o trabalho na Índia já se dissolvera em meio ao calor e ao tédio. Ele também lhe disse que compartilhava a fúria de seu falecido pai contra as despesas irresponsáveis do governo com as forças armadas num tempo de paz prolongada.

Ao se transferir da propriedade de lorde Londonderry em Wynyard Park, onde estava passando algum tempo, para Blenheim no Natal, Jennie estava determinada a ajudar Winston a conseguir uma nomeação para o Egito. Desconsiderando o fato de que o comandante do Exército no Egito, lorde Kitchener, nunca fora um admirador de Randolph e que, muito certamente, ele se lembraria da desgraça ocorrida a Fred Burnaby durante a campanha sudanesa, ela o cercou de solicitações, mas não obteve resposta alguma.

O Natal em Blenheim foi desagradável para Jennie. Fanny Marlborough, de humor muito instável, era-lhe claramente hostil, e elas não se falaram durante as festividades. Sunny e Consuelo haviam chegado a uma trégua armada.

De volta a Londres, Jennie descobriu que Winston sacara todo o saldo de sua conta no Cox's Bank, emitira um cheque que sabia não ter fundos e esbanjara toda a mesada. Jennie foi obrigada a cobrir o desfalque para evitar que fosse processado. O antigo desgosto com ele voltou à tona; estava amargurada e sentia que ele a deveria estar sustentando, como faziam tantos homens aos 22 anos, e não o contrário. Em 5 de março de 1897, escreveu-lhe explicando sua situação financeira: tinha uma renda de 2.700 libras anuais (hoje cerca de oitenta mil), das quais oitocentas destinavam-se a Winston e Jack e 410 ao aluguel da casa e do estábulo. Os 1.500 restantes cobriam impostos, criados, alimentação, roupas e viagens. Mas ela não poderia ter sustentado Great Cumberland Place com tais quantias; é claro que estava escondendo a renda que, após a morte de Randolph, continuara a receber de Natty Rothschild, *Sir* Ernest Cassel e do príncipe de Gales.

As bodas de diamante da rainha Vitória naquele verão mantiveram Jennie num torvelinho de atividades sociais. Ela compareceu às celebrações na catedral de St. Paul com praticamente toda a sociedade. Mais um incidente embaraçoso ocorreu, entretanto, na longa lista de percalços reais. Tamanha foi a multidão presente numa recepção a que compareceu, que a comissão organizadora armou uma tenda no local; Reginald Brett, mais tarde lorde Esher, amigo de Jennie e encarregado da comissão, logo descobriu ter cometido um grave erro. Não providenciara ventiladores nem aberturas para aliviar o calor, e várias senhoras, nas pesadas roupagens da época, estavam a ponto de desmaiar. Ele chamou desesperadamente por um atendente para abrir buracos em cada lado da tenda, mas ninguém acudiu. Então, para divertimento e aplauso gerais, sacou do sabre cerimonial que portava e atacou as lonas. Nesse afã, espetou acidentalmente uma criada, que, sorrateira, espiava do lado de fora e saiu correndo aos berros, pagando assim por espionar seus superiores. A festa prosseguiu na tenda retalhada.

De licença em Londres para as celebrações, Winston acompanhou Jennie, depois de acertarem suas diferenças a respeito de dinheiro, ao baile à fantasia oferecido pela duquesa de Devonshire em 2 de julho de 1897, o maior evento social da temporada.* Mãe do duque de Manchester, a desagradável condessa alemã Louise von Alten, que de maneira tão desapiedada casara-se com Devonshire enquanto seu filho estava à beira da morte, não era figura das mais simpáticas a Jennie. Mas como ela poderia perder a maior ocasião social dos últimos anos?

Com Winston metido num uniforme militar de período indefinido, Jennie chegou como a imperatriz Teodora de Bizâncio, numa veste elaboradamente bordada, cópia de um modelo tradicional.

O duque de Devonshire apareceu como Carlos V, imperador do Sacro Império Romano; a duquesa como Zenóbia, rainha da Síria; o príncipe de Gales vestiu-se de grão-prior da Ordem de São João de Jerusalém e a princesa Alexandra estava de Marguerite de Valois, esposa de Henrique de Bourbon (escolha estranha, pois os Valois nunca foram amigos dos britânicos). Fanny Ronalds, como o Espírito da Música, usava um turbante de lâmpadas elétricas que ameaçava incendiar sua cabeleira.

Uma das convidadas roubou a cena pelo comportamento ímpar: Daisy, princesa de Pless, filha de Patsy Cornwallis-West, amante do

*O site http://lafayette.150m.com/dhblist.html, do *Victoria and Albert Museum* de Londres, tem uma grande coleção de fotografias de personalidades que compareceram ao baile, inclusive as de Jennie e de George Cornwallis-West, seu futuro amante. (*N. da T.*)

príncipe de Gales, chegou como Cleópatra, e entre seus escravos estava seu irmão George, um jovem de rara beleza, esbelto, encantador e feito para a cama de Jennie, seus músculos cinzelados disponíveis para quem pudesse pagar o preço. Com o rosto pintado de negro, numa túnica longa de faixas azuis, odiando a maquiagem e a fantasia, ele estava visivelmente inquieto e impaciente; finalmente, irritado pelas zombarias, e para divertimento geral, fugiu do salão de baile, produzindo estardalhaço nos jornais que, de outra forma, o teriam ignorado. Jennie o vira antes na festa de casamento da princesa de Pless em 1892, e logo o veria muitas outras vezes.

O Natal foi divertido, para variar; ela e Consuelo organizaram um baile de máscaras e levantaram dinheiro para a restauração da Igreja de St. Mary, em Woodstock. Numa série de *tableaux vivants* que faziam lembrar Jerome e August Belmont na Guerra Civil, ela representou, com Consuelo, Sunny, George Curzon e Albertha Blandford, um Sancho Pança a gingar ao lado do Dom Quixote de lorde Chesterfield.

Também apareceu numa sátira musical como Jubilee June, uma repórter nos moldes de Labouchère, cantando uma cançoneta ambígua e maliciosa: "Nenhum assunto é privado demais para mim."

Na seqüência desse feliz evento, em que usou dança e canções satíricas para marcar alguns pontos contra velhos inimigos, Jennie enfrentou novas solicitações de dinheiro de Winston, que voltara para a Índia, tendo servido com bravura na fronteira noroeste, engajado na força expedicionária de Malakand. Ele escreveu sobre suas experiências para o *Daily Telegraph* e depois as transformou num livro, publicado no ano seguinte.

No início de 1898, a necessidade de dinheiro levou Jennie a fazer uma retirada de 17 mil libras de seu seguro de vida; Winston e Jack tiveram que dispor de parte de suas heranças para que isso fosse possível. Em troca, Jennie assinou um documento garantindo aos filhos um rendimento vitalício com base nos investimentos de Randolph.

Durante a querela sobre os termos do arranjo, e enquanto lidava com o nervosismo de Winston pelo medo de perder parte da herança,

Jennie encontrou um novo amante: Caryl John Ramsden, conhecido como o "Belo" por seu físico miúdo, porém musculoso, e o rosto de beleza clássica. Escocês de 27 anos, era major honorário no famoso regimento Seaforth Highlanders, notório pela bravura e beleza espetacular de seus homens. De volta à Inglaterra depois de um desconfortável período em Malta e Creta, Ramsden, assim como Winston, estava louco para entrar em ação com Kitchener no Egito e no Sudão. Jennie tinha agora um novo motivo para introduzir Winston nas tropas de Kitchener: poderia juntar-se a Ramsden lá.

Jennie era amiga de muitos anos de Mary, *lady* Jeune, a anfitriã da sociedade que havia entretido o Quarto Partido e cujo marido era o juiz que agira imparcialmente com Pearl Craigie na audiência de divórcio. Jennie mexeu os pauzinhos com os Jeune e também com figuras militares como *Sir* Evelyn Wood e *Sir* Ian Hamilton, que conhecia por meio de Randolph. Providencialmente, apesar da edição ruim feita pelo sempre desastroso Moreton Frewen, o relato de Winston sobre a força expediconária de Malakand, publicado pela Longmans, foi muito bem recebido, fazendo muita gente pensar que ele poderia desenvolver um trabalho de qualidade similar.

Em meados de 1898, Jennie resolveu que não esperaria a nomeação de Winston por Kitchener e partiu para o Cairo a fim de juntar-se a Ramsden. Estando lá, pressionou Kitchener sobre a questão de seu filho; ele se mostrou falsamente receptivo — e nada indigno de confiança. Ela dormiu com Ramsden no Hotel Continental do Cairo e depois os dois partiram para uma viagem romântica Nilo acima. Quando Ramsden recebeu ordens de retornar ao Sudão, ela foi para Port Said para tomar um navio de volta à Inglaterra, mas logo ficou sabendo que a embarcação estava com problemas mecânicos e ficaria no cais por vários dias. Partiu imediatamente para o Cairo, onde sabia que Ramsden estivera antes de sua remoção. Descobriu que ele estava hospedado de novo no Hotel Continental e, excitada, invadiu seu quarto apenas para encontrá-lo na cama com a mulher do major Robert

Pacey Maxwell, um auxiliar de Kitchener. Jennie voltou, furiosa, para Port Said.

Com seu exército de espiões, o príncipe de Gales não demorou a saber da história. Usando um tratamento que freqüentemente dava a suas amantes, "*Ma Chère Amie*", escreveu a Jennie de Cannes dizendo-lhe que deveria ter ficado com seus "velhos amigos", quer dizer, ele próprio, em vez de embarcar naquela expedição Nilo acima. Jennie respondeu de Londres que agradecia sua compreensão e que ele, naturalmente, devia saber exatamente como ela se sentia, já que Georgiana, *lady* Dudley, havia acabado de descartá-lo. Percebendo certa acidez no tom dessa resposta, o príncipe escreveu lamentando que sua mensagem de compreensão tivesse soado ofensiva e dizendo que ele não tinha a menor idéia de que seus sentimentos por Ramsden haviam sido tão sérios.

Em julho, de volta a Londres, Winston continuava tão desejoso de ir para o Egito quanto sempre estivera. Engolindo seu orgulho, Jennie apelou para lorde Salisbury, ainda primeiro-ministro, que finalmente tomou as tão esperadas providências. O charme dela operou a mágica costumeira. Em fins de julho, Winston estava no Sudão, substituindo um oficial mais jovem que morrera; nesse caso, o primeiro-ministro passou por cima de Kitchener, que não aprovara a nomeação.

Em setembro, Winston engajou-se num famoso assalto contra os dervixes, no qual se disse terem sido mortos mais de dez mil deles. "Deve ter sido um bom massacre", escreveu Jack na ocasião. Winston destacou-se na batalha de Omdurman, na fuga do líder rebelde Abbas Hilmi e na reconquista de Cartum, que levou multidões entusiasmadas às ruas de Londres. Mas não recebeu nenhum elogio de Kitchener, que o culpou por não ter capturado Hilmi. Winston escreveu a Jennie dizendo que não podia revidar; comentou que se opor àquele formidável comandante "seria como atirar pedras ao sol nascente".

O príncipe de Gales teve notícia do contratempo e escreveu a Winston que sentia muito, de fato, mas lhe recomendava uma vida entre a política e os livros. Wilson, entretanto, não estava pronto para seguir conselho tão bem-intencionado; a emoção com o toque dos clarins, o uniforme que destacava sua figura, o desafio de enfrentar hordas de dervixes — estava vivendo a vida que A.E.W. Mason retrataria em 1902 em seu imortal *As quatro penas brancas*; não ser um homem de ação seria exibir a pluma branca da covardia.

E agora Jennie estava envolvida com o deslumbrante George Cornwallis-West, visto pela primeira vez na festa à fantasia dos Devonshire. Acreditava-se que ele era filho ilegítimo do próprio príncipe de Gales.

As origens e a história de George eram tão pitorescas, interessantes e questionáveis quanto Jennie poderia desejar. William, seu pai, era dono do decadente mas romântico castelo de Ruthin, no país de Gales; sendo lorde-tenente de Denbighsire, William era neto do conde de la Warr.

Em 8 de outubro de 1879, movidos pela inveja que sentiam da nata da sociedade, três fofoqueiros, Adolphus Rosenberg, William Wilfred Head e Henry Robert Mark, haviam publicado no *Town Talk: A Journal for Society at Large* que William permitira que imagens de sua mulher, Patsy ("sangue de seu sangue e carne de sua carne"), em vários graus de nudez, fossem expostas em vitrines, ao lado de fotografias de zulus despidos e estrelas de teatro de variedades, na crença de que, por ser amante do príncipe de Gales, Patsy teria valor como suvenir. Afirmavam os autores que William fotografara Patsy num estúdio secreto nos fundos de uma casa em Eaton Square, onde os mascotes recebiam nomes apropriados: o cachorro collie chamava-se Colódio, um ingrediente de laboratório fotográfico; o gato atendia por Iodado de Potássio, e o papagaio, por Polly Câmera. Certa vez, estando seu marido fora, Patsy providenciou para que um jovem tirasse fotos suas na cama.

William Cornwallis-West processou o *Town Talk* por calúnia e ganhou a causa; os três mexeriqueiros passaram dezoito meses na cadeia.

Pouco depois disso, os Cornwallis-West venderam suas duas filhas: uma, como se sabe, para o príncipe de Pless, e a outra, bem mais tarde, para o duque de Westminster, proprietário da maior parte de Londres. Em sua casa de Newlands Manor em Lymington, New Forest, a família tinha uma equipe de quinze criados, desde o mordomo, chamado Sim, às copeiras, amas e ajudantes de cozinha.

George foi uma decepção para seus pais. Apesar da aparência espetacular, e do fato de que seu suposto pai, o príncipe de Gales, o tratava como afilhado e o cobria de presentes, estava claro que não se tornaria grande coisa. A única esperança é que pudesse ser vendido para uma americana rica. "Sou um refugo", escreveu sobre si mesmo anos depois, e, em vista de seu suicídio mais tarde, aos 77 anos, tinha razão: era petulante, mimado, um jogador inveterado e dissoluto. Daisy, condessa de Warwick e antiga amante do príncipe de Gales, não fez favor algum a Jennie quando os apresentou numa festa.

George, sem dúvida, era um maníaco-depressivo: apesar de seu físico, não era bom nos jogos; quando estava na escola secundária, os colegas o estenderam sobre uma grade de madeira improvisada e ele foi obrigado a engolir moscas; tentou matar-se aos 12 anos tomando um frasco de tinta para caneta. As coisas melhoraram em Eton, mas um sopro no coração o manteve fora do campo de críquete, e ele desenvolveu uma profunda homofobia desde que um colega tentou darlhe uma lição de biologia recorrendo à estimulação sexual.

Mas George fora feito, acima de tudo, para ser desejado, especialmente porque, como Ramsden, servia no Exército, o que para Jennie sempre era motivo de fascinação sexual: era tenente no 1º batalhão da Guarda Escocesa. As histórias de suas aventuras eram sempre excitantes: invadiu o quarto de uma empregada num hotel dizendo que se havia perdido; caiu do cavalo num brejo; superava-se a cada caçada, e acabaria como treinador dos cães de caça de Natty Rothschild.

Parecia-se com Kinsky em vários aspectos: possuía considerável habilidade e charme para escrever cartas de amor e exercia o atraente cargo de guarda das jóias da Coroa na Torre de Londres; ajudava também a escoltar a rainha quando ia à missa na catedral de St. Paul. Embora tivesse quase a mesma idade de Winston e, portanto, fosse suficientemente jovem para ser filho de Jennie, sua atração por ela era genuína e, com quarenta e poucos anos, ela ainda era surpreendentemente bela. Mas nem seus pais nem suas irmãs aprovavam o relacionamento; as principais objeções eram que Jennie já passara da idade de ter filhos, de forma que não haveria um herdeiro direto dos Cornwallis-West, e que, embora fosse americana, não era realmente rica.

Capítulo dez

Foi no início de 1899, com o surgir de um novo século, e sem saber realmente que papel poderia representar nele, que uma Jennie seriamente sem rumo resolveu fundar uma revista. Sua colaboradora seria Pearl Craigie, que em julho do ano anterior apresentara-se com ela e a virtuose Maria Janotha no Queen's Hall tocando o *Concerto em dó maior para três pianos* de Bach e com quem comparecera a vários concertos organizados por *lady* de Grey. Como sempre, George Curzon mostrou-se solidário com ela, tendo permanecido o hábil executor testamentário de Randolph e sempre pronto para ajudar. Ela buscou a aprovação de lorde Rosebery, que ocupara o cargo de primeiro-ministro por um curto período na década de 1890, do poeta Algernon Swinburne e de Cecil Rhodes, e a conseguiu de todos.

John Lane, da editora Bodley Head, que alcançara grande sucesso com a notória revista *The Yellow Book*, concordou em publicar, e Lionel Cust, da National Portrait Gallery, forneceria as ilustrações e os comentários. A revista seria quinzenal, e Jennie e Pearl assumiriam os prejuízos eventuais dos primeiros números. Combinaria literatura, arte e política em proporções iguais e evitaria o sensacionalismo — uma receita fraca, do ponto de vista comercial. Contrastaria com a *Truth*, a

Pall Mall e a *Strand*, que veiculavam material mais ou menos noticioso e certa quantidade de fofocas, veladas ou não.

Precisavam escolher um nome: *Area* e *International Quarterly* foram mencionados como possibilidades. Jennie decidiu-se por *Anglo-Saxon*, uma péssima escolha, pois uma revista com esse nome já vinha aparecendo, com boa receptividade, após anos de planejamento e dolorosos esforços de seu editor, o competente James Mortimer; o primeiro número trazia artigos de um velho amigo de Randolph, lorde Dufferin and Ava; do amigo e companheiro de clube de Jennie, o ator Henry Irving, e de Algernon Swinburne e Joseph Chamberlain; a revista estampava na primeira página o lema "A voz do sangue fala mais alto", e seu programa era idêntico ao da revista de Jennie.

Assim que soube disso — e Londres inteira falava do assunto —, Jennie deveria ter desistido da escolha de nome e formato e buscado uma alternativa. Em vez disso, anunciou, com a costumeira imprudência, que iria em frente de qualquer forma.

Sir George Lewis a desaconselhou, e os advogados de Mortimer a processaram. Ela insistiu, todavia, usando o nome *Anglo-Saxon Review*, assegurando com isso o fracasso da revista, para não falar de sua duvidosa legalidade, proclamando até mesmo que "A voz do sangue fala mais alto" seria seu lema até que a obrigassem a retirá-lo com ameaças. Mas ela desistiu do lema, e o processo foi arquivado.

O primeiro número apareceu em 1º de junho de 1899, distribuído da casa de Jennie em Great Cumberland Place, com contribuições de Rosebery, Henry James, Gilbert Parker e Pearl Craigie (que assinava John Oliver Hobbes).

Pouco depois de Winston ter voltado da Índia, em abril, Fanny Marlborough faleceu de repente em Grosvenor Square. Não se pode dizer de Jennie, nem de vários outros, que tenha ficado inconsolável. Como se já não fosse suficientemente irritante, nos últimos anos a duquesa adquirira o hábito de tomar o trem em Londres com uma gaiola cheia de canários, tornando a vida dos passageiros um inferno.

Consuelo Marlborough, especialmente, não a podia suportar, e o sentimento era recíproco.

Com a bênção de Jennie, Winston pedira licença do Exército para se dedicar à política e partiu para Oldham a fim de concorrer a uma vaga deixada por um representante recentemente falecido. Usando a comprovada capacidade de seu pai de juntar palavras contraditórias, denominou-se um conservador democrata, disposto, como dizia em seus discursos, a melhorar as condições da classe trabalhadora e dos idosos pobres. Como se já não tivesse bastante o que fazer, em junho Jennie partiu para apoiá-lo e apareceu a seu lado nos palanques. Ele perdeu, mas venceria em 1900.

Envolvido em um romance com Pamela Plowden, Winston sentia-se desconfortável com George Cornwallis-West, o que foi agravado por cartas que o pai de George lhe mandou opondo-se à relação do filho com Jennie. Ela se sentia pressionada, mas depois que saiu o segundo número da *Anglo-Saxon Review*, com uma contribuição de *Sir* John Gorst, seu estado de espírito melhorou.

Em outubro, depois de muitas escaramuças preliminares, eclodiu a guerra com os bôeres na África do Sul. Como acontecera com a campanha da Birmânia, foi uma guerra baseada na ganância. Paul Kruger, líder dos bôeres, cercado no Transvaal pelas forças britânicas, furioso com a perspectiva de desapropriação das posses dos fazendeiros holandeses e defendendo seus próprios interesses agrícolas e mineradores, decidiu atacar. A desconfiança era recíproca: Kruger tinha certeza de que os ingleses, sequiosos de ouro e diamantes, queriam expulsá-lo do Transvaal, enquanto os ingleses suspeitavam de que Kruger os queria expulsar da África do Sul pela mesma razão. Ambos provavelmente estavam certos; a guerra estourou em 12 de outubro.

A Inglaterra tinha apenas 25 mil homens no local, enquanto Kruger dispunha de muitos mais — além do apoio da Alemanha na forma de metralhadoras Krupp e de rifles Cruesot enviados pelos franceses.

A juventude inglesa ansiava por aventura; a febre da guerra tomou Londres, e multidões entusiásticas enchiam as ruas enquanto as tropas marchavam para a batalha. Como correspondente do *Morning Post* de Londres, Winston mantinha Jennie informada de suas preparações; George Cornwallis-West conta ter vislumbrado Winston na rua com o aspecto de um pároco rebelde, o chapéu mal escovado jogado para trás, o casaco e a gravata desalinhados. Com a ajuda de Jennie, Winston obteve cartas de apresentação e crédito para a Cidade do Cabo de Alfred Beit, sócio de Natty Rothschild na exploração de ouro e diamantes na África do Sul, e de Friederich Epstein, seu sócio financeiro. Com isso, ele pôde investir nos empreendimentos do grupo Corner House, que haviam enriquecido Cecil Rhodes.

Enquanto Cornwallis-West e Jack, que Jennie queria manter em casa, alistavam-se, as notícias da África do Sul eram devastadoras. *Sir* Redvers Buller perdia batalha após batalha: Laings Neck, Mafeking, Kimberley — os nomes soavam como dobres fúnebres numa Londres sombria. Em meio à crise, a *Anglo-Saxon Review* parecia decididamente supérflua. Havia a necessidade de artigos sobre as razões dos atos de Kruger, mas, em vez disso, saiu uma matéria superficial intitulada "A África do Sul será britânica ou holandesa?", que não provocou comentários, e não merecia nenhum. Deprimida, com a revista em queda, Jennie tinha que fazer algo pelos esforços de guerra — e fez; adotou a sugestão de vários amigos de que levasse um navio-hospital para a África do Sul. Pensando em reunir-se a George, Winston e Jack, ganhou ânimo imediatamente.

Jennie voltou-se para os Estados Unidos em busca do dinheiro. Mas deixando-se cegar pelo egoísmo e por certa ingenuidade, desconsiderou o fato de que o país apoiava os bôeres e que o presidente McKinley via a guerra como expressão dos oprimidos contra o Império Britânico. Depois de ser rechaçada por Theodore Roosevelt e Chauncey M. Depew, entre outros, finalmente conseguiu o apoio de Bernard Noel Baker, diretor da Atlantic Transport Company de Maryland, que lhe entregou uma surrada embarcação de gado chamada *Maine* (cujo nome era uma homenagem ao famoso navio que afundara no porto de Havana em 15 de fevereiro de 1898, episódio que detonou a Guerra Hispano-Americana).

Ela convocou amigos para levantar fundos: as duas Consuelos, Fanny Ronalds, Clarita, Leonie, Lily e várias das irmãs de Randolph. William Waldorf Astor recusou-se a ajudar e Bourke Cockran, atacado por amigos de Nova York, pouco pôde fazer. A rainha Vitória chamou Jennie ao castelo de Windsor para dar sua aprovação, mas então chegaram notícias perturbadoras: Winston, numa galante exibição de ousadia, havia sido capturado pelos bôeres. A fuga de uma escola que fora transformada em prisão logo o tornaria mundialmente famoso, mas Jennie de nada soube até que chegasse à África do Sul, o que representou para ela um período de grande preocupação.

Kinsky enviou mensagens de apoio de São Petersburgo, e as cartas de amor de George, da frente de batalha, eram muito animadoras. Trabalhando furiosamente, Jennie supervisionou a conversão do *Maine* e ousou hastear a bandeira americana ao topo do mastro, apesar da proibição do presidente McKinley; juntou também a bandeira da Cruz Vermelha e a da Inglaterra, por cautela. George escreveu-lhe então que, dispensado por causa de uma insolação, ele estaria viajando na direção oposta; seus navios passariam um pelo outro durante a noite. Deve ter sido uma grande decepção para Jennie.

Partindo do cais da West India em Londres no dia 23 de dezembro de 1899, o *Maine* logo foi cercado pela neblina, e o restante da viagem foi para Jennie algo como uma provação. Um vendaval incessante deixou-a confinada à cabine durante seis dias; móveis, talheres, louça, copos, instrumentos cirúrgicos e armários de remédios estilhaçaram-se no convés. Quando Jennie deu um recital de piano na virada do ano 1900, a banqueta deslizou com ela e o piano tombou. Só chegou à cidade do Cabo em 22 de janeiro. Um Jack impecável e garbosamente uniformizado veio saudá-la, com notícias sobre a fuga de Winston e os sucessos militares recentes.

Em vez de socorrer os feridos, a equipe do *Maine* foi despachada pelas autoridades médicas para Durban, que havia sido arrasada por furacões e tempestades de granizo. Winston lá estava para receber a mãe e o irmão; Jennie e a equipe de enfermeiras e voluntários trabalharam longas horas cuidando dos feridos.

Pouco depois, Jack foi atingido e levado para o *Maine*. Havia servido galantemente na Cavalaria Ligeira sul-africana e estava decepcionado por ter que se retirar do combate, pelo menos por algum tempo. Mas logo ele voltou à ação.

Jennie teve a oportunidade de conhecer, de primeira mão, os fatos que justificavam os ataques de Randolph (e agora de Winston), em seus discursos políticos, ao desperdício e à corrupção dos chefes das forças armadas britânicas. Os uniformes que supostamente justificariam os ultrajantes aumentos no orçamento negociados de maneira irresponsável (ou ainda pior) em Whitehall eram uma calamidade. O tecido cáqui era dos mais baratos: algodão grosso ou lã, tão mal costurado que se desfazia ao menor toque; para muitos de seus pacientes feridos, não havia mudas de roupa nem reservas disponíveis em Durban. Após semanas de batalha, os homens estavam deprimidos; eram transferidos sem razão de um hospital de campo para outro, às vezes sem calças ou sem camisa; não fosse pela capacidade de organização de Jennie, teriam faltado ataduras e talas.

Ela lutava contra a burocracia dia e noite; se um homem adoecia e precisava de uma dieta especial, um oficial médico tinha de assinar uma autorização, o que podia resultar numa demora fatal. Por fim, esgotada pelo esforço, deixou enfermarias e clínicas de bordo nas mãos capazes de sua equipe e partiu para visitar a frente de guerra.

Com algumas pessoas, foi de trem até o acampamento Chieveley; no meio da noite, ficaram sobressaltados ao verem dois espiões serem presos e algemados em seu vagão e arrastados para fora.

Em Chieveley, ouviu o tiroteio distante; através do enxame de moscas que lhe invadia as roupas e os cabelos, viu o cortejo de soldados andrajosos e cavalos protegidos por lonas. Longe de ficar nervosa, deixou-se cativar como sempre, fascinada ("foi uma visão grandiosa e comovente", escreveu ela em suas memórias). Mas não pela condição dos cavalos, sempre seus animais favoritos: numa fazenda, viu uns dois mil deles aguardando a hora de ir para a linha de frente após seis semanas amontoados nos bojos dos navios; eram jogados em caminhões abertos e carregados no calor poeirento para um massacre certo na frente de batalha.

De volta a Durban, reuniu-se às multidões excitadas que celebravam a derrota dos bôeres e a libertação da cidade de Ladysmith; conseguiu um passe e acompanhou Winston até a cidade reconquistada. O que viu foi horrendo: o trem repleto de feridos, a cidade fedendo a homens e cavalos mortos, e grandes pilhas de balas e granadas obstruindo as ruas em ruínas. Ela nunca esqueceria as nuvens de pó que turvavam a visão, as moscas, o sol feroz.

Sobre uma carroça puxada a mulas, retornou ao *Maine* com algumas lembranças: uma caixa de balas do canhão "4-7" chamado Lady Randolph Churchill, que matara muitos bôeres, balas dundum, cartucheiras e uma caixa de chocolates roubada de um homem morto.

Na viagem de volta para casa, após uma ausência de muitas semanas, Jennie desembarcou em Santa Helena para ver o túmulo de Napoleão e refletir sobre a passagem de antigas glórias. Chegando a Londres, descobriu que os jornais haviam vazado cada detalhe do movimento das tropas inglesas e que simpatizantes dos bôeres haviam telegrafado as informações para o inimigo.

Ela retomou o trabalho na *Anglo-Saxon Review* e persuadiu o escritor Stephen Crane, em cartas até hoje preservadas, a contribuir com um conto; conseguiu também a colaboração de George Bernard Shaw e dos famosos escritores Max Beerbohm, Maurice Maeterlinck, Edmund Gosse e George Gissing. Tanto em conversa quanto na correspondência, ela sabia sustentar seus pontos de vista diante de todos eles. Achou tempo para manter as atividades da Liga da Prímula enquanto desfrutava seu renovado relacionamento com George Cornwallis-West, que estava de licença devido a um ferimento na guerra. Winston continuou a impressioná-la e a todos com suas aventuras e deliberações; Jack também a deixava feliz, pois servia bem e com bravura. Winston zarpou para casa com ótima disposição no dia 3 de julho de 1900. Seu livro *London to Ladysmith* (*De Londres para Ladysmith*) vendia bem na Inglaterra e nos Estados Unidos; os investimentos que *Sir* Ernest Cassel fazia para ele e Jennie estavam tendo resultados compensadores.

Mas Jennie não estava tão feliz quanto Winston; padecia com a oposição da sociedade a George e, especialmente, à idéia de seu casamento com ela. O princípio dúbio — pelo qual as mulheres podiam casar-se com homens com idade suficiente para serem seus pais, mas não com jovens que poderiam ser seus filhos — atuava contra ela com força plena e brutal. A oposição do príncipe de Gales tinha todo o jeito de ciúme; na ausência de Jennie, importunara George durante encontros.

Leonie, que tomara conta de George para o bem de Jennie, foi assediada por bilhetes maldosos de William Cornwallis-West falando de uma paixão insana, pois Jennie era mais velha que a mãe de George. Num paroxismo de fúria ocasionado por sua exasperação com o fato de Jennie não ser rica, o pai enraivecido inventou uma proposta de casamento que George supostamente teria feito a outra mulher.

Jennie se desfazia de seus inimigos como se fossem vespas numa mesa de café-da-manhã. Em 24 de maio, escreveu a Winston que estava comovida com a devoção de George, e teve suficiente senso prático para acrescentar que ele poderia ter condições de ajudá-la financeiramente no futuro. A oposição era implacável; quando ela decidiu que visitaria a condessa de Warwick acompanhada de George, o príncipe de Gales cuidou para que ela partisse às pressas e sozinha para Sandringham, a fim de comparecer a uma festa que ele estava oferecendo; ele estava irritadíssimo com a teimosia de Jennie em casar-se com George. Mas nada a deteria: encorajada por Consuelo Manchester, sempre uma amiga maravilhosa, ela finalmente anunciou o casamento, apenas para se defrontar com o que só poderia ter sido uma intervenção do príncipe para estragar seus planos.

George foi informado por seu comandante, o coronel Ian Hamilton, de que, caso se casasse com Jennie, seria excluído de seu regimento.

Não havia base plausível para tal ameaça nos regulamentos do Exército; só o príncipe poderia ter puxado esse cordão específico. Jennie ficou furiosa e George foi falar com *Sir* Evelyn Wood, general-adjunto do Exército, que intercedeu a seu favor, mas Hamilton foi inflexível: se George seguisse os próprios desejos, teria que aceitar o afastamento.

Jennie deve ter sabido qual o personagem real que lhe fazia oposição. Despachou uma carta para lorde Lansdowne, secretário da Guerra, exigindo uma explicação; ele a tranqüilizou. Então Jennie, e depois George, foram ao príncipe de Gales, em Marlborough House, defender sua causa.

O príncipe não deu nenhuma ajuda. Sugeriu que George pedisse uma licença de seis meses com redução de vencimentos — e depois procurasse outro emprego. De forma alguma interveio em favor de George perante os chefes do Exército, mas, por fim, cedeu — estava muito apaixonado agora por sua nova amante, Alice Keppel — e, embora relutante, acabou deixando que o casamento se realizasse sem oposição.

Em fins de julho, Jennie estava de volta a Oldham com Winston, ajudando-o em sua ardente campanha conservadora para as eleições gerais de outubro; ela se entusiasmou quando dez mil pessoas o saudaram com agitar de bandeiras e retumbar de tambores. Voltaram a Londres para o casamento dela com George na catedral de St. Paul, em Knightsbridge, no dia 28 de julho de 1900.

Foi uma ocasião de gala, com George no máximo de sua beleza e Winston a sorrir bravamente (embora internamente irritado e em desacordo, louco para voltar à campanha em Oldham); Jack ainda estava na África do Sul. As irmãs de Jennie e seus maridos estavam muito animados; Sunny (que conduziu a noiva), Georgiana Curzon, os Tweedmouth, Fanny Ronalds, *lady* de Grey, *lady* Jeune e Albertha estavam presentes.

Clarita e Moreton Frewen ofereceram uma recepção após a cerimônia e Jennie abriu uma grande pilha de presentes. Num deles, hesitou um instante: era um ovo de páscoa de Fabergé enviado por Kinsky de São Petersburgo, acompanhado de um cartão de bordas negras como se fosse uma comunicação fúnebre no qual, sem nenhum tato, escrevera: "De luto, sempre." Ele ainda era apaixonado por ela e sempre seria. Ainda furiosos, os progenitores Cornwallis-West não compareceram.

Sua lua-de-mel com o homem mais bonito da Inglaterra foi em lugares tão diversos quanto o castelo Broughton, de lorde Saye and Seal, o palácio de Pless, de Daisy, na Alemanha, e a propriedade dos Tweedmouths, na Escócia. Sempre uma trabalhadora compulsiva, Jennie levou montes de manuscritos, provas, orçamentos e contas da *Anglo-Saxon Review*, espalhando-os sobre as camas onde fazia amor com o marido. Nunca deixou de apoiar Winston em Oldham ou Jack na África do Sul, com palavras de afetuoso encorajamento; voltou à Inglaterra a tempo de ajudar Winston a conquistar sua cadeira. Lorde Salisbury estava entre os primeiros a congratulá-lo.

Em seu retorno, também encontrou notícias muito tristes. *Sir* Arthur Sullivan, o velho amigo cujas estréias ela quase nunca perdia quando na Inglaterra, estava em estado grave, e Fanny Ronalds, ainda sua devotada amante, encontrava-se desesperada. Os recém-casados visitaram o moribundo em seu apartamento em Queen's Mansions, e a família real enviou mensagens. Em 21 de novembro, vendo que Sullivan estava perdendo a batalha pela vida, *Sir* Thomas Barlow, médico real, convocou Fanny Ronalds em meio a uma tempestade; ela não conseguiu achar uma charrete e quando chegou, em 22 de novembro, era tarde demais.

Com as bênçãos de Jennie, Winston embarcou então para uma turnê de palestras nos Estados Unidos, turvada por querelas com seu agente, o major James B. Pond. No Natal, ela recebeu um malicioso bilhete de George Curzon, vice-rei da Índia, que lhe escrevia como "Minha Querida Senhora" ("Não posso identificá-la como sra. West — Querida sra. West, não; isso, nunca."). E atribuía o cancelamento de sua planejada visita à Índia a um "marido por demais luxurioso", outra observação sarcástica. Em acréscimo, enviou-lhe um vaso de prata da Birmânia — um lembrete do inglório episódio em seu passado.

Winston escreveu de Toronto num tom de ressentimento similar, embora não dirigido à mãe. No dia de ano-novo, falou como os pais de George haviam enredado o desafortunado, porém rico duque de Westminster, induzindo-o a se casar com sua filha, a irmã mais nova de George ("Ele não a ama realmente").

Em 16 de janeiro, Winston escreveu a George. Para ele, o serviço militar continuava e sempre continuaria sendo tremendamente excitante; mas Jennie claramente havia mudado de opinião sobre a carreira militar do marido e não queria que ele arriscasse a vida em aventuras no estrangeiro. Winston enviou uma série de comentários mentirosos sobre a vida militar, totalmente contraditórios com seus reais sentimentos. Talvez sob a influência de Jennie, disse que o serviço militar era apenas labuta e fadiga, uma perda de tempo, e que as recompensas eram estéreis, a não ser que matar fosse considerado um prêmio. E aconselhava George a esquecer todos os seus planos e, em vez disso, tornar-se engenheiro civil. A carta parece ter surtido um efeito trágico. A vida militar teria sido o futuro perfeito para George; ele poderia ter alcançado altas posições na hierarquia em vez de ficar reduzido, como ficou, a empregos insignificantes na indústria. E não teria padecido do sentimento de inferioridade que o corroeu pelo resto da vida e, por fim, o levou a terminá-la.

Quando a rainha Vitória morreu, em janeiro de 1901, todo o clã Marlborough acompanhou Jennie e George para uma cerimônia de luto em Blenheim; todos estavam de negro, as senhoras sob pesados véus, quando tomaram o trem para Windsor para o funeral na capela de St. George.

Poucos dos que participaram do evento esqueceriam o desfile de cabeças coroadas, as hostes de aristocratas, o ribombar dos canhões, a música fúnebre e as alianças temporárias de inimigos mortais. Até mesmo Albertha Blandford conseguiu atravessar as cerimônias sem dizer nenhuma idiotice, mas Sunny Marlborough esteve em seu pior momento. Notando o número de homens famosos, figuras reais inclusive, que lançavam olhares lascivos sobre sua mulher, saiu-se com essa: "Quando eu morrer, você não ficará viúva por muito tempo!" Pode-se facilmente imaginar o pesado silêncio que se seguiu.

Para Jennie e todos de suas relações, um luto de seis meses era obrigatório; em certa ocasião, quando ela apareceu com um par de luvas brancas, sua anfitriã, muito austeramente, trouxe-lhe um par de luvas negras. Jennie fugiu mais de uma vez para Paris, onde podia usar o que quisesse, mas, ao visitar o castelo de Ruthin, de George, no país de Gales (seus pais estavam reclamando a ausência deles), encontrou toda a criadagem de negro, da governanta aos ajudantes de cozinha.

Pelo menos lá podia cavalgar; os estábulos eram excelentes e a família era conhecida nas redondezas como o "Show do Oeste Selvagem". Dentro de casa, as coisas eram menos agradáveis; a visita às antigas câmaras de tortura e calabouços, a exploração das adegas mofadas e cobertas de teias de aranha nada tinham de atraente.

Em Londres, Jennie assistiu com aprovação ao discurso inaugural de Winston como representante de Oldham na Câmara dos Comuns, e depois partiu com George para os usuais períodos de hospedagem em mansões de campo, sempre convenientes como forma de economizar dinheiro.

Ela gostava especialmente da casa de Alfred Rothschild, em Halton. Oferecia extravagentes deleites para os olhos, recendendo aos gostos homossexuais de Alfred. *Sir* Algernon West escreveu sobre "um excessivo pesadelo de maravilhas", e o secretário de Gladstone, Edward Hamilton, acrescentou seu próprio comentário: "tristemente exagerada,... toda ouro e folheados".

Centenas de quadros, sessenta vasos de Sèvres, um pavilhão indiano cheio de tapeçarias, ricos carpetes e incenso em braseiros, tudo produzia um quadro inesquecível de auto-indulgência inconseqüente. Rothschild regia sua própria orquestra no salão de bailes, tocando as próprias composições escritas originalmente para piano. Ofereceu um circo particular com cavalos, cães, galinhas e galos que faziam malabarismos sobre uma arena de serragem ao toque de seu chicote, enquanto ele se pavoneava em seus calções e paletó de um azul-profundo e luvas de suave cor lavanda. Quando alguém sugeriu que tudo que lhe faltava era um campo de golfe nos jardins, ele instalou um. Quando George Cornwallis-West disse que apreciaria um charuto, vieram 300 numa caixa.

Sir Ernest Cassel poderia facilmente ter arranjado para George algum cargo de direção insignificante na City de Londres, pago para não fazer nada; ele era um aristocrata, e tais postos eram coisas usuais para quem tinha influência. Em vez disso, de maneira condescendente, Cassel impôs ao infeliz jovem um cargo na Escócia, como uma espécie de "encanador não remunerado" de macacão (descrição do próprio George). Ele era um funcionário superestimado da Potteries Electric Traction Company, o que o prendia a semana toda em Glasgow, e tinha de fazer uma longa viagem de trem para passar os fins de semana com Jennie. Em contraste, Cassel colocou Jack, que deixara o Exército, como empregado de uma firma de corretores da Bolsa em Londres, aprendendo o ofício de baixo para cima, mas pelo menos ganhando um salário decente. O contraste era cruel e venenoso.

Jennie debatia-se com a *Anglo-Saxon Review*; John Lane, da Bodley Head, havia retirado seu apoio, e ela foi obrigada a publicar por conta própria; isso pesou em suas finanças, e Winston e Jack tiveram que passar sem suas mesadas durante algum tempo.

E agora havia a questão da coroação do príncipe de Gales. A cerimônia foi adiada por causa de sua grave doença e só ocorreu em agosto de 1902, na abadia de Westminster, no auge do calor, com uma multidão espetacular liderada pelas maiores figuras da Inglaterra; o duque de Norfolk era o encarregado geral.

De humor vulgar, o novo rei pregou uma peça no mundo. Colocou no "galinheiro" real todas as mulheres que haviam sido suas amantes, ou eram vistas como tal, no passado e no presente. Jennie viu-se ao lado de Patsy Cornwallis-West, ainda sua arquiinimiga, e de Alice Kappel, Daisy Warwick, Lillie Langtry, *lady* Dudley, Hortense Schneider, a princesa de Sagan e a duquesa de Mouchy.

Jennie roubou a cena com um vestido branco simples e quase nenhuma jóia, enquanto suas companheiras mais pareciam árvores de Natal. No corpo da audiência, a mais ofuscante das mulheres presentes era Consuelo Manchester, com gargantilha e braceletes de rubis da Birmânia, diamantes sul-africanos e esmeraldas brasileiras.

O arcebispo de Canterbury estava enfraquecido e quase cego pela idade; esqueceu a metade das palavras da Prece de Reconciliação e, ao tentar lê-la, perdeu os óculos. Quase deixou cair o anel de coroação; tremia tanto ao tentar colocá-lo no dedo real, que o monarca teve de fazê-lo ele próprio. Desmaiou e teve que ser transportado à sua cadeira oficial; pela segunda vez, o rei o levantou fisicamente e plantou-o em seu lugar. Ele se recuperou, mas quase colocou a coroa de trás para frente; o monarca a arrumou, apenas para tropeçar no momento em que as luzes se apagaram. Alguém berrou que as acendessem, e ouviram-se risinhos. O sistema elétrico então inundou a nave com tanta luz, que muitos cobriram o rosto com as mãos.

Após o discurso do rei, o arcebispo quase desmaiou de novo; sustentado pelos bispos, conseguiu chegar ao fim da comunhão. Houve uma comoção do lado de fora: a carruagem de lorde Pelham Clinton, que chegava muito atrasado, colidiu com outra e viu-se uma *mêlée* de passageiros e cavalos espalhados. Quando a multidão se dispersou, alguém observou que o diadema de *lady* Stafford estava torto. Informada disso, ela riu e continuou seu caminho.

Mesmo com o apoio de Cassel, a jogatina do novo rei e os presentes para suas amantes o haviam deixado em péssima situação financeira. Seguiram-se contratempos: várias das jóias da coroa na Torre de Londres foram vendidas por Carrington's da Regent Street, e imitações colocadas em seus lugares. Também foi feita uma tentativa de vender ao governo a Osborne House, residência favorita de Vitória, mas a oferta foi recusada e a propriedade teve de ser legada à nação.

Naquele outono, *Sir* Ernest Cassel, dando continuidade à dominação financeira e política do Egito pela Inglaterra, dominação contra a qual Randolph lutara por tanto tempo, completou a construção da represa de Assuã. A obra era financiada por ele pessoalmente e projetada para levar a fertilidade ao vale do Nilo — e, com o aumento da produção de algodão, também levaria a prosperidade ao norte da Inglaterra e às indústrias têxteis das Midlands, que tanto deviam aos esforços de Winston. A represa foi inaugurada no final do ano com a presença de Winston, uma ocasião de gala para a qual nem Jennie nem George foram convidados.

Cassel e Natty Rothschild lançaram novos títulos egípcios; embora não haja registro de que Jennie tenha se beneficiado dessas ações, é provável que sim. George frustrava-se cotidianamente. Conseguiu persuadir seu chefe, que o tinha engajado como auxiliar na construção da usina municipal de energia elétrica de Glasgow, a deixá-lo ocupar pelo menos um lugar honorário na comissão diretora. Mas o cargo nada significava, e o que ganhava era uma miséria. Lamentavelmente, ele inventou histórias que foram parar em vários livros. A mais absurda era a de que, quando foi transferido para os escritórios da companhia em Stoke-on-Trent, certa vez atrasou-se a caminho do trabalho e, não tendo conseguido transporte, fretou um trem especial para levá-lo à cidade. Não há registro desse incidente. Ele era deploravelmente mentiroso e desorientado, uma beleza masculina agônica.

Na frente de batalha da política, o ano de 1903 viu crescer a preocupação de Jennie com o fato de Winston, assim como ocorrera com Randolph, estar em conflito com os conservadores, que ele sentia não terem valor algum. Como seu pai, Winston era um liberal de coração, lutando pelo livre-comércio com a Europa.

Ele martelava constantemente contra a extravagância dos gastos navais e militares e defendia a distribuição gratuita de alimentos para os pobres. Jennie concordava com seus pontos de vista, mas só podia temer que ameaçassem, ou mesmo destruíssem a carreira política dele, como haviam destruído a de Randolph.

O primeiro-ministro Arthur Balfour, no cargo desde julho de 1902, após a renúncia de Salisbury, não havia sido um dos favoritos de Jennie, dada sua relação ambígua com o Quarto Partido; e sua função de presidente da Sociedade de Pesquisa Psíquica só podia ser vista por ela como uma tolice, pois ainda era uma agnóstica convicta. Fraco, hesitante e excessivamente educado, ele, decerto, não correspondia à imagem de um grande homem; mas para sustentar sua carreira, sem dúvida Winston teria de apoiá-lo. Entretanto, ele nunca deixou de levar adiante os ataques do pai ao reacionarismo, o batalhão de fantasmas de barbas cinzentas que eram os conservadores mais velhos.

Em 24 de outubro de 1903, Winston pôs as cartas na mesa, escrevendo a seu amigo íntimo lorde Hugh Cecil: "Sou um liberal inglês. Odeio o partido *tory*, seus homens, suas palavras, seus atos." Era como se Randolph estivesse falando. Mesmo assim, ele ainda cometia o mesmo erro do pai, algo que Jennie parece ter compartilhado: queria combater o partido de dentro, não do outro lado da Câmara dos Comuns. Era um esforço inútil, na melhor das hipóteses.

Em abril de 1904, Jennie buscou na música um alívio para os conflitos políticos do filho: sua antiga rival *lady* de Grey lançara, com o empresário Henry Higgins, uma série de apresentações de Wagner no Covent Garden, inclusive um ciclo completo de *O Anel dos Nibelungos*. Por mais que gostasse do trabalho do compositor, ela achou a experiência difícil: tinha de chegar ao teatro no começo da tarde, acompanhar horas de espetáculo, fazer uma pausa para o jantar e começar tudo de novo. Alguns anos mais tarde, em seu livro *Small Talks on Big Subjects*, foi assim que descreveu o desconforto daquela experiência.

Pearl Craigie estava muito presente em sua vida, escrevendo da Índia em termos que pareciam ir além da amizade normal. Uma das cartas diz: "Desejei-a a cada momento desde que parti.". Outra: "Senti sua falta a cada segundo." Ela estava ocupada escrevendo um romance, *The Vineyard*, publicado em 1904, cheio de desejo reprimido pela heroína Jennie Sussex, sobre cuja beleza e charme ela se estende em cada página.

Jennie Sussex irradia saúde e amor pela vida; toca piano e canta; aprecia as obras de Swinburne, Keats, Ruskin e Thackeray. Não poderia haver melhor descrição da Jennie real que esta:

> A música que ardia em seu coração como um vinho era inaudível; o deslumbre pelo mundo, o desejo de amor, o intenso temor da desilusão, a relutância em ouvir tudo o que pudesse ser ouvido, com receio de fazê-lo em demasia — esses eram seus próprios segredos, a serem jamais revelados.

Gerald Federan, por quem Jennie Sussex se apaixona, é uma combinação em partes iguais de George e Kinsky: belíssimo, ele "satisfazia, mais do que qualquer outro homem, o ideal romântico". Como Kinsky, Gerald vence corridas de obstáculos assistidas por Jennie na platéia; é "o melhor cavaleiro do país". Como George, serviu no exército na África do Sul. Numa das cenas, há um paralelo exato com a cavalgada irresponsável de Jennie em Blenheim, grávida de nove meses ("Não pare! Não pare! Não deixe que eles nos ultrapassem!").

Como a Jennie original, a outra leva um espelhinho atado ao cinto por uma correntinha de ouro, consultando-o com freqüência às vezes demasiada; o andar ondulante, a curiosidade insaciável, os chapéus emplumados e os saltos perigosamente altos completam uma imagem exata.

A autora mostra sua heroína totalmente dependente de um corpo masculino jovem e musculoso, que era para ela a própria base da vida. A fome de Jennie Sussex por Gerald Federan supera a decepção com seu fracasso nos negócios (à la George):

> A mulher sem o amor humano não vê felicidade para si no paraíso nem teme a agonia do inferno... Ela pertence ao sexo incompreensível e sofredor, eternamente partido entre a solidão do corpo e a solidão da alma...

Nada ilustraria melhor a paixão de Jennie por George que isto:

> Foi o amor de Gerald pelo prazer, a causa de todas as dificuldades tanto dele quanto dela: porque ela própria adorava o prazer e, com o prazer, tudo o que era belo, raro e comovente. Sutil e luxuriosa, foi irresistivelmente atraída para Gerald.

São palavras que podem ser igualmente aplicadas ao desejo que ela sentia por Kinsky e por Delacour, Ramsden, Wolverton e Randolph.

Ao longo de todo esse extraordinário e olvidado romance biográfico, corre abaixo da superfície um tom inequívoco de amor pela heroína e um doloroso desconforto em representar os homens que sua amam. Ao deter-se tão longamente na descrição da paixão, Pearl revela sua própria. Seu disfarce como "John Oliver Hobbes" não funciona, e isso numa época em que já ficara no passado o tempo em que as escritoras tinham de fingir ser homens.

Enquanto lidava com aquela literatura provocadora, Jennie teve de enfrentar a crise já esperada, havia muito tempo, na carreira política de Winston. Em 29 de março de 1904, furioso com o fato de segredos terem sido ocultados ao público, defendeu na Câmara dos Comuns o "direito de saber" do povo, sua declaração mais "americana" até então e, portanto, inspirada por Jennie.

Enfurecidos, Balfour e seu gabinete saíram ostensivamente do plenário seguidos por quase todos, exceto doze representantes conservadores; Winston continuou a falar de forma desafiadora e os liberais o aplaudiram longamente. Em 31 de maio, ele passou para a oposição e, com o apoio de Jennie e o acolhimento extasiado desses mesmos liberais, tornou-se um deles. Sua longa campanha randolphiana contra as irregularidades nas compras das forças armadas deu resultados; o Comitê de Defesa Imperial condenou amplamente todos os métodos do Ministério da Guerra na Guerra dos Bôeres. Ele e Jennie rejubilaram-se com o fato de as políticas pró-tarifa de Balfour terem reduzido o apoio ao governo, enquanto o livre-comércio com a França, seguindo-se a uma *entente cordiale*, foi muito bem recebido. Em 1905, Arthur Balfour foi obrigado a renunciar.

Naquele mesmo ano, Jennie decidiu vender seu longo contrato de arrendamento da Great Cumberland Place e mudar-se para o campo. Ela e George, que deixara o emprego na Escócia e estava começando a especular na cidade, escolheram uma casa atraente, Salisbury Hall, perto de St. Albans, uma mansão Stuart de tamanho médio, com fosso e ponte levadiça. Mal haviam ocupado a casa e Jennie decorado os cômodos com a habilidade usual, George anunciou que vira, na escadaria, o fantasma de Nell Gwyn, amante de Carlos II que outrora vivera ali; chamou uma médium espírita para confirmar que Nell assombrava a casa.

Jennie não tinha tempo a perder com tais tolices nem com as freqüentes sessões espíritas de George, embora numa delas a mesa percutisse o nome de um futuro ganhador das corridas de cavalos que, por acaso, provou ser o correto.

Quando o casal visitou Versalhes, George, sem dúvida influenciado pela famosa história da virada do século de dois professores que diziam ter sido transportados a Fontainebleau na época de Maria Antonieta, disse a Jennie que reconhecia um caminho e uma estátua que vira em sua encarnação passada como cortesão da rainha.

Além desses absurdos, Jennie tinha de agüentar as brincadeiras de George ao estilo de Kinsky. Quando visitaram a Irlanda, ele roubou as roupas de gala do anfitrião no dia de seu casamento; numa visita ao castelo de Ruthin, fez-se passar por um magnata de Montana, fazendo aos hóspedes de seus pais uma proposta de negócio num tão perfeito disfarce com peruca negra, bigodes e monóculo, que eles não o reconheceram.

O casamento de Jennie estava azedando; ela estava cansada não apenas do espiritismo, mas também das infindáveis rodadas de festas de fim de semana, golfe, tênis, o mercado de casamentos — e da inaptidão de George para os negócios. Ela mal conseguia acompanhar as visitas ao castelo Fürstestein de sua cunhada, a princesa de Pless, na Alemanha, e as brincadeiras de pique-esconde nos bosques, os passeios de automóveis, os bailes à fantasia, a caça à perdiz, as pescarias, o golfe e o *croquet*. Já passava dos cinqüenta, e estava ficando cada vez mais entediada e austera.

Precisando de dinheiro, começou a escrever suas memórias, que rudemente intitulou *Reminiscências de Lady Randolph Churchill*, não apenas porque o livro venderia melhor, mas talvez para deliberadamente fazer pouco caso de George. É uma obra muito estranha, publicada com sucesso por Edward Arnold e bem recebida pelos críticos. Praticamente ignorando os filhos, ela esconde toda a dor dos dias finais de Randolph; a maneira como descreve aquela última e fatídica turnê mundial seria mais adequada para um inócuo livro de viagens do que como registro de uma experiência infernal. Inventa uma infância em Trieste — onde nunca esteve, pois nasceu depois que seu pai já havia terminado o trabalho diplomático ali. Omite todos os sinais de sentimentos humanos, os casamentos e as convicções políticas. As únicas passagens em que o livro ganha vida são as que tratam de suas atividades na Guerra dos Bôeres, com descrições vívidas das experiências na África do Sul.

Em seguida à morte de Fanny, irmã de Randolph, vitimada pelo câncer, Jennie tornou-se mais do que nunca amiga de lorde Tweedmouth, o desolado viúvo; visitava-o sempre que podia em sua propriedade escocesa, o refúgio favorito de Jennie quando Randolph era vivo. O *Times* deu início a uma campanha contra Tweedmouth em seu papel de primeiro lorde do Almirantado e, em 1º de abril de 1908, acusou-o de traição: ele teria compartilhado informações confidenciais sobre a frota inglesa, sem autorização, com o imperador Guilherme II da Alemanha — que representava uma eterna ameaça e já tinha planos de conquistar a Europa.

Tweedmouth disse numa carta que lorde Esher, amigo de confiança do rei Edward e supervisor da casa real, que contestara nos tribunais determinados atos de Tweedmouth, "faria melhor em se ocupar com o encanamento do castelo de Windsor em vez de intrometer-se na política naval". A carta foi publicada pelos jornais em 1º de abril (mesmo dia da ofensiva acusação do *Times*). Desprezada por alguns como uma piada do Dia da Mentira, foi de fato a derrocada da carreira de Tweedmouth. Obrigado a demitir-se, ficou mentalmente afetado pelo estresse e não houve nada que Jennie ou quem quer que fosse pudesse fazer por ele.

No entanto, ele havia apresentado Jack (que se saía muito bem no mercado de ações e títulos junto com Cassel e Rothschild, à moda de Jerome nas ferrovias americanas) à bela jovem Gwendeline Theresa Mary, filha do 8º conde de Abingdon. Ela era prima de John Delacour por casamento e sobrinha de lorde Bertie de Thame, o pretensioso embaixador na França que apresentara Jennie a Randolph em Cowes, em 1873. Goonie, como todos chamavam Gwendeline, adorava Jennie, e o sentimento era recíproco; ela era encantadora, suave e bonita, mas tinha uma família muito peculiar, com a qual Jennie teria de se acostumar.

O conde mudava de casa com uma freqüência alarmante, tornando impossível saber onde poderia ser encontrado em determinado momento; decidido a não deixar dinheiro algum para sua família, embarcou numa vã tentativa de gastar tudo o que tinha. Obrigava seus hóspedes a tomar o café-da-manhã de pé, servindo-lhes mingau com sal em vez de açúcar, que deviam comer, segundo suas instruções, enquanto olhavam pela janela. Sua mulher era uma colecionadora maníaca, abarrotando cada centímetro das sucessivas casas com quinquilharias indianas, sempre a plantar jardins de rosas, cujas pétalas desfolhava e espalhava pelas casas em tigelas de bronze. Não suportava derramar ou desperdiçar sequer uma gota de leite; quando as garrafas de leite estavam quase vazias, juntava as últimas gotas para fazer queijo em sacos de pano pendurados no teto da cozinha.

Jack entregou-se à corte de Goonie, sem dúvida para agrado de Jennie, de um modo que parecia sair diretamente das páginas de *Sir* Walter Scott. Quando os Abingdons estavam residindo por breve período em Whytham Abbey, a 11 quilômetros de Blenheim, ele cavalgava todos os dias, como um cavaleiro antigo num cavalo de batalhas, para vê-la. Sunny, o duque de Marlborough, bem como sua mãe Albertha e seus tios e tias, não aprovava o namoro. Quanto aos Abingdon, estavam irritados; de antiga linhagem, consideravam os Churchill socialmente abaixo deles e não cansavam de insistir que o lema da família Marlborough, "leais, mas desafortunados", era um arauto da ruína.

Se o conde de Abingdon representava uma ameaça ao futuro, o mesmo ocorria com *Sir* Henry Hozier, "pai" do novo interesse romântico de Winston, Clementine, filha de Blanche, amiga de Jennie. Winston a havia encontrado em diversas ocasiões sociais, especialmente em Salisbury Hall, onde Jennie os apresentou formalmente pela primeira vez. Já era bastante ruim que Clementine, encantadoramente bela e inteligente, fosse ilegítima (Jennie era uma das pouquíssimas pessoas a saber que ela era filha de Bay Middleton). Mas o pior era que *Sir* Henry poderia, num momento de fraqueza, revelar à imprensa que ela não era sua filha. Ele já havia feito soar uma nota lúgubre ao omitir qualquer menção a ela ou à esposa no verbete de referência a ele no *Who's Who*, que revira pessoalmente, e algum colunista mexeriqueiro talvez notasse. Mas Jennie, ansiosa por ver ambos os filhos casados e, com a ousadia sempre, disposta a correr todos os riscos, deu total apoio ao namoro. Clementine não fazia objeções aos ataques randolphianos de Winston aos antiquados conservadores: uma liberal de coração, já sentia uma forte atração pelos embates da política.

Jack e Goonie casaram-se primeiro; a cerimônia foi na Igreja de St. Aloysius em Oxford, no dia 5 de agosto de 1908, e Winston foi o padrinho de casamento. Apenas umas poucas pessoas da sociedade compareceram; Jack não tinha nenhum peso social.

Sunny Marlborough, separado de Consuelo após o colapso de seu casamento, estava presente, o que impossibilitou que ela comparecesse. O clã Marlborough também apareceu, e com Jennie e George estavam *lady* de Grey, Lewis Harcourt e *lady* Jeune, agora *lady* St. Helier, *Sir* Ernest Cassel e os Natty Rothschild. De todos os presentes, o de Jennie e George foi o mais extravagante: um diadema de safira e diamantes. Em contraste, a mãe da noiva enviou um *nécessaire* de renda e Sunny deu um serviço de chá de Worcestershire que ele não comprou, mas extraiu do depósito de porcelana de Blenheim. Moreton e Clarita Frewen excederam a todos em mesquinhez: mandaram uma torradeira, um abajur e um cabo de guarda-chuva.

Jennie e George partiram para Salisbury Hall depois da cerimônia, mas Winston e seu secretário particular, Edward Marsh, ficaram com os primos de Jennie, Frederick e Henry Guest, em Burley-on-the-Hill, perto de Oakham. À uma hora da madrugada de 6 de agosto, uma criada acendia o fogão na cozinha quando o combustível, com seu acréscimo de gordura animal, pegou fogo, e dentro de minutos a casa estava em chamas.

Winston estava em seu ambiente. Assumiu a situação imediatamente. Empurrando os anfitriões para um lado, telefonou aos bombeiros locais, agarrou dois bustos de mármore, um debaixo de cada braço, enfiou sua caixa de expedição da Comissão de Comércio nas mãos de Edward Marsh, ordenou-lhe que apanhasse todos os documentos oficiais no quarto e correu para baixo segundos antes de o teto desabar. Então repreendeu Marsh por ter deixado cair os papéis da Comissão.

Quando os bombeiros chegaram, Winston tornou-se um líder ativo, ordenando a colocação e o uso das mangueiras e passando por cima do chefe propriamente dito. No entanto, seus esforços foram inúteis; a casa foi perdida. Radiante de excitação, ele mal se importou com isso ou percebeu o contratempo que causara; seus anfitriões estavam arrasados, pois quadros de valor inestimável, esculturas e as cartas de Oliver Cromwell foram destruídos no incêndio. Naquela mesma noite, a casa de Henry Labouchère em Horsham também foi destruída pelo fogo.

Em 11 de agosto, num pavilhão nos jardins de Blenheim, Winston propôs casamento a Clementine Hozier e foi aceito. A cerimônia, na Igreja de St. Margaret em Londres, em 12 de setembro de 1908, foi espetacular. Winston, como sua mãe, era mundialmente famoso, e o tráfego congestionou as ruas. Milhares esperaram horas para ter um vislumbre do noivo e de Jennie; num gesto característico, ela contratou os famosos Pearly Kings and Queens, com suas roupas cobertas de cintilantes desenhos feitos com botões de madrepérola, para dançar e cantar e manter a multidão na maior alegria.

Jennie trabalhou horas a fio para encher a igreja com seus lírios e crisântemos favoritos; trouxe até mesmo palmeiras da Cornualha e de Torquay para circundar a nave. Hera africana e avencas decoravam as balaustradas do coro e os bancos. Com o auxílio de *lady* de Grey e do empresário Henry Higgins, arranjou um conjunto para tocar a abertura do *Tannhäuser*, de Wagner, que ouvira pela primeira vez nos concertos de Grey e Richter no Queen's Hall.

Sunny ficou em casa para que Consuelo pudesse comparecer, e Lily também estava lá; além de Albertha, inevitavelmente. A lista de convidados era deslumbrante: Sir Ernest Cassel, Natty Rothschild, lady St. Helier, Fanny Ronalds, o chanceler do Tesouro David Lloyd George, o embaixador alemão (e cunhado de Kinsky) conde Wolff-Metternich e o embaixador americano Whitelaw Reid. O padrinho foi o amigo de Winston, lorde Hugh Cecil, e *Sir* Henry Hozier, todo sorrisos, conduziu a noiva, sua "filha".

A cobertura da imprensa foi considerável. A revista *Current Literature* galantemente mentiu que Jennie parecia dois anos mais jovem do que a noiva. A recepção foi na casa de *lady St.* Helier, mas Jennie saiu mais cedo para supervisionar a reforma da casa de Winston em Bolton

Street e garantir que estivesse impecável quando o casal retornasse da lua-de-mel.

Os presentes de casamento, abertos na casa de *lady St.* Helier, foram parcimoniosos: o príncipe de Gales mandou uma bengala; Jennie teve de recorrer a amigos para produzir outro diadema; o primeiro-ministro Herbert Asquith mandou uma coleção das obras de Jane Austen; havia um excesso de tinteiros para o marido escritor, dúzias de pares de abotoaduras e colheres de prata. Mas Winston, num gesto extravagante e ostentoso, presenteou a noiva com uma gargantilha de rubis da Birmânia.

Em abril de 1909, a imprensa anunciou que a esposa de Kinsky morrera em Viena. Jennie enviou uma nota de condolências imediatamente e, apesar do dilúvio de cartas igualmente cordiais, ele, ainda apaixonado, respondeu com sua habitual falta de tato: referiu-se à "paz e determinação" que Jennie lhe deixara como "a última dádiva de amor".

Sentindo-se privada de seus dois filhos, infeliz em seu casamento com um Adônis evanescente que apostava e perdia dinheiro em maus negócios e na mesa de jogo, insatisfeita com escrever artigos sobre moda e maneiras sociais para revistas populares como a *Century* (sua própria revista já desaparecera), Jennie resolveu tornar-se uma dramaturga.

E tomou ainda outra decisão: teria uma das estrelas reinantes nos palcos de Londres em sua peça, a devoradora de homens Patrick Campbell para quem ela criaria o papel de Fabia Sumner, a protagonista.

Única rival respeitável de Ellen Terry como diva do West End, Pat era tempestuosa, de mente aguçada e nada tola; demasiado franca e honesta, nunca aprendera a arte tortuosa da lisonja. Era muito parecida com a própria Jennie: morena, aciganada, com um corpo robusto que hoje seria considerado excessivamente pesado. Na verdade, em 1909, tanto ela quanto Jennie começavam a engordar de forma alarmante. Sua estranha relação com George Bernard Shaw era o assunto do momento em Londres; presumia-se que o fracasso dele em consumar o envolvimento romântico de ambos era devido à impotência, pois ele e sua mulher Charlotte jamais tiveram relações sexuais. Como o romancista Henry James, Shaw surgia como um ilustre eunuco no bordel que era a sociedade londrina.

His Borrowed Plumes, o melodrama em torno de personagens da alta sociedade que Jennie escreveu especialmente para Pat, era a história da charmosa Fabia, uma escritora que se casa com o major Percival Sumner, um tipo Delacour. Uma inescrupulosa concorrente às afeições do major, Angela Cranfield rouba a nova peça de Fabia e presenteia o major com o texto, como se fosse seu; ele então revela, na noite de estréia, que a peça havia sido roubada.

O contra-senso pelo menos deu a Pat um papel principal e, nos primeiros ensaios, ela fez o texto parecer muito mais difícil do que realmente era. E também deu a Jennie a oportunidade de livrar-se de George; transformando-o no dramaturgo, ela, na vida real, pôde jogá-lo na cama de Pat.

Só pode ter sido com suas bênçãos que George, agora tedioso para ela, que já o via sem nenhum charme (ele também se cansara dela), passava noite após noite na casa de Pat, supostamente trabalhando questões de construção dramática, diálogo, marcação, saídas e entradas de cena, coisas sobre as quais nada sabia. Tendo diante de si um Apolo de pele clara acobreada, Pat, sempre voraz quanto ao corpo masculino, não perdeu tempo em desembrulhar seu novo troféu. Durante vários anos, ela o chamaria de seu Menino Dourado.

Quanto a George, teve de enfrentar um rival: George Bernard Shaw, que oferecia a Pat papéis destacados em suas peças, conversação brilhante e cartas de amor de alto teor literário — dificilmente um competidor para um explosivo companheiro de cama que a fazia sentir-se dez anos mais jovem. Como um intelectual desprovido de corpo, Shaw dificilmente poderia desafiar George para um briga a socos ou um duelo (ilegal) ao amanhecer; ele defendia sua causa com incomparável eloqüência, mas o que podia fazer contra um jovem e belo conquistador?

His Borrowed Plumes estreou no Teatro Hicks (depois chamado Globe), na Shaftesbury Avenue, em 6 de julho de 1909, para uma "curta temporada", dada a pouca vendagem de ingressos adiantados. Jennie gastou demasiado em figurinos e cenários e devotou tempo de menos às necessárias revisões do texto e à busca de um bom diretor; no final, a peça foi dirigida essencialmente por ela e por Pat. Ela insistiu tolamente para que todas as mulheres da platéia usassem chapéu — coisa que teriam feito de qualquer maneira em 1909. O resultado foi que várias senhoras, ofendidas, usavam chapéus tão grandes que ninguém via nada à sua volta.

Lealmente, os amigos compareceram à estréia: *lady* de Grey, Fanny Ronalds e todos o outros, inclusive a ilustre Margot Asquith, esposa do primeiro-ministro, e sua nora Cynthia. Não adiantou; a peça foi um desastre. Mas alcançou um de seus objetivos: livrou Jennie do marido. Em julho de 1910, ela escreveria à mãe dele, Patsy: "George pode ter sua liberdade se quiser — casar-se com Patrick Campbell ou com qualquer outra que ele crê poder fazê-lo feliz."

Ele não fez Pat feliz. Além disso, num passeio a Nova York, ele seduziu sua filha, tomou seu dinheiro e o esbanjou. Dentro de pouco tempo, ela teria motivos para lamentar seu brinquedinho dourado, mas, no momento, satisfazia-se com a realização sexual e estava cega para as possibilidades futuras.

E assim Jennie estava de novo só. Como numa premonição, ela escrevera em *His Borrowed Plumes*:

> O que é o amor sem a paixão? Um jardim sem flores, um chapéu sem plumas, esquiar sem neve.

Em 31 de maio de 1909, Jack e Gwendeline Churchill tiveram um menino, Jack Junior, e em 9 de agosto Winston e Clementine tiveram uma menina, Diana.

Jennie tinha pouco em comum com Jack, agora que estava crescido. O que mãe e filho partilhavam era uma paixão por Wagner. Jack não tinha interesse em literatura; suas únicas leituras eram *As quatro penas brancas*, de A.E.W. Mason, e o *Times*. Todavia, mantinha contato com Jennie em questões financeiras, como seu agente; ele investia para ela quando podia. Era espirituoso e tinha charme, como suas memórias um dia iriam revelar.

Os ventos da mudança social sopravam com violência. Winston e David Lloyd George estavam entre aqueles liberais que viam no futuro uma abordagem mais democrática aos problemas da classe trabalhadora, tão evidente nas tentativas de Randolph de introduzir reformas num programa conservador, mas muito mais factível numa agenda liberal. Jennie não pode ter deixado de notar o contraste irônico entre o proselitismo de Winston a favor dos desprivilegiados e o luxo de seus fins de semana em Blenheim, para não falar do quanto ele e Jack dependiam dos capitalistas Rothschild e Cassel. Como sempre, os amigos na Câmara dos Lordes esmagavam as tentativas de reformas mais sérias; quando Lloyd George tentou aumentar o imposto sobre a renda para mais de um xelim por libra (mais de 5%), instituir novos impostos sobre heranças e taxar terras e aquisições, os Marlborough e seus outros parentes chegaram à beira da histeria.

Em 19 de novembro de 1909, a amiga querida de Jennie, Consuelo, duquesa de Manchester e viúva herdeira, morreu de um ataque cardíaco após um ano de agonia com câncer. Em luto profundo, Jennie compareceu aos funerais na mansão da família em Huntingdonshire, em Kimbolton, e mais tarde naquela noite, à missa na Capela Real em St. James Place, em Londres, em companhia do príncipe e da princesa de Gales. Não se pode calcular a dor de Jennie pela perda de uma conterrânea maravilhosa que conhecia desde os tempos de escola.

Em 30 de novembro, a Câmara dos Lordes rejeitou o "Orçamento do Povo" de Lloyd George, e uma crise nacional estourou: temendo pela segurança do trono, o rei interveio e pediu ao antigo chanceler, lorde Rosebery, que apoiasse o Orçamento na Câmara dos Lordes, mas era demasiado tarde. O primeiro-ministro Asquith, com o apoio de Winston, declarou inconstitucional a ação dos Lordes, dizendo que só os Comuns podiam decidir sobre legislação e finanças. Quando, apoiado por Jennie, Winston denunciou a atuação dos Lordes, foi desdenhado pela sociedade. Acompanhados de ataques ácidos, assembléias públicas tempestuosas e agitações pelo país, os liberais foram reeleitos nas eleições seguintes, mas com uma maioria reduzida; para Jennie, Winston e toda a família, 1909 foi um ano tempestuoso e fatigante.

Winston assumiu então o mais controvertido dos cargos de gabinete disponíveis. Para deleite de Jennie, ele se tornou secretário do Interior, dispondo, entre outras coisas, do poder de vida e morte sobre criminosos condenados. Embora mantendo sua atitude reformista com relação à classe trabalhadora, Winston adotou uma linha dura contra insurreições na forma de manifestações de massa e greves.

Jennie não se esquecera das experiências no castelo de Dublin, tendo visto em que condições viviam os prisioneiros lá, e interessava-se profundamente pela reforma penitenciária. Em 21 de fevereiro de 1910, compareceu à estréia da peça de John Galsworthy, *Justice*, no Teatro Duke of York. Empenhada em que Winston usasse seu novo cargo para melhorar as condições das prisões inglesas, assistiu ao drama com intenso interesse.

O primeiro ato abre com a cena de um escritório de advogado em Londres; Felder, um jovem escriturário, é acusado de desviar fundos, dinheiro de que necessitava para enviar ao exterior uma infeliz mulher casada, conhecida sua.

Ele é considerado culpado e vai preso. Galsworthy ataca a religião quando faz um pároco dizer ao acusado que seus "olhos peculiares" provam que não pertence à igreja anglicana. Uma cena poderosa e ousada, sem diálogo, mostra Felder no confinamento solitário; fazendo casas de botão numa camisa, ele se assusta com o menor ruído. Então, num efeito chocante, a semi-escuridão da cela é inundada por um repentino clarão de luz elétrica, e fica óbvio que dormir será impossível.

Na cena final, Felder, agora livre, é uma sombra de si mesmo: depois de dois anos de solitária, está pálido, esquelético, derrotado. A firma em que trabalhava está disposta a aceitá-lo de volta, mas um sargento da polícia o prende por ter faltado à entrevista com o oficial que monitora sua liberdade condicional. Ele se joga da janela para a morte.

Numa era de comédias de brilho fácil e melodramas extravagantes sobre a alta sociedade, *Justice* foi um choque considerável. Quando o pano desceu, a platéia perplexa ficou em silêncio por vários minutos até que começaram os aplausos; Galsworthy fugira do teatro, certo de que a peça havia sido um fracasso. Jennie viu-a pelo que era: escrita com máxima intensidade em seis semanas, em trens por toda a Inglaterra, era o apelo sincero do autor contra os longos períodos de confinamento solitário; era uma obra-prima exaltada e estridente. Ela se juntou aos aplausos da multidão até à meia-noite.

Sem perda de tempo, Jennie telefonou a Winston na mesma noite, dizendo-lhe que visse a peça imediatamente. Ele a viu e ficou impressionado. Não satisfeita com isso, ela ofereceu um jantar para os Galsworthy e convidou Winston para garantir que seus desejos fossem realizados. Galsworthy ficou grato a ela pelo resto da vida; aquele foi um dos melhores momentos da vida de Jennie. Na Câmara dos Comuns, Winston exigiu melhores condições para falsários e estelionatários e períodos mais curtos de confinamento na solitária; a conselho de Jennie, pediu que fossem realizados concertos e palestras nas prisões. Embora deixasse o cargo antes que a legislação fosse aprovada, Winston, sob a influência de Jennie, abriu caminho para reformas que continuariam por mais de meio século.

Em maio de 1910, Jennie compartilhou com milhões a dor da notícia da morte de seu amado Edward VII. Tenha ou não sido amante dele quando príncipe de Gales, tinha-lhe profunda afeição e pode muito bem ter acreditado que ele se apaixonara por ela, dada a intensidade de seu ciúme e raiva quando ela se casou com George Cornwallis-West. Mas certamente não há evidência que corrobore a teoria muito difundida de que era ele o pai de George.

Por meio de Cassel, ele havia feito o possível para sustentar Jennie financeiramente e fora um amigo de Randolph, muito afeiçoado e leal, após os desacordos iniciais que resultaram no exílio dos Churchill. Apesar de toda a sua vulgaridade, promiscuidade, gula e amor pelo luxo, pela pompa e pelo esplendor, foi o mais humano e acessível dos monarcas, a essência da própria vida. Mesmo que não compreendesse a homossexualidade, protegera seu filho, o duque de Clarence, e lorde Arthur Somerset; e quando foi processado por calúnia, ao contrário de qualquer outra figura real, não lançou mão de seus privilégios reais e compareceu em pessoa ao tribunal como um mortal comum. Se não estava apaixonada, e podia ser que estivesse, Jennie certamente adorava esse homem; ela não teria sentimentos semelhantes pelo filho e sucessor de Edward, o monótono e correto rei George V, nem ele por ela.

Dado seu interesse de toda a vida pelo crime, Jennie ficou fascinada pelo famoso caso Hawley Harvey Crippen de 1910-11. Minha avó, Amy LePlastrier Webb, disse-me que, dia após dia, via Jennie no julgamento, fascinada, olhos se movendo entre juiz, júri e réu.

Crippen, um médico americano, matara sua mulher, a ex-cantora de teatro de variedades Belle Elmore, com uma overdose de escopolamina, um supressivo do impulso sexual, quando ela passou a fazer exigências sexuais excessivas; ele havia esquartejado o corpo e depois o ocultara no porão. Crippen fugiu para os Estados Unidos com a amante Ethel le Neve, que ia disfarçada como seu filho; os passageiros notaram que o "rapaz" tinha quadris largos, uns bigodes que se desprendiam com o vento, e que pai e filho abraçavam-se com paixão quando pensavam não serem vistos.

Presos ao desembarcar, os dois foram levados de volta a Londres; o julgamento virou a sensação do momento, e Winston ficou a par de todas as evidências contra o casal. Ethel foi absolvida; Crippen foi condenado à forca.

O público ficou indignado. Milhares acreditavam que Crippen matara sua mulher acidentalmente e que, na pior das hipóteses, era culpado de homicídio involutário. Seria próprio de Jennie buscar o perdão para o prisioneiro, e é provável que o tenha feito; poucos não se sensibilizaram com o profundo amor de Crippen por Ethel e sua ansiedade, durante todo o julgamento, com a possibilidade de ela ser condenada. Trinta mil pessoas assinaram um pedido de indulto; uma montanha de papéis chegou à escrivaninha de Winston no ministério do Interior, e seu telefone tocava dia e noite.

Era uma situação dolorosa para um homem de 35 anos, sem formação jurídica e obrigado a despender longas horas estudando as evidências. Por fim, ele não teve alternativa senão endossar a sentença do júri: Crippen seria enforcado.

O resultado foi que Winston tornou-se impopular e, em 22 de novembro, enquanto o cadafalso estava sendo montado e Crippen entregava um conjunto de roupas a um representante do museu de cera de madame Tussaud, uma multidão raivosa assediou sua casa. Isso, todavia, nada tinha a ver com o caso: os revoltosos não eram defensores de Crippen, mas sufragistas, furiosos com a luta de Winston contra o voto feminino; quebraram as janelas com garrafas e pedras.

Se a polícia não tivesse chegado a tempo, teriam invadido a casa; já haviam atingido o primeiro-ministro na cabeça quando este entrava na Câmara dos Comuns e atacado Lewis Harcourt, secretário de Estado para as colônias. A líder do grupo, Emmeline Pankhurst, e suas seguidoras foram jogadas na cadeia. Winston comemorou ter-se livrado do ataque e demonstrou seu contentamento com a própria decisão no caso Crippen promovendo um jantar para amigos na noite seguinte.

Um outro julgamento aconteceu no começo de 1911, pouco antes de Jennie partir para uma longa estada no sul da França com a irmã de Cornwallis-West, a princesa de Pless. No Ano Novo de 1911, um agitador comunista russo chamado Leon Beron foi encontrado esfaqueado e morto em Clapham Common com a letra S gravada na testa e na face esquerda. Seu melhor amigo, Steinie Morrison, foi preso pelo crime.

Apesar de uma defesa competente, Morrison foi condenado por homicídio; quando o juiz pronunciou a sentença dizendo "que Deus tenha misericórdia de sua alma", o réu retrucou: "Dispenso essa misericórdia. Não acredito que haja um Deus no céu."

Winston comutou sua sentença para prisão perpétua, mas o réu irritou-se e exigiu a forca; queria morrer como mártir. Descobriu-se mais tarde que a morte de Beron fora um ato de assassínio ritual cometido por um grupo revolucionário que ele havia traído como informante. O líder do grupo era Yakov Khristoforovich Peters, conhecido como Peter, o Pintor, que figurava em outro caso de que Winston se ocupava na época; descobriu-se que o S denotava *spiccan*, palavra russa para espião, e não Steinie.

No início de janeiro, disseram a Jennie que Winston havia sido chamado, quando na banheira, para mandar tropas a Whitechapel, um ambiente miserável onde ocorreram os assassinatos de Jack, o Estripador; era também uma incubadora de anarquismo e terrorismo desde 1907, quando Joseph Stalin vivera lá. A polícia havia encontrado gente da gangue de Peter, o Pintor, no número 100 da Sidney Street; três oficiais haviam sido mortos a tiros. Refletindo a agressividade americana de Jennie, Winston mobilizou um pelotão do antigo regimento de George Cornwallis-West, a Guarda Escocesa, ainda em serviço na Torre de Londres, e rumou para Sidney Street ele mesmo, deleitando-se com a chuva de balas ao seu redor. Como no incêndio após o casamento de Jack, ele assumiu com entusiasmo a liderança dos bombeiros quando a hospedaria dos terroristas se incendiou; era um papel impróprio para um secretário do Interior, mas totalmente característico dele e dos traços que herdara de Jennie. Sentiu prazer em ver o edifício reduzido a cinzas, com dois anarquistas mortos lá dentro. Tornou-se novamente impopular em razão dessas mortes.

Quando os noticiários nos cinemas mostraram sua atuação dirigindo as operações que levaram à "queima" de anarquistas sem julgamento, Winston foi vaiado pelo público. Quando Peter, o Pintor, fugiu da Inglaterra, o fato foi atribuído à sua negligência, e realmente foi uma grande falha Peter não ter sido pego. Esse espantoso indivíduo apareceu na década de 1920 como chefe do GPU, Grupo Especial da polícia de Moscou, onde, segundo descrição do jornalista internacional George Seldes em seu *Witness to a Century*, dirigia uma prisão subterrânea, na qual, noite após noite, apreciava cenas de homens sendo decapitados.

Winston não se tornou muito mais popular ao usar cinqüenta mil soldados para esmagar uma greve de ferroviários. Acusado de sanguinário, de usar táticas diabólicas e de completo medievalismo, foi totalmente demonizado quando tropas sob suas ordens ocuparam a estação central de Manchester. É difícil acreditar que Jennie aprovasse tais atos.

Enquanto George transitava entre a casa de Jennie e a da atriz Patrick Campbell, essa estreou num exuberante melodrama, *Bella Donna*, escrito por Robert Hichens, ex-amante de Consuelo Manchester. Passado no Egito, era a história extravagante e apelativa de uma envenenadora que se desfez do amante quando não conseguiu decidir-se a colaborar com ele no assassinato do marido. Para salvar as aparências, embora muito poucos da sociedade se enganassem, Jennie compareceu à estréia com George.

Havia muito que ela almejava um Teatro Nacional em Londres, um sonho que só veio a ser realizado em 1963, mais de quarenta anos após sua morte. Promoveu então um evento para levantar fundos para a iniciativa no Royal Albert Hall: um baile shakespeareano em que o edifício foi transformado numa corte elisabetana, com a rainha virgem e cortesãos no palco e uma orquestra tocando alaúdes e címbalos. Agora iria coroar aquele evento com "A Inglaterra de Shakespeare", uma evocação do mundo Tudor, uma exposição e um baile de máscaras como Londres não vira naqueles últimos cinqüenta anos.

O local escolhido para o evento foi Earls Court, então um bairro sujo que poucas figuras da sociedade visitavam. Jennie coletou dinheiro de qualquer um que se dispusesse a ajudar, inclusive mandando seu inútil marido a Paris para persuadir uma amante ocasional, a rica americana Nancy Leeds. Winston estava na lista de colaboradores, e Jack, com Natty Rothschild e Ernest Cassel, foram instruídos a levantar fundos na City. Convidou todo mundo, do rei para baixo. Encabeçando sua lista estava Kinsky, recentemente enviuvado, junto com as irmãs de George, a princesa de Pless e a duquesa de Westminster, das quais também foram extraídos recursos.

Com o arquiteto e designer *Sir* Edwin Lutyens, Jennie partiu para criar nada menos que um microcosmo da Inglaterra do século XVI. Começou com uma réplica do Teatro Globe, com homens galantes no palco e espectadores comuns nas cadeiras do fundo; acrescentou o Teatro Fortune, concorrente do Globe no século XVI, também construído em escala real e baseado em desenhos antigos. Dia e noite, haveria concertos de música da época e exibições de danças folclóricas antigas.

Mandou montar uma réplica da Feira de São Bartolomeu, e um clube foi convertido na Mermaid Tavern. Estressou sua equipe ao insistir em que aprendessem modos de falar elisabetanos e não usassem outros; até mesmo a rainha Vitória teria hesitado em proclamar um mandamento tão indesejável. Às convidadas, requeria-se que usassem apenas aquelas flores encontradas nas peças de Shakespeare; após longa busca pelas obras dele, ela produziu uma lista que incluía o lírio, a calêndula e o delfínio. Providenciou jogos elisabetanos com cascas de coco: quem quebrasse o maior número possível de chávenas e pratos de porcelana levaria o prêmio. Ela declarou ao *New York Times* que se esperava que os vencedores fossem os casados, pois "estariam fazendo o que normalmente fazem em casa".

Sua atividade incessante foi interrompida quando um investidor ressentido tentou atirar no irmão de Natty Rothschild, Leopold, nas ruas escuras de New Court onde tinha seus escritórios. Então, em 14 de abril de 1912, ocorreu algo que ameaçou afundar todo o projeto elisabetano de um só golpe.

O naufrágio do *Titanic*, depois de colidir com um iceberg, lançou uma sombra sobre a vida de Londres, e as festas foram canceladas. O trabalho em Earl Court teve de ser suspenso por vários dias, com os trabalhadores e membros da sociedade chocados e, em alguns casos, de luto. Mas nem mesmo uma tragédia de tal vulto pôde imobilizar Jennie por muito tempo. Ela voltou a arrebanhar seu time de centenas de pessoas dentro de duas semanas.

Finalmente, em 12 de junho, a exposição ficou pronta: as casas construídas, os gramados arrumados, as lojas providas de produtos elisabetanos e os restaurantes servindo comida da época. O famoso empresário teatral Charles B. Cochran, encarregado do entretenimento, estava à beira da exaustão. Jennie promoveu um jantar de inauguração na Mermaid Tavern para convidados que haviam feito doações, inclusive Leopold Rothschild, o marquês de Soveral, o embaixador americano Whitelaw Reid e o duque de Rutland. Lorde Lytton comandou os brindes, chamando Jennie de "grande organizadora". Mas ela não respondeu com o discurso que era de se esperar, e disse, com uma risada, que não tinha tido tempo de prepará-lo e que mal conseguira arrumar o cabelo. Em consequência, ela foi objeto de um artigo bem-humorado nas colunas do editorial do *New York Times*.

Numa entrevista para o mesmo jornal em 14 de junho, Charles Cochran, na iminência de inaugurar seu espetáculo quase religioso *The Miracle*, com *lady* Diana Manners como Olímpia, disse que Jennie superava Phineas T. Barnum e Max Reinhardt como produtora teatral: "[Ela é] a maior e mais dinâmica empreendedora jamais produzida pela terra dos empreendedores... tão cheia de idéias como uma torta é cheia de ameixas... um produtor de arte de verdade não se fabrica, nasce pronto. A Sra. Cornwallis-West encontrou seu espaço de realização na vida, afinal."

A freqüência ao evento, todavia, foi decepcionante desde o começo. A chuva constante afastou as pessoas das atividades ao ar livre e, como era descoberto, o Globe estava habitualmente vazio. Mas o desastre maior veio em 12 de julho de 1912, quando o tão propalado torneio medieval de nobres cavaleiros atraiu apenas uma platéia insignificante; é claro que o público entendeu que ninguém da aristocracia seria realmente ferido, e todo o macabro atrativo do espetáculo original se desfez. Se ninguém ia perder um olho com uma lança varando uma viseira e ninguém ia ter arremessado ao chão numa armadura de verdade, qual era a graça?

Os que assistiram foram saudados pelo triste espetáculo da masculinidade britânica em decadência. A primeira justa foi entre Sunny Marlborough e lorde Crichton; tão logo os dois cavaleiros entraram na arena, Crichton, fumante compulsivo, pediu licença para tirar umas baforadas no seu elmo, provocando gargalhadas de deboche. Quando Sunny tirou do bolso um grande lenço, levantou a viseira e limpou a testa, a audiência rolou de rir.

Os competidores não conseguiam tirar os cavalos do lugar; chutavam-nos com vigor, mas nada acontecia. Afinal, os relutantes corcéis começaram a trotar, mas os dois homens se desencontraram e suas lanças partiram-se contra os estandes da platéia, fazendo muitos correrem para se proteger. Frustrado, Sunny afastou-se a galope e enfiou-se, amuado, em seu camarim até que Jennie o convenceu a voltar e enfrentar o conde de Craven; quando, na peleja, sua lança quebrou-se no peitoral do conde, ele abandonou a arena sob risos de zombaria e recusou-se a continuar. O restante do torneio foi cancelado e o valor dos ingressos foi devolvido aos espectadores.

O rei George e a rainha Mary, após muitas promessas quebradas, finalmente condescenderam em comparecer em 20 de julho, mas era muito tarde para salvar a "Inglaterra de Shakespeare". Winston apareceu, também já muito tarde, e sob a proteção de guardas armados, pois havia ameaças das sufragistas contra ele. Então, em 30 de julho, veio o pior de todos os golpes: o imperador japonês faleceu e o rei decretou luto para toda a sociedade; o espetáculo foi cancelado.

Um artigo com o cabeçalho "Fiasco em Earl Court", publicado em 3 de agosto de 1912 no *New York Times*, falava de uma outra razão para o desastre: Jennie teria se comportado erraticamente o tempo todo, afastando muitas figuras da sociedade ao marcar jantares para levantar fundos e cancelá-los na última hora sem aviso prévio. Nada justificava tal afirmação, mas ela não a contestou.

Por incrível que pareça, George ainda morava com Jennie em fins de 1912, passando as noites com Patrick Campbell. Jennie desistira de Salisbury Hall e alugara uma casa em Norfolk Street. Só pouco antes do Natal ela finalmente o mandou embora, e ele foi morar com Pat. Bem ao seu estilo, Jennie enviou um bilhete em que lhe desejava tudo de bom.

Ela deu entrada no processo de divórcio em 20 de janeiro de 1913. Para ter ganho de causa, as bases tinham que ser inventadas: pela lei, ela deveria jurar que suplicara a George o restabelecimento dos direitos sexuais conjugais e que ele se recusara; uma mentira conveniente aceita pelos tribunais da época. Ela teve inclusive que redigir alguns bilhetes com as tais súplicas. Em 3 de março, dramaticamente envolta em peles negras, como se de luto por seu casamento, espetacularmente elegante e parecendo-se com Pat mais que nunca, Jennie apresentou-se ao juiz, disse uma mentira após outra com a mais chorosa das facilidades (estava gripada) e ouviu que só em um ano a sentença final a libertaria por completo.

George Bernard Shaw estava agora pronto para dar o melhor de si. Temendo que Pat se casasse com George Cornwallis-West, deu asas a toda a sua genialidade para criar o *Pigmalião* para ela; lisonjeiramente, colocou-a como Eliza Doolitle, um papel mais adequado a uma mulher da idade de sua filha. Quando ela finalmente entrou em cena, ele se desesperou: na famosa fala em que Eliza grita "Maldição!", as risadas foram tão prolongadas que ele teve certeza de que aquilo arruinara a peça.

Depois da separação em janeiro de 1914, Jennie precisava muito de um amante e, surpreendentemente, logo encontrou um.

Capítulo onze

Jennie estava em Roma em janeiro de 1914 para seu sexagésimo aniversário e o casamento do filho de Clarita, Hugh Frewen, com Maria, filha do duque di Magnano. Hospedou-se com uma velha amiga, a duquesa di Sermonetta, em seu magnifico *palazzo* do século XVI com jardins projetados por um arquiteto papal. Após o casamento na Via Ápia, a recepção foi no Grand Hotel; um dos convidados imediatamente chamou sua atenção.

Montagu Phippen Porch era clássica e precisamente seu tipo: com 1,70 metro de altura e esbelto, mas rijo e musculoso, tinha olhos azul-escuros e uma aparência intensa e ardentemente sensual. Como Kinsky, Delacour, Ramsden Wolverton e Cornwallis-West, era uma figura daquelas novelas românticas lidas pelas criadas domésticas.

Nascido em 15 de março de 1877, aos 36 anos era quase 24 anos mais novo que ela e mais jovem que seu filho Winston. Como George, servira no Exército durante a Guerra dos Bôeres; o navio que o levava à cidade do Cabo em 1900 cruzara com o dela, que voltava para o Norte.

Natural da antiga cidade de Glastonbury, em Somerset, foi criado lá e em Weston-super-Mare; seu pai, oficial do governo colonial na

Índia, morrera quando ele era ainda criança, e a mãe, uma australiana, casou-se com o prefeito de Glastonbury. Ela levara como dote muito capital em terras e rebanhos em Geelong, no estado australiano de Vitória, e dinheiro aplicado em Melbourne.

Montagu Porch fez boa figura na Faculdade Bath e na Faculdade Magdalen, em Oxford; em 5 de fevereiro de 1900, alistou-se nas tropas de cavalaria voluntárias (*Imperial Yeomanry*) para servir na Guerra dos Bôeres. Era uma grande honra, pois os soldados voluntários eram bons cavaleiros, filhos de ricos latifundiários, membros de clubes e figuras importantes da City de Londres; proviam seus próprios cavalos, uniformes, selas, sabres e rifles. Pagavam suas passagens para a Cidade do Cabo e eram famosos pelos altos padrões de preparo físico e competência com as armas.

Louco por uma briga, Porch juntou-se a seus companheiros barulhentos e fanfarrões numa viagem marcada por um clima tempestuoso e temperamentos ainda mais tempestuosos a bordo. Mal chegaram à frente de batalha, sentiram o gosto da desilusão. Nos primeiros confrontos, Porch viu muitos de seus amigos chacinados ou mortos por doenças; ele odiava queimar fazendas de bôeres e matar civis — até crianças morriam quando as aldeias eram incendiadas. Prematuramente envelhecidos — os cabelos de Porch estavam brancos quando regressou —, os soldados voltaram doentes, exaustos e amargurados.

Porch chegou a Magdalen com duas medalhas (uma de Honra ao Mérito e outra concedida pela rainha, por bravura) para completar sua graduação; depois trabalhou como arqueólogo no Sinai, antes que o anseio pela ação militar voltasse. Em julho de 1906, Winston, como secretário de Estado para as colônias, aprovou sua nomeação para o serviço público nigeriano na função de oficial distrital. Porch foi mandado para uma área da Nigéria que, junto com a Costa do Ouro, era conhecida como o Túmulo do Homem Branco.

Foi uma missão terrível, pela qual não recebeu agradecimentos. Ele devia atuar como ligação entre o Alto Comando Britânico e os emires ou chefes locais que, muitas vezes, se ressentiam de ser controlados.

Rebeldes ameaçavam o governo colonial, e cabia a Porch dispensar uma justiça grosseira a ladrões e assassinos, ordenando prisões apressadas e enforcamentos. Relatórios oficiais sobre seu comportamento, ainda hoje existentes, mostram-no tenso, irritadiço, nervoso e indisciplinado; sofria também privação sexual, pois mulheres brancas eram proibidas na área, e nem ele nem seus companheiros podiam fazer qualquer coisa além de se livrar das tensões jogando futebol no pátio ou espancando nativos recalcitrantes. Falavam dos campeonatos de críquete do Lord's, das mulheres deixadas em casa e de quem trapaceava no jogo de pôquer.

Foi mandado para Zaria, uma estação de trem distante no caminho para as terras altas do interior, um amontoado de cabanas infestado de moscas e doenças. Quando encontrou Jennie em Roma, ele estava numa necessária licença prolongada, louco por uma mulher, muito embora ela nunca tenha conseguido acompanhá-lo de volta à Nigéria.

Como George, era aquele tipo raro de homem que se sentia atraído por mulheres mais velhas o bastante para serem suas mães. Quando a convidou para dançar na recepção do Grand Hotel, ao contrário da técnica usada por Randolph e Winston em seus primeiros encontros com as futuras noivas, ela disse que Porch certamente poderia achar melhor parceira de dança. Os dois homens haviam dito o mesmo a ela e a Clemmy.

Em vez de Porch tomar a resposta como uma recusa, eles conversaram, num *tête-à-tête* em tudo parecido com a primeira conversa dela com Randolph em Cowes. Quando ele voltou para a Nigéria, Jennie recebeu uma carta de amor dizendo que estava decepcionado por ela não haver mandado a fotografia prometida, que, como um suvenir, viveria em sua caixa de cartas. Ele já estava apaixonado, e ela também. Winston e Jack tiveram, de novo, que lidar com um homem de sua idade tendo um caso com sua mãe.

Durante a estadia na Itália, e logo depois de voltar a Londres, Jennie preparava em segredo um processo contra seus filhos, tendo F. E. Smith (mais tarde famoso como lorde Birkenhead) como conselheiro. Usando de influência, Smith conseguiu dar entrada no processo pelo tribunal de Chancery, em junho de 1914, sem registrar os nomes dela e dos acusados; nem uma única palavra sobre o assunto apareceu na imprensa inglesa. Foi preciso que um correspondente atento do *New York Times* publicasse um relato a respeito, e a história não consta de nenhum livro publicado desde então. Ela acrescentou à lista de acusados até mesmo os filhos de Winston, Diana e Randolph, e de Jack, John Junior e Harry.

A causa da ação era o testamento de lorde Randolph, datado de 1º de julho de 1883, que a nomeava co-fiduciária. O testamento estabelecia que, após um segundo casamento de Jennie com outro parceiro — ou morte dela, o que ocorresse primeiro — a metade do capital da herança de seus filhos e netos deveria lhes ser entregue mediante solicitação deles. O problema estava, evidentemente, na palavra "após"; deveria ter sido usada "em seguida". Tal como estava redigido, Winston e Jack entenderam que se referia à ocorrência do segundo casamento, e não ao término da união dela com Cornwallis-West. Eles queriam o dinheiro imediatamente, mas não havia base para tal distribuição.

Essa iniciativa rude e pouco filial deixou-a furiosa; ela hauria rendas do capital dos filhos e, caso eles o tomassem, isso afetaria seriamente sua situação financeira. Sem a presença de Winston e Jack, em sessão fechada, o juiz determinou que, sendo ela co-fiduciária conforme os termos do testamento, se requeria seu consentimento por escrito para o acordo. Como ela não consentiria na distribuição dos fundos, os rapazes não teriam o dinheiro. Diz muito de Winston e Jack o fato de, depois dessa derrota, terem deixado o assunto como estava.

Também em julho ela soube por seus procuradores que se quisesse casar-se com Porch, que ainda estava na Nigéria, haveria um impedimento: sua sentença de divórcio de George não estava concluída, e havia uma centena de casos na frente do seu. Ela recorreu a Winston (agora no Almirantado), e o caso foi passado para o topo da lista; foi até mesmo omitido do registro oficial de processos.

Mas o assunto vazou, mesmo que apenas nos Estados Unidos. O *New York Times* publicou em 15 de julho: "Nos círculos legais, o procedimento é considerado um escândalo, [mostrando] o que, como primeiro lorde do Almirantado, Winston Churchill pode fazer em sua posição de ministro do Gabinete para infringir as regras e os procedimentos da justiça."

Jennie compareceu ao tribunal de divórcio para a emissão da sentença acompanhada de Jack. Sua cumplicidade com George era total: em combinação com ela, ele havia passado as noites de 28 a 31 de março no Great Western Hotel, em Paddingtom, com uma mulher paga especialmente para desempenhar o papel de co-réu, e o divórcio foi concedido. Duas horas mais tarde, George casou-se com Pat. Jennie foi a Glasgow batizar um navio de guerra; ao saber que não era obrigada a fazer um discurso, achou que deveria, sim, dizer algumas palavras e improvisou um discurso, sob risos e aplausos dos convidados ao banquete que se seguiu. Era a antiga Jennie — mais do que nunca.

Em julho de 1914, ela e sua família reuniram-se na aprazível cidade costeira de Overstrand, em Norfolk, para as férias de verão. Winston encarregou-se de tudo: os passantes puderam desfrutar a cena do primeiro lorde do Almirantado dando instruções à família para a construção de um enorme castelo de areia, com torres e uma ponte levadiça de tábuas, forte o suficiente para resistir à maré. Infelizmente, a estrutura desmanchou-se sob o impacto das ondas e todos riram.

Foi o último momento de alegria antes que a guerra rebentasse, em agosto. O assassinato do arquiduque Franz Ferdinand da Áustria-Hungria, amigo de Kinsky, em 28 de junho, provocou ira em Viena; aparentemente os assassinos haviam sido instigados pela Mão Negra, uma sociedade secreta sérvia, sob as ordens do regente recentemente nomeado, príncipe Alexander. O rumor de guerra foi imediato. A Rússia exigiu que aquela regência de títeres não fosse atacada, mas a Áustria-Hungria ignorou a ameaça e declarou guerra à Sérvia. Os russos, após um pequeno intervalo, mobilizaram-se para a reação em apoio à Sérvia. A Alemanha, certa de que a França apoiaria a Áustria, havia muito que procurava um pretexto para dominar a Europa Ocidental pelo chamado Plano Schlieffen, e assim, em 3 de agosto, declarou guerra aos franceses e invadiu a Bélgica, sempre um alvo cobiçado. A Inglaterra tinha o compromisso de proteger a Bélgica em caso de invasão, e Asquith, com alguma oposição, decidiu honrá-lo. Em 4 de agosto, a Inglaterra declarou guerra à Alemanha e à Áustria-Hungria, tendo como aliados a França e a Rússia. O verdadeiro motivo inglês era preservar o equilíbrio de poder no continente, mas, no final, aquela seria uma guerra na qual todos perderiam.

A preocupação de Jennie com Kinsky deve ter sido profunda. Ele era agora um inimigo de seu país de adoção e ela deveria tentar se lembrar disso, mesmo que ainda o amasse; também ele deveria tê-lo em mente, embora a amasse.

Kinsky foi instruído por seu governo a envenenar seus queridos cavalos nos estábulos ingleses para que não fossem usados pela cavalaria, mas se recusou, arriscando-se a um julgamento militar por desobediência; de fato, várias de suas montarias premiadas foram montadas por generais durante a guerra.

Ele também se recusou a lutar contra as tropas britânicas na Bélgica e na França, um ato de rebelião explícita; mas a enorme influência de sua família na Áustria o protegeu do pelotão de fuzilamento. Foi mandado para a frente de batalha russa, onde, angustiado, foi obrigado a matar homens cujos compatriotas ele amara em suas muitas estadas em São Petersburgo. Desesperadamente infeliz, não tinha mais vontade de viver. Ao fim da guerra, e excluída toda a possibilidade de voltar para a Inglaterra e para Jennie (pois seria agora um inimigo estrangeiro), morreu, em dezembro de 1919, de coração partido, como muitos descreveram.

Outra cuja sorte seria pouco conhecida por Jennie durante a guerra foi sua amiga íntima Daisy, princesa de Pless. Também forçada a tomar parte num conflito em que seu próprio irmão, George Cornwallis-West, e sua irmã, a duquesa de Westminster, estavam do lado oposto, ela foi condenada, com o marido, a entregar o castelo de Pless ao alto comando alemão para ser usado como quartel-general.

Jennie conseguiu receber notícias de Montagu Porch, mas suas cartas foram causa de ansiedade. Indicado para espionar o exército colonial alemão em Camarões, ele teve que se arrastar através de pântanos, vadear rios infestados de serpentes com câmera e mochila às costas e seguir trilhas por quilômetros de capim-elefante de quase dois metros de altura, à noite, para que o sol não se refletisse em seus binóculos. Sua pior tarefa era revistar bolsos de cadáveres dos soldados inimigos, devorados pelos abutres, em busca de documentos reveladores.

Em casa, as coisas não iam melhor para Jennie. Estava arrasada pelas críticas a Winston como primeiro lorde do Almirantado e pelo fato de Jack estar tendo prejuízos como corretor da Bolsa (ele planejava alistar-se). Natty Rothschild e *Sir* Ernest Cassel, sempre apoiando Jennie, estavam sendo gravemente afetados pela guerra; esses magos das finanças haviam apostado em demasia na paz pela qual lutaram até o último momento, para então serem acusados de lucrar com a guerra.

O mais profundo temor de Jennie e seus amigos — embora nunca tenha ocorrido — era que a Irlanda se aliasse à Alemanha contra a Inglaterra e, provocando uma guerra revolucionária, lançasse as bases para uma invasão alemã pelo mar da Irlanda.

Mas, acima de tudo, havia a febre guerreira que infectava a juventude. Após anos de paz, grassava tamanha fome de ações perigosas de ambos os lados que um frenesi coletivo espalhou-se por todos os países como uma epidemia incontrolável.

Jennie mergulhou nos esforços de guerra com energia inquebrantável e ódio intenso aos alemães. Levantou dinheiro para as tropas por meio de amigos americanos, especialmente de Bourke Cockran; deu recitais para angariar medicamentos com uma amiga dos dias da Guerra dos Bôeres, *lady* Warrender, e então embarcou no mais ambicioso de todos os programas.

Com os soldados voltando feridos da frente de batalha e morrendo, havia grande necessidade de hospitais. Ela persuadiu Paris Singer, herdeiro da fortuna dos fabricantes das máquinas de costura Singer e, às vezes, amante da dançarina americana Isadora Duncan, a comprar uma velha casa vitoriana em Paignton, perto de Torquay, em Devon, e transformá-la quase da noite para o dia numa bela casa de saúde. A Cruz Vermelha americana entrou com grande parte do dinheiro e Jennie levantou o restante. O local ficou conhecido como o Hospital das Mulheres Americanas e foi objeto de muitos artigos na imprensa.

Pelo incansável esforço de Jennie, arquitetos e construtores transformaram o que havia sido uma sombria construção vitoriana numa nova estrutura cintilante e ultramoderna, como as casas mostradas pelo cinema americano, inundada de luz elétrica intensa; a atmosfera era muito animadora para os feridos. Ela era uma chefe severa, dispensando funcionários quando não estavam à altura de seus altos padrões, despertando aos gritos todo guarda-noturno que caísse no sono e nunca negligenciando nenhum homem em sofrimento. Quando os soldados pediram música, arranjou cinco gramofones que tocavam jazz ao mesmo tempo na enfermaria comunitária; se alguém lhe mostrava o suvenir de um estilhaço extraído de suas costas, ela conseguia demonstrar grande excitação e interesse.

Trabalhando noite e dia nesse hospital, num outro posto de atendimento da Cruz Vermelha em Lancaster Gate, em Londres, e na cantina de guerra de *lady* Limerick na estação de London Bridge, Jennie tinha, ao mesmo tempo, que ouvir crescentes ataques a Winston. A marinha que ele montara com tanto esforço era freqüentemente superada pelos alemães. Numa catástrofe humilhante, pela qual a imprensa o escorraçou, dois navios foram afundados e 1.600 homens afogaram-se na batalha de Coronel, na costa do Chile. Nem mesmo o nascimento de sua filha Sarah, em 8 de outubro, pôde aliviar o humor cada vez mais sombrio em que Winston mergulhara.

Poucos o perdoaram por deixar Clementine em trabalho de parto e partir para Antuérpia, na Bélgica, um alvo estratégico dos alemães;

e poucos o admiraram por chegar ao melhor hotel num Rolls-Royce enquanto as tropas marchavam miseravelmente a pé ou por servir-se da melhor comida regada a vinho. No regimento escocês que ele passou em revista estava o tenente-coronel George Cornwallis-West, que, mais tarde, foi falsamente acusado de ser um desertor e espião, para desespero seu e de Jennie.

Winston estava de volta a Londres para o nascimento de Sarah, mas de novo foi ferozmente atacado pela imprensa, desta vez por não ter salvado Antuérpia, cuja ocupação e queda também eram questões dolorosas em Whitehall. Um dos argumentos de sua defesa foi que conseguira retardar o ataque alemão e convencer o rei Leopoldo da Bélgica a ser leal a seu país, mas sua arrogância e a incapacidade de desculpar-se — sinais seguros de sua futura grandeza — enfureceram muitos repórteres. Jennie estava insatisfeita com aquela quixotesca e malfadada aventura. Quando o acompanhou a Aberdeen para sua investidura como lorde reitor da universidade, ouviu vaias e assobios da platéia. Somente em 1º de dezembro um relatório de *Sir* John French, comandante-em-chefe da Força Expedicionária Britânica, o isentou de toda culpa pelo desastre em Antuérpia. Mas muitos não se deixaram convencer. E então veio seu imbróglio com a Turquia.

Duas semanas após o início da guerra, Winston convencera-se de que a Turquia seria aliada das potências centrais da Alemanha e da Áustria-Hungria. Depois de apresar dois navios turcos em Merseyside, propôs que a Grécia atacasse a península de Galípoli para que a frota inglesa, passando pelo mar de Mármara, fosse em socorro dos russos. O general Charles Callwell, diretor das operações militares do Ministério da Guerra, disse que tal ataque estava além da capacidade da Grécia, pois vencer as defesas turcas exigiria um exército de sessenta mil homens. Winston estava certo de que o ataque era possível e resultaria numa revolução em Constantinopla. Mas o plano logo se desfez quando o rei da Grécia, Constantino I, recusou-se a colaborar.

Lorde Kitchener, secretário de Estado para a Guerra e velho rival de Churchill, foi solicitado a ajudar. Mas preocupado em manter as forças que protegiam os interesses britânicos no Egito — inclusive o canal de Suez e a represa de Assuã de *Sir* Ernest Cassel —, ele não quis cooperar, mesmo porque uma missão naval e militar conjunta parecia improvável, com a maioria das demais tropas britânicas engajada no teatro de guerra no norte da Europa. Winston, com o apoio algo dúbio de lorde Fisher, primeiro lorde do mar, decidiu lançar um ataque somente por mar, pelo menos a princípio; ele estava em desvantagem, dada a relutância dos comandantes franceses em enviar seus homens para o Oriente Médio. Em meio a tantos equívocos, ninguém do Conselho de Guerra, inclusive Winston, tomou a iniciativa de investigar a disponibilidade de outras tropas (da Índia, por exemplo). Nem a Fisher nem ao conselheiro naval, *Sir* Arthur Wilson, foi solicitado que apresentassem uma opinião sobre se seria viável um ataque naval isolado. Pelas costas de Winston, o braço-direito de Kitchener, coronel Fitzgerald, providenciou para que não houvesse meios de transporte disponíveis. Quando, em fevereiro de 1916, Kitchener finalmente concordou em enviar a 29ª Divisão (da qual fazia parte Jack Churchill) à Turquia, perderam-se várias semanas ainda em atrasos e tergiversações sem sentido.

O ódio de Winston pela Turquia não se baseava apenas nla aliança desta com a Alemanha. Sir Ernest Cassel, seu mentor, havia muito sonhava estabelecer um banco nacional com controle britânico em Constantinopla e, em 1909, com a aprovação do ministério do Exterior, o banco foi criado e ações de investimentos ingleses foram emitidas; o tabaco para cigarros turcos — o famoso ponto fraco de Randolph — era um item muito negociado. Os franceses aproveitaram-se da resistência dos investidores ingleses em comprar os títulos turcos e fizeram concorrência ao Banco Nacional com seu próprio e agressivo Banco Otomano; mas, em 1911, Cassel lançou títulos turcos no mercado londrino e triunfou. Agora, toda a operação colapsara, e teria de ser resgatada.

Jennie afligia-se cada vez mais com as notícias de Montagu Porch na Nigéria, onde ainda se arrastava pelo capim-elefante, atravessava rios a nado, padecia um calor sufocante e debatia-se com enxames de insetos parasitas que se agarravam em sua pele. Ele passava pelo que seu companheiro de armas, o romancista Joyce Carey, descreveu como "assaltos, emboscadas, marchas longuíssimas,... colunas inteiras que desapareciam por semanas para reaparecer de súbito a quase dois mil quilômetros de distância. As patrulhas erravam pelas selvas para, de repente, se confrontarem umas às outras, e não com o inimigo". A febre amarela dizimava as fileiras, poupando poucos, mas Porch continuava bem.

Sempre que Jennie via Winston naqueles meses, ouvia-o atacar a Turquia obsessivamente. Por infelicidade, o serviço de inteligência sob seu comando, a famosa Sala 40 no Almirantado, era lamentavelmente ineficiente: deveria tê-lo informado de que, sob o comando do brilhante general Liman von Sanders, os alemães haviam aumentado enormemente suas defesas em Galípoli — mas não houve relatório nenhum a esse respeito.

Era óbvio que ele pretendia imitar a expedição de fevereiro de 1807, quando, no calor de uma possível guerra russo-turca, o almirante Sir John Duckworth abrira uma passagem através do estreito de Dardanelos e alcançara os próprios portões de Constantinopla. Tão recentemente quanto em 1912, durante a Guerra Tripolitana entre Itália e Turquia, tendo os navios de guerra italianos bombardeado bases militares, obtivera-se uma imagem clara de sua força militar. Mas agora a Sala 40 não havia conseguido atualizar aquela informação.

A maior aflição de Jennie na época era que Jack, a quem, em muitos sentidos, amava mais do que a Winston (embora tivessem muito menos em comum), zarpara para Galípoli com a 29ª Divisão do Exército sob o comando do general *Sir* Ian Hamilton; ele já servira no regimento dos Oxfordshires, com Sunny Marlborough, em várias escaramuças na França.

Ela recebia cartas que ele mandava da frente de batalha: havia chegado no meio de uma carnificina pela qual Winston seria sempre culpado. Instara Winston a que acrescentasse aeroplanos ao ataque, mas ele foi incapaz de mobilizá-los. Jack escreveu a Jennie que, do convés de seu navio, o *Queen Elizabeth*, podia ver homens sendo mortos aos milhares; o ar estava carregado do mau cheiro da morte, e as moscas enxameavam sobre os cadáveres.

Jennie pôde se consolar com a demonstração de galhardia de Jack quando ele, finalmente, desembarcou para tomar parte na batalha pela qual ansiava. Jack fez uma bela figura, usando calções bem curtos e agindo com efeminação deliberada para alegrar os homens; eles o apelidaram de *lady* Constance. Embora cercado pelo bombardeio, ele, assim como Montagu Porch, tinha a vida protegida; em julho, depois de quatro meses de serviço, ainda não havia sido atingido.

Em maio de 1915, Winston foi novamente atacado. O *Lusitania* foi torpedeado ao largo da costa irlandesa, e ele recebeu a culpa pelo afundamento. O naufrágio foi especialmente doloroso para Jennie, pois ouvira dizer que sua amiga Nancy Leeds, aquela rica americana que agora George Cornwallis-West também já abandonara, estaria a bordo; felizmente, Nancy cancelara sua reserva, mas Jennie só veio a saber disso mais tarde.

Em 4 de fevereiro de 1915, o governo alemão divulgou uma advertência, posta com firmeza sobre a escrivaninha de Winston, de que dentro de duas semanas seus submarinos atacariam todo navio aliado que falsamente exibisse uma bandeira neutra. Winston não reagiu nem providenciou escoltas armadas para todos aqueles navios.

Certamente, a Sala 40 deve ter avisado Winston de que o *Lusitania*, o mais luxuoso dos navios de passageiros da Inglaterra, desafiava abertamente a advertência alemã quando zarpou de Nova York no começo de maio, tendo absurdamente hasteado a bandeira americana apesar de sua verdadeira nacionalidade e licença serem notórias. Com irresponsabilidade que chegava às raias da criminalidade, o navio foi autorizado a levar 4.200 caixas de cartuchos Springfield e 11 toneladas de pólvora para Liverpool — fato constatado pelo emissário austro-húngaro em Washington, o velho chefe de Kinsky, Constantin Dumba, e por seu colega em Berlim, Kurt Hahn, que em 1915 era diretor da Agência de Informação do Ministério do Exterior da Alemanha nos Estados Unidos.

Winston jamais deveria ter autorizado tal viagem; se tivesse de autorizá-la, dada a necessidade de obter suprimentos americanos, deveria ter providenciado uma escolta armada completa e ficado preparado em Londres para o menor sinal de dificuldades. Foi acusado da mesma irresponsabilidade que demonstrara na batalha de Coronel; voou para Paris na mesma semana em que o *Lusitania* cruzava o Atlântico, sob o pretexto de que precisava, em reuniões com a alta hierarquia de oficiais italianos e franceses, trabalhar para obter a colaboração da Itália, que continuava neutra.

Mas a verdade era que, vários dias antes de o *Lusitania* afundar, em 26 de abril conforme um documento que estava sobre a escrivaninha de Winston e de todos os demais membros do Parlamento, a Itália já havia se aliado à França num tratado secreto de cooperação contra a Alemanha e a Áustria. A Líbia, a Eritréia e a Somalilândia haviam sido prometidas à Itália como prêmios de conquista, e o papa em Roma estava proibido de negociar tratados de paz com o kaiser. A Convenção Naval que se seguiu, e que exigia a presença de Winston, só se reuniu depois de o *Lusitania* ter sido destruído na costa irlandesa em 7 de maio, com a perda de 1.198 vidas.

Já complicado com Galípoli, Winston defrontou-se com uma tempestade de fogo. Muitos o acusaram de deixar naufragar o *Lusitania* porque havia americanos a bordo, e isso poderia atrair os Estados Unidos para a guerra. Na Câmara dos Comuns, lorde Beresford lançou um ataque violento: se navios mercantes carregando cavalos para Liverpool eram protegidos por barcos antitorpedos, queria saber por que não o *Lusitania*; e por que os relatos de submarinos vistos na costa irlandesa haviam sido sistematicamente ignorados. Sob as vaias da oposição e os murmúrios de sua própria bancada, Winston replicou desajeitadamente que havia sido ordenada a abertura de um inquérito oficial, a ser dirigido por lorde Mersey. Ele desconsiderou o fato de que os navios *Candidate* e *Centurion* tinham acabado de ser destruídos pelo inimigo, e chegou a mentir: "Todas as transações portuárias têm sido realizadas sem perdas... a marinha mercante deve cuidar de si mesma."

O encobrimento que se seguiu foi chocante. Para ocultar o fato de que o *Lusitania* levava uma carga clandestina, declarou-se que os submarinos haviam disparado dois torpedos, em vez de um. O relatório oficial então acrescentava que o segundo torpedo atingira um ponto muito distante da carga de pólvora e munição, cuja existência foi sistematicamente negada. Durante a farsa do inquérito oficial, lorde Mersey atribuiu a culpa pelo afundamento aos alemães, e somente a eles. Muitos pensavam de maneira diferente: quando, em 26 de maio, formou-se um governo de coalizão, Winston foi removido do Almirantado e nomeado chanceler do ducado de Lancaster. Na prática, tratava-se de um posto insignificante e que, de fato, se coadunava com sua condição de estar em débito com Sir Ernest Cassel, pois envolvia vigiar os investimentos casselianos do rei George V.

Winston fez tudo para evitar o emprego. Suplicou a Asquith o cargo de primeiro lorde do ar para que pudesse fazer chover bombas sobre os turcos, mas o pedido foi recusado. A cada dia, à mesa do café, Jennie tinha de ler a ladainha de acusações contra Winston: que havia maldosamente removido o popular e idoso comandante-em-chefe da Primeira Esquadra, *Sir* George Callaghan, de seu posto; exercido pressão excessiva sobre uma tripulação cautelosa para que atacasse navios alemães antes que a guerra fosse declarada; que era o responsável pelo afundamento dos cruzadores ingleses *Aboukir, Cressy* e *Hogue;* e que ele, nunca tendo ido além do posto de tenente nos Hussardos, como um mero moleque de quarenta anos, havia sido encarregado da maior marinha do mundo.

Jennie e Clementine sabiam que precisavam fazer alguma coisa para salvar a sanidade de Winston naquele verão de agonizante descontentamento. O dinheiro estava curto — Natty Rothschild morrera —, e assim tinham de encontrar uma nova casa. *Sir* Ivor Guests emprestou a Jennie uma casa bastante apertada em Arlington Street, mas pouco depois a família mudou-se para a casa de Jack em Cromwell Road, com os muitos desacordos e conflitos inevitáveis num espaço tão confinado. Alugaram também Hoe Farm, perto de Godalming, em Surrey, um retiro de verão do qual precisavam muito.

Winston pode ter chegado à beira do suicídio com a questão de Galípoli (e talvez, embora provavelmente o negasse, do *Lusitania*). Escreveu a Clementine de Londres, em 17 de julho, explicando-lhe os termos de seu testamento caso morresse logo ("Não me lamente em demasia. A morte é apenas um incidente."). Revelou que possuía cerca de três mil libras em capitais ativos, mais de um terço deles investidos por Cassel em ferrovias, além das apólices de seu seguro de vida.

Em Hoe Farm, a família juntou todas as forças em torno de seu membro mais proeminente. Jack Junior e Randolph, bem como as outras crianças, estavam tão sadios e barulhentos como nunca. Pouco antes, em Blenheim, haviam levado todos à beira da loucura puxando sem cessar o rabo de um leão empalhado no saguão de entrada. Isso acionou um mecanismo interno que fez o pobre animal rugir. Em Godalming, corriam incessantemente por toda parte. Winston, livrando-se de sua tensão e angústia, vestia as roupas mais surradas, curvava-se, balançava os braços e mostrava os dentes, coçava-se e subia numa árvore como um perfeito gorila, fazendo a garotada morrer de rir.

Tendo recaído na melancolia, convenceram-no a pintar os jardins e as árvores da propriedade; isso funcionou como uma terapia que, como eterno pintor de fins de semana, ele iria apreciar pelo resto da vida. Conseguiu, com menos felicidade, pintar o retrato de sua prima Nellie Hozier, um tanto carregado no vermelho. Certa vez, a tinta espirrou em sua roupa, o que o fez olhar para a mancha em agonia e exclamar: "Há mais sangue que tinta nessas mãos. Todos esses milhares de homens mortos... Pensávamos que seria um trabalho simples. E poderia ter sido, se tivesse começado da maneira certa."

Jack escreveu-lhe oferecendo uma solução para seu desespero: por que não voltar a ser soldado e servir na própria Galípoli? Jennie e

Clementine ficaram horrorizadas; Kitchener aprovou, mas o Gabinete votou contra.

Jennie teve notícias ruins de Jack. Uma desastrosa derrota britânica na baía de Suvla foi seguida de um episódio notório quando as tropas, cansadas de moscas, doença e chacina após tantos meses de ação, aos serem comandadas a carregar contra os canhões turcos, despiram-se e nadaram nas águas do estreito, cercadas por uma chuva de balas.

Porch foi transferido da linha de frente na Nigéria para tornar-se residente britânico em Zaria. Em outubro de 1915, recebeu uma longa licença na Inglaterra, dividindo seu tempo entre Jennie, em Londres (hospedava-se no Clube United Empire), e sua família em Weston-super-Mare. Foi uma reunião feliz, embora curta, para marido e mulher.

Winston engoliu seu orgulho e pediu a Asquith o Comando da África Oriental Britânica; foi-lhe novamente recusado. Anunciou em desespero que partiria para as trincheiras como soldado. Jennie e Clementine de novo protestaram, mas nada havia que pudessem fazer. Jack, numa curta licença, estava muito orgulhoso dele.

O clima em Cromwell Road estava tenso enquanto Winston fazia as malas para ir servir na linha de frente: Jennie mal podia falar de ansiedade; Clementine desesperou-se; Edward Marsh, o devotado secretário particular, debulhou-se em lágrimas; os garotos ficaram excitados. Winston chegou ao *front* com uma banheira portátil com aquecedor e logo mandou buscar sardinhas, chocolates, carnes em conserva, queijo Stilton, creme, frutas secas e uma torta de carne.

Serviu com galhardia, e seus homens chegaram a adorá-lo; como Jack, desfrutava uma vida protegida e era muito mais feliz na linha de fogo, com bombas e balas zunindo ao seu redor, do que na selva civilizada de Whitehall. Tornou-se uma lenda nos anais do 6º Batalhão de Fuzileiros Reais Escoceses.

Retornou a Londres em maio de 1916; não tinha outro assunto com Jennie a não ser suas experiências e a derrubada do odiado governo. Todavia, sua associação contínua com um lorde Fisher insano foi um erro, e logo, com o prosseguimento da ação, sua melancolia voltou.

Em 2 de junho, ele foi a um jantar em casa de *lady* Cynthia Asquith; ela era nora do primeiro-ministro e possuía uma malícia feroz. Descreveu-o em seu diário como melodramático, rebuscado na retórica, sombrio, carrancudo e infeliz; citou-o como tendo dito que assistir ao desastre de Galípoli de longe era "como estar de pés e mãos atados vendo sua namorada ser violentada". Mais tarde, conversando com George Moore, Cynthia descreveria Jennie como negra, observando que ela deveria gostar da idéia de ser a única mulher branca na Nigéria, em contraste com ser a única negra em Londres.

Em 1917, Jennie finalmente teve motivo de alegria: os Estados Unidos entraram na guerra em conseqüência da interceptação, pela Sala 40, do telegrama enviado pelo primeiro-ministro do Exterior alemão, Alfred (e não Arthur, como registrado por quase todos os historiadores)* Zimmermann, indicando que a Alemanha continuaria a atacar e afundar navios americanos e apoiaria uma invasão mexicana do Texas.

A persistente impopularidade de Winston e o inevitável retorno de Porch ao inferno da Nigéria deprimiram Jennie. Os ataques dos zepelins alemães, enormes formas de charuto estrondando pelos céus de Londres, bombas caindo e matando, tudo isso triturava seus nervos. Em fevereiro de 1916, seu dedão do pé esquerdo infeccionou-se após um tropeção e teve de ser amputado. Em 15 de abril, sua casa no número 72 da Brook Street foi assaltada e levaram não só dinheiro, mas presentes de Edward VII, da rainha Alexandra e de Consuelo Yznaga, além de um precioso cofre com miniaturas de Winston e Jack quando crianças.

*Todos os registros do tempo da Primeira Guerra Mundial mostram o nome correto, bem como os jornais. Mesmo Barbara Tuchman, autora do famoso *The Zimmermann Telegram*, cometeu este sério erro.

Capítulo doze

Em 9 de março de 1917, o relatório sobre o fiasco de Galípoli foi publicado em Londres. Para alívio de Jennie, era bastante complacente com Winston. Havia sido terminado às pressas sob a severa pressão do moribundo chefe da comissão, lorde Cromer, que assinou o documento final em seu leito de morte. Outro problema para a comissão foi a morte de Kitchener no mar, quando o navio real *Hampshire* foi afundado; não podendo mais se pronunciar, ele foi tratado com dureza como o principal instrumento para perpetrar aquela loucura. Asquith fez uma corajosa defesa dele, mas os jornais, sem temer serem acusados de difamação, atacaram o homem morto como se fossem abutres. Após breve pausa, e na falta de um alvo vivo, a imprensa começou a devorar Winston até os ossos. Ele não ajudou em nada a situação ao atacar o falecido Cromer. Em vez de ressaltar a constatação de Cromer de que ele próprio era apenas parte da trágica incompetência do Conselho de Guerra, denunciou a comissão como culpada de recorrer a "fragmentos de informação e imprecisões" ou de usar "apenas frases isoladas de testemunhas e documentos". Disse que o resultado era "um episódio de conformidade às regras estabelecidas, diluindo a culpa entre várias figuras proeminentes". Acusou a comissão de ser "perniciosa até o último grau".

Em vista da imparcialidade do relatório com relação a ele, e do tratamento em grande parte favorável que recebeu, seu ataque foi considerado não só gratuito, como também uma calamidade pública. Winston tornou-se mais impopular do que nunca.

Apesar da dificuldade de caminhar por causa do dedo amputado, Jennie nunca interrompeu seu trabalho em benefício dos soldados em Paignton, em Lancaster Gate e na cantina de *lady* Limerick na estação de Tower Bridge. Era ainda a mais severa das patroas: uma força que ninguém ousava contradizer. Quando um ordenança cochilou, acordou-o com um tapa de chacoalhar os dentes. Recusava toda oferta de trabalho voluntário de senhoras da sociedade, ficando apenas com os profissionais calejados.

Em 17 de julho de 1917, Lloyd George, agora primeiro-ministro, nomeou Winston ministro das Munições. Fez isso sem consultar o Gabinete, que ficou furioso. Quarenta parlamentares assinaram uma carta de protesto, mas Winston saiu vitorioso de uma campanha liberal pela representação de Dundee, com uma vantagem de 5.266 votos. Como ministro, pôde introduzir os tanques de guerra que havia tanto tempo queria ver em ação na França. Levantou também um empréstimo de cem milhões de libras com o banqueiro Bernard Baruch de Nova York, lutou pelo aumento de armas a gás e suprimiu a greve de uma fábrica de munições com a ameaça de que, se não fosse suspensa, todos na linha de montagem seriam alistados imediatamente.

Em finais de 1917, Jennie mudou-se de uma casa em Brook Street para outra em Westbourne Terrace. Deu-lhe toques especiais: as lâmpadas elétricas em torno dos espelhos brilhavam com suavidade, produzindo nela a ilusão de juventude; com ousadia, vestiu as criadas com uniformes meio masculinos, com gravatas-borboleta, smokings, colarinhos de Eton e saias, um toque que Pearl Craigie teria aprovado.

Em meio aos ataques dos zepelins, Jennie divertia-se com uma nova amiga, a americana Emerald Cunard. Foi a concertos no teatro Aldwych

Theatre dirigidos pelo amigo de Emerald, *Sir* Thomas Beecham. Em 13 de outubro, a atriz *lady* Diana Manners, uma das belas da sociedade, registrou em seu diário que havia visto Jennie e Emerald em casa de *lady* Wimborne "bebendo, dançando e falando sem parar" enquanto os zepelins faziam chover bombas lá fora.

Enquanto isso, Winston transformara sua casa no número 33 de Eccleston Square em outro ministério das Munições. Os filhos dos Churchill a toda hora pegavam os telefones para insultar as telefonistas.

Quando os netos de Jennie, John Júnior e Randolph, disseram a ela que pretendiam construir um guindaste com as pecinhas de seu Meccano na sala de jantar, Winston sugeriu que seria melhor fazer uma ponte. Para desespero de Clementine, a sala foi transformada numa fábrica de aço em miniatura, com porcas e pinos espalhados pelo chão, vigotas arranhando a mesa de jantar e o aparador de mogno, e Winston com os garotos esquadrinhando vastos diagramas, montando uma estrutura de 4,5 metros de comprimento por 2,5 de altura, que se completava com uma estrada de rodagem, carros e ônibus controlados por um mecanismo de relógio. Era um esforço heróico servir as refeições naquelas circunstâncias.

Jennie e Clementine tiveram de enfrentar mais travessuras; a rebeldia dos garotos não diminuiu com a dieta insana a que ambas as mulheres os sujeitaram, auxiliadas por uma série de babás: pudim de tapioca com sangue de boi, pão com caldo de carne e creme de chocolate com mostarda. No verão de 1917, em Lulleden, um refúgio da família em Sussex, as crianças de novo irritaram Jennie, Gwendeline (esposa de Jack) e Clementine ao esvaziarem um penico de uma janela sobre as cabeças desavisadas de Winston e Lloyd George. Em outra ocasião, John Júnior e Randolph puseram os mais novos numa miniatura de vagão coberto e o empurraram do declive de uma colina com tanta força que todos foram lançados fora.

Em abril de 1918, Montagu Porch teve problemas na Nigéria. Havia se ausentado sem licença para visitar Jennie e casar-se com ela. Em Londres, foi solicitado a comparecer à Secretaria de Estado para as

Colônias, a fim de explicar seu comportamento; recusou-se. Recebeu ordens de voltar para a Nigéria em 9 de maio, acusado de prolongar sua licença, quando de fato havia desertado; não voltou. Argumentou que estava na Inglaterra tentando uma transferência para a Arábia, onde queria servir junto a Sharif Husayn, o autodenominado rei árabe, na luta contra os turcos; mas fazia muito tempo que os turcos haviam abandonado a área e feito as pazes com Husayn. Pego numa mentira, Porch foi proibido de usar uniforme enquanto seu caso estivesse sendo julgado.

Ele e Jennie foram à Irlanda para uma estada de três semanas com Clarita e seu marido; voltaram em 1º de junho para se casarem no cartório de Harrow Road. O comportamento de Porch foi afrontoso. Sem autorização de usar o uniforme, encomendou outro a um alfaiate; usou-o na cerimônia, dando assim motivos para sua demissão do exército. Winston e Jack devem ter tido conhecimento do processo, mas nada disseram; quando lorde Lugard, comandante de Porch, viu as fotografias do casamento, ficou furioso. Convocou Porch e o enviou para a frente de ação em Zaria.

Quando a guerra terminou, em novembro, Londres encheu-se de alegria, mas Jennie estava muito ansiosa com o destino de Porch. Mulheres brancas eram proibidas de se juntarem a seus maridos na Nigéria, mas muitos acusaram Jennie de ser desleal não indo para lá. Em junho de 1919, com o caso pendente, Porch teve problemas ainda mais sérios. Demitira um cozinheiro africano e o homem, ressentido, acusou-o de tentativa de estupro homossexual. Porch foi inocentado por um tribunal, embora não tenha impedido que seus colegas de ofício pegassem o cozinheiro e o espancassem até ficar sem sentidos; num segundo julgamento por agressão, Porch foi considerado culpado.

Foi banido para a guarnição de Kantagora enquanto se considerava a possibilidade de uma corte marcial; em vez disso, o governador da Nigéria, *Sir* Hugh Clifford, expulsou-o do serviço colonial. Porch partiu de Acra muito deprimido e, quando chegou a Londres, sentiu-se de repente incapaz de levar a vida social de que gozara um dia. Deixou Jennie novamente e voltou para a África; sendo *persona non grata* na Nigéria, estabeleceu-se na Costa Dourada.

Estava convencido, como disse a Jennie, de que lá teria um futuro, e as mulheres seriam autorizadas a se juntarem a seus maridos agora que a guerra acabara. Vislumbrou a oportunidade de entrar nas bases da indústria de cacau, que logo se expandiria a ponto de produzir mais da metade do chocolate mundial. Havia necessidade de ferrovias para transporte de cargas do interior para Acra, e ele conseguiu dinheiro emprestado de Jennie, Jack e Winston para investir em locomotivas e vagões.

Aos 60 anos, Jennie tinha pouca satisfação com o que possivelmente foi o período mais sombrio da carreira de Winston. Pior do que a frustração com Galípoli foi sua virtual invalidação como secretário da Guerra no governo de coalizão de Lloyd George em tempo de paz, em seguida a seu plano irresponsável e imprudente de deflagrar ações contra-revolucionárias na Rússia após a revolução. Houve então — quando, além de suas funções normais, trabalhava no ministério da Aeronáutica — o grotesco incidente, em junho de 1919, da aterrissagem forçada em Buc, perto de Paris, de um avião que, para seu embaraço, ele próprio pilotava. Considerando-se sempre o beligerante sucessor de Marlborough e Wellington, animado por sonhos de glória que seu fracasso na Turquia não suprimira, Winston acreditava que uma Inglaterra exaurida pela guerra mais uma vez se mobilizaria em torno da bandeira nacional para esmagar os bolcheviques. A apressada e desastrosa aventura militar, abortada na própria Rússia, trouxe mais ignomínia a seu nome.

Com um marido que se ausentava com freqüência para a Costa Dourada, Jennie precisava de uma saída emocional, e encontrou uma improvável na volúvel escultora Clare Sheridan, filha de Moreton e Clarita Frewen. Alta, esbelta e loura, Clare, ao contrário do pai, dava toda a impressão de ser confiável, e seu casamento, em 1910, com Wilfred Sheridan, corretor da Bolsa e colega de Jack, teve a aprovação de Jennie. Em 1915, o marido morreu na guerra. Depois disso e do nascimento do filho, pretensiosamente chamado Richard Brinsley Sheridan (em homenagem ao famoso dramaturgo do século XVIII), tornou-se extravagantemente promíscua; tinha casos com tantos homens que fez hesitar até mesmo a livre-pensadora Jennie. Durante um almoço, ela aconselhou Clare a ser cautelosa e discreta, conselho de fonte a mais inesperada. Clare a ignorou e, desafiando o ódio de Jennie ao comunismo e à campanha contra-revolucionária de Winston, partiu para Moscou para viver com seu amante russo, o comissário do Partido Comunista Lev Kamenev. Jennie ficou furiosa e escreveu à irmã Leonie alertando-a para que não deixasse Clare revelar nada dos assuntos britânicos, um pedido inútil.

A resposta de Clare para o incômodo de sua família — e Winston estava entre os mais irritados de todos — foi informar que estava esculpindo um busto de Lênin. Lênin disse a ela que Winston era o tipo de pessoa errada para se ter como primo, pois era "o homem mais odiado da Inglaterra". Ela voltou para Londres louvando Trotsky e os açougueiros russos como "perfeitos cavalheiros" e usando um casaco de pele de marta tirado de uma condessa russa na prisão.

O Natal para Jennie raramente era uma ocasião feliz, e o de 1920 não foi exceção, com Winston de novo enredado numa complicação legal. Ela havia sido boa amiga de *Sir* John French, lorde tenente da Irlanda e antigo chefe da Força Expedicionária Britânica na França, hóspede de suas várias casas em Londres e grande amigo e partidário de Winston. Sabia-se nos círculos de inteligência secreta que tanto ele quanto Winston constavam de uma lista de candidatos potenciais a seqüestro e assassinato do Sinn Fein, o grupo nacionalista irlandês; dificilmente Jennie não soube disso. Em 6 de dezembro de 1915, French, numa quase repetição dos assassinatos em Phoenix Park de 1882, foi emboscado e quase morto. Estava atravessando o parque a caminho da residência do vice-rei quando se ouviram tiros, seguidos de explosões de bombas. Ao contrário de lorde Cavendish e Thomas Bourke, French não estava a pé na ocasião, mas pedira um carro blindado, e o atacante, o ativista Martin Savage, do Sinn Fein, que atirara de uma charrete, foi morto a tiros. No fogo cruzado, um passante inocente chamado Laurence Kennedy também foi morto. Em 1º de janeiro de 1921, a família de Kennedy processou Winston como secretário da Guerra, acusando-o de homicídio por enviar French a uma zona perigosa, o que causara a morte de Kennedy, e exigindo pesada indenização por danos. O caso absurdo foi anulado na primeira instância, mas representou grande perturbação para Jennie e toda a família.

Logo se descobriu que a tentativa de assassinato fora iniciativa de Charles Diamond, proprietário do *Catholic Herald* de Londres, velho inimigo de Winston. Julgado, Charles foi condenado a vinte anos de trabalhos forçados. O apelo de Winston para que o Sinn Fein fosse punido ficou sem resposta: em maio de 1921, todos os candidatos eleitos na Irlanda do Sul após o advento da *Home Rule*, que afinal fora introduzida, eram partidários do Sinn Fein, com exceção de quatro.

Naquele mesmo mês, com Porch de volta à África após breve encontro, Jennie foi a Roma, como hóspede de sua velha amiga a duquesa de Sermoneta, para ajudá-la a redecorar seu *palazzo* na Via Ápia e procurar sapatos para aumentar a coleção que enchia um armário de vidro em sua sala de estar em Londres. Pouco depois do retorno, aceitou o convite para passar um fim de semana com uma amiga, a patrona das artes *lady* Frances Horner, no Elizabethan Miles Manor, em Somerset. Vestia-se para o chá quando a campainha tocou; pontual ao extremo, enfiou apressadamente os sapatos italianos de salto alto e, quando começou a descer a escada correndo, tropeçou, rolou até embaixo e quebrou um tornozelo e os ossos da perna esquerda.

Levada de ambulância para sua casa em Westbourne Street, foi atendida por Winston, Jack, suas esposas e Clarita; Leonie dividia-se entre atender Jennie e sua própria filha, que estava prestes a dar à luz. Bourke Cockram, sempre leal, estava ao lado de Jennie com *lady* Warrender. Duas semanas depois, ainda não conseguia se levantar; a perna gangrenou e ela foi forçada a concordar com uma amputação.

Seu típico pedido ao cirurgião foi que "cortasse suficientemente alto". A histeria de Leonie e Clarita em nada ajudava, embora Jennie estivesse corajosa e calma, dizendo que daria "um passo melhor adiante" no futuro.

Informado da condição de Jennie, Montagu Porch escreveu dizendo que estava "desesperado de apreensão e medo", mas, infelizmente, não fez qualquer tentativa de ir vê-la. Em vez disso, informou-a de que tinha um bom negócio em andamento, a construção de uma nova ferrovia até Acra, e que não queria ausentar-se; assim que ela se recuperasse, poderia vir a sua casa em Coomassie e gozar de seus benefícios. Ele fez também uma hipoteca sobre a casa de Westbourne Street; não há menção a qualquer vantagem que Jennie pudesse ter com aquele arranjo.

Em 29 de junho de 1921, Jennie chamou a enfermeira e disse que estava ensopada; pensou que sua bolsa de água quente havia se rompido. Levantando os cobertores, a enfermeira constatou que ela sofrera uma hemorragia. Dentro de uma hora, estava morta. Winston e Jack estavam a seu lado quando faleceu.

Mesmo na morte, Jennie estava no centro de um drama. Como acontecera com Blandford, os filhos quiseram descartar a possibilidade de um ato de iniqüidade ou suicídio; perderiam o seguro de vida caso tais possibilidades se confirmassem. Solicitaram uma perícia. Não se teve notícia de Montagu Porch, finalmente a caminho. O médico-legista de Paddington, sem ouvir um júri, passou o veredicto de morte acidental e o seguro foi pago aos filhos.

O funeral foi simples; Jennie foi enterrada ao lado de Randolph no cemitério de Bladon perto de Blenheim. É pena que ela não tenha vivido mais uns vinte anos: aos 87, teria visto Winston, seu filho intratável e problemático, tornar-se o maior estadista do século XX. Mas continuou a viver nele, que refletia sua firmeza, seu resoluto otimismo, sua paixão pela vida quando diante da adversidade, seu patriotismo e sua magnífica autoridade. Em última análise, teria se orgulhado dele — como uma extensão duradoura de si mesma.

PÓS-ESCRITO

Exceto por sua audácia em ter casos amorosos ou casar-se com homens suficientemente jovens para ser seus filhos, o que ainda hoje é um tabu em muitos aspectos, é possível ver a heroína deste livro como uma figura política por direito próprio — a primeira mulher americana a influenciar a história inglesa tanto dentro quanto fora do Parlamento. Em toda a vasta massa documental churchilliana, é insuficiente a menção feita à influência que Jennie Jerome de Brooklyn Heights exerceu sobre o primeiro marido e o ilustre filho mais velho.

Lorde Randolph, um playboy inútil, um exemplo patético como segundo herdeiro de um ducado, sempre nos últimos lugares de qualquer lista social, não era nada quando encontrou Jennie, que o auxiliou a escrever seus discursos, infundindo-lhe uma energia e um impulso muito americanos e forçando-o a enfrentar seus inimigos liberais e os líderes conservadores velhos e retrógrados, ajudou-o a se tornar a figura política mais excitante, perigosa e controvertida da Inglaterra.

Os elementos americanos do caráter herdado por Winston Churchill são inegáveis: a maneira compulsiva de enfrentar os inimigos, o jeito de aniquilar os obstáculos e seu inquebrantável otimismo diante de um desastroso começo de carreira. Levando-se em conta o amor que ele nutria pelos oprimidos e a relação de proximidade com o homem comum (rara em círculos aristocráticos), o que mais tarde resultou em sua esmagadora popularidade, dificilmente se poderia subestimar a influência de Jennie na política mundial, como a mulher que moldou o grande líder da Segunda Guerra.

APÊNDICE

A FAMÍLIA MARLBOROUGH (1874-1895)*

John Winston Spencer Churchill, 7º duque de Marlborough. Casou-se com *lady* Frances (Fanny) Anne Emily Vane.

Filhos:

1. George Charles Spencer Churchill, marquês de Blandford, depois 8º duque. Casou-se com (1) *lady* Albertha Frances Hamilton, filhos: Charles Richard John (Sunny) 9º duque (casou-se com Consuelo Vanderbilt), Frances Louisa, Lilian Maud, Norah Beatrice. Casou-se com (2) Lilian Hammersley (Lily). Sem descendentes diretos.
2. Frederick John Winston Spencer Churchill. Morreu na infância.
3. Lorde Randolph Henry Spencer Churchill. Casou-se com Jeanette Jerome, filhos: Winston Leonard Spencer Churchill, John Strange Spencer Churchill.
4. Charles Ashley Spencer Churchill. Morreu na infância.
5. Augustus Robert Spencer Churchill. Morreu na infância.

Filhas:

1. Cornelia Henrietta Maria. Casou-se com o 1º barão Wimborne. Descendentes diretos.

*O período do casamento de Jennie e Randolph Churchill.

2. Rosamond Jane Frances. Casou-se com o 2º barão de Ramsey. Descendentes diretos.
3. Fanny Octavia Louisa. Casou-se com o 2º barão Tweedmouth. Descendentes diretos.
4. Anne Emily. Casou-se com o 7º duque de Roxburghe. Descendentes diretos.
5. Georgiana Elizabeth. Casou-se com o 4º conde Howe. Descendentes direitos.
6. Sarah Elizabeth Augusta. Casou-se com o tenente-coronel Gordon Chesney Wilson. Descendentes diretos.

AGRADECIMENTOS

Sou profundamente grato às seguintes pessoas e instituições, sem cuja ajuda este livro não teria sido possível:

Os funcionários da Glendale Public Library, Glendale, Califórnia.
Mark Adams, genealogista de Nova York/Brooklyn.
Anthony Adolf, genealogista inglês.
Kirstie Addis, editor da Virgin Books Ltda.
Melanie Aspey, Rothschild Archives, Londres.
Chichi Barthelemy, contato francês.
Emily Bergman, Occidental College, Califórnia.
John Davis, Bodleian Library, Oxford.
Clarke Evans, Biblioteca do Congresso.
O conde de Fife.
Reginald Green, historiador da Grand National.
Don Greenwald, historiador de corridas de cavalos.
Dorris Halsey e Whitney Lee, ótimos agentes.
Michael Haney, prendado assessor, ótimo homem do teatro.
Colin Harris, Bodleian Library, Oxford.
Luther H. Harris, New York Historial Society.
Joseph Jennings, historiador de corridas de cavalos.
Brian Jones, genealogista inglês.
Douglas Kemmener, historiador de corridas de cavalos.
Sally Keisel, National Archieves, Washington.
Bruce Kirby, Biblioteca do Congresso.
Edward Lowe, genealogista inglês.
Dr. John H. Mather, historiador médico de Churchill.
Hugo A. Mauriera, pesquisador de Washington.

Denis McCarthy, historiador de Dublin.
Patrick Melvin, historiador de Galway.
Maureen Moran, bibliotecária de Galway.
Richard D. Nicoll, historiador de corridas de cavalos.
Bob O'Hara, pesquisador inglês.
Lawrence Overmire, genealogista em New England.
Philip Parkinson, pesquisador inglês.
Jean Paule, Occidental College, Califórnia.
Robert Persauld, Royal College of Physicians, Londres.
Doyle Phillips, Big Spring, historiador do Texas.
Udana Power, genial na transcrição de manuscritos ilegíveis; sábia conselheira.
Jeremy Rex-Parkes, Christie's, Londres.
O conde de Roden.
Marsha J. Shapiro, especialista em encontrar livros em Nova York; pesquisadora.
Sim Smiley, pesquisador de Washington, D.C.
John Taylor, National Archives, Washington.
Gerald Turbow, historiador e amigo.
Dorothy Turmail, Presbyterian Churches of Brooklyn, NY.
Loyd Ultan, historiador do Bronx.
Mark Washburne, historiador.
Kenneth C. Wenzer, historiador/pesquisador de Washington.

ARQUIVOS CONSULTADOS

Archives Nationales de France
Austrian Straatsarchiv, Viena
Beinicke Library, Yate
Biblioteca do Congresso, Washington, D.C.
Bibliothèque Nationale de France
Big Spring Library and Historical Society, Texas
Bodleian Library, Oxford
British Library, Londres
Brooklyn Historical Society
Bronx Historical Society
Christie's, Londres
Churchill College, Cambridge
Georgetown University, Washington, D.C.

Glastonbury Public Library, Somerset, Inglaterra
Glendale Public Library, Califórnia
Los Angeles Public Library
Merseyside Museum Archives, Liverpool, Inglaterra
National Archives, Washington
National Archives of Great Britain, Kew, Inglaterra
New York City Historical Society
New York City Public Library
New York City Records Office
Princeton University, New Jersey, EUA
Rochester Historical Society, NY
Rothschild Archives, Londres
Royal Archives, Windsor Castle
Royal College of Physicians Archives, Londres
Royal Naval Museum, Greenwich
West Yorkshire Historical Society, Leeds

BIBLIOGRAFIA SELECIONADA

Adams, W. S. *Edwardian Portraits*. Londres: Secker and Warburg, 1957.

Bain, David Howard. *Empire Express*. NY: Viking, 1999.

Balsan, Consuelo Vanderbilt. *The Glitter and the Gold*. NY: Harper and Co., 1956.

Barrie, J. M. *Better Dead*. NY: Scribners 1930.

Battenberry, Michael e Anne. *On the Town in New York*. NY; Scribner, 1973.

Beckert, Sven. *The Making of New York Bourgeoisie*. Universidade de Columbia, NY: dissertação inédita, 1995.

Bellows, Henry. *Historical Sketch of the Union League Club*. NY: edição particular, 1879.

Bishop, Alan. *Gentleman Rider, A Biography of Joyce Carey*. Londres: Michael Joseph, 1988.

Blunden, Margaret. *The Countess of Warwick*. Londres: Cassell, 1967.

Brandon, Ruth. *The Dollar Princesses*. NY: Knopf, 1980.

Byrne, Thomas. *Rogues' Gallery: 247 Professional Criminals of 19th Century America*. NY: Chelsea House, 1886.

Caffyn, Gladys F. *Fragments in the Life of Ambrose Hall*. Palmyra, NY: Doris F. Smith, 1956.

Cheshire, David T. *Portrait of Ellen Terry*. Oxford: Amber Lane Press, 1981.

Churchill, John Spencer. *Crowded Canvas*. Londres: Odhams Press, 1961.

Churchill, Lady Randolph. *Small Talks on Big Subjects*. Londres: Arthur Pearson, 1916.

Churchill, Peregrine e Mitchell, Julien. *Jennie*. NY: St. Martins Press, 1974.

Churchill, Randolph e Gilbert, Martin. *Winston S. Churchill*. E volumes complementares. Boston: Houghton Mifflin, 1967, Passim.

Churchill, Winston. *My Early Life 1874—1904*. NY: Scribners, 1930.

Coates, Tim. *Patsy*. NY: Bloomsbury, 2003.

Cornwallis-West, George. *Edwardian Heydays*. NY: Putnam, 1930.

Cornwallis-West, Mrs. George. *The Reminiscences of Lady Randolph Churchill*. Londres: Edward Arnold, 1908.

Corti, Conde Egon. *Elizabeth, Empress of Austria*. New Haven: Yale University Press, 1936.

Costello, Peter. *Dublin Castle*. Dublin: Wolfhound Press, 1999.

Cowley, Conde de. *Secrets of the Second Empire*, Londres: Harper, 1929.

Crozier, John Beattie. *Lord Randolph Churchill*. Londres: Swan Sonnenschein, Lowrey and Co., 1887.

Davis, Richard. *The English Rothschilds*. Londres: Collins, 1983.

Downes, Kerry. *Sir John Vanbrugh*. NY: St. Martin's Press, 1987.

Ellis, Roger, *Victorian Britain*. NY: Stackpole Books, 1997.

Ferguson, Niall. *The House of Rothschild: the World's Banker*. Dois volumes. NY: Viking, 1999.

Foster, R.F. *Lord Randolph Churchill*. Oxford: Clarendon Press, 1981.

Fowler, Marian. *Blenheim: Biography of a Palace*. NY: Viking, 1989.

Fowler, Marian. *In a Gilded Cage*. NY: St. Martin's Press, 1993.

Gilbert, Martin. *The First World War*. NY: Henry Holt, 1994.

Goncourt, Edmond e Jules de. *The Goncourt Journals, 1851—1870*. NY: Doubleday, Doran, 1937.

Hamilton, Lorde George. *Parliamentary Reminiscences*. NY: Dutton, 1916.

Hansard: British Parliamentary Debates. Londres: Government Printing Office, 1874—1921.

Harding, Mildred Davis. *Air-Bird in the Water: The Life and Works of Pearl Craigie (John Oliver Hobbes)*. Madison/Teaneck: Farleigh Dickinson University Press, 1996.

Harrison, Michael. *Painful Details: Twelve Victorian Scandals*. Londres: Max Parrish, 1962.

Heckstall-Smith, Anthony. *Sacred Cowes*. Londres: Alan Wingate, 1955.

Hegermann-Lindencrone, L. (Lillie Greenough). *In the Courts of Memory*. NY: Harper, 1912.

Hershkowitz, Leo. *Tweed's New York*, NY: Anchor Press/Doubleday, 1977.

Hibbert, Christopher (Org.). *Queen Victoria: Her Letters and Journals*. NY: Viking-Penguin, 1985.

Hobbes, John Oliver (Pearl Craigie). *The Vineyard*. Londres: T. F. Unwin, 1904.

Hyde, H. Montgomery. *The Cleveland Street Scandal*. NY: Coward, McCann and Geoghegan, 1976.

Jacobs, Arthur. *Arthur Sullivan: A Victorian Musician*. NY: Oxford University Press, 1984.

James, Robert Rhodes. *Lord Randolph Churchill*. NY: A. S. Barnes, 1960.
Jenkins, Roy. *Churchill*. NY: Plume, 2002.
Jenkins, Roy. *Gladstone*. NY: Random House, 1995.
Jenkins, Roy. *Victorian Scandal*. NY: Chilmark Press, 1965.
Kehoe, Elizabeth. *Fortune's Daughters*. Londres: Atlantic, 2004.
Koch, W. John. *Daisy, Princess of Pless*, 1873-1943. Edmonton, Canadá: publicação particular, 2003.
Kraus, Rene. *Young Lady Randolph*. NY: G. P. Putnam's Sons, 1943.
Lamont-Brown, Raymond: *Edward VII's Last Loves*. Londres: Sutton, 1998.
Lang, Theo. *The Darling Daisy Affair*. NY: Atheneum, 1956.
Le Blond, Mrs. Aubrey (Mrs. Fred Burnaby). *Day In, Day Out*. Londres: John Lane, 1918.
Leslie, Anita. *The Fabulous Leonard Jerome*. Londres: Hutchinson, 1954.
Leslie, Anita. *Lady Randolph Churchill*. NY: Scribners, 1969.
Leslie, Shane. *Leonard Jerome* (inédito). Tese de mestrado da Universidade Georgetown, EUA.
Longford, Elizabeth. *A Pilgrimage of Passion: The Life of Wilfrid Scawen Blunt*. NY: Knopf, 1980.
Loomis, Stanley. *A Crime of Passion*. Londres: Hodder and Stoughton, 1967.
MacColl, Gail e Wallace, Carol McD. *To Marry an English Lord*. NY: Workman, 1989.
Magnus, Philip. *King Edward VII*. NY: E. P. Dutton, 1964.
Matthews, Roy T. e Mellini, Peter. *In Vanity Fair*. Londres: Scolar Press, 1982.
McCabe, James D. *Lights and Shadows on New York Life*. St. Louis: National Publishing Company, 1872.
McCarthy, Justin. *Memoirs*, NY: Longmans, 1902.
Medbery, James K. *Men and Mysteries of Wall Street*. NY: R. Worthington, 1878.
Montgomery, Maureen E. *Guilded Prostitution*. Londres e NY: Routledge, 1989.
Moore, George. *Celibates*. (Inclui *Mildred Lawson*.) NY: Brentanos, 1915.
Nassau, F. *Conversations With Distinguished Persons During the Second Empire, 1860-1863*. Londres: Hurst and Blackwell, 1880.
Neill, Kenneth. *An Illustrated History of the Irish People*. Dublin: Gill and Macmillan, 1979.
Nevill, Lady Dorothy. *Reminiscences*. NY: Longmans, 1908.
Pakenham, Thomas. *The Scramble for Africa*. NY: Random House, 1991.
Palmer, Alan: *Bismarck*. NY: Scribner, 1976.
Pearsall, Ronald. *The Worm in the Bud: The World of Victorian Sexuality*. NY: Penguin 1969.

Pearson, Hesketh. *Labby: The Life of Henry Labouchère*. NY: Harpers, 1937.
Peters, Margot. *Mrs. Pat: The Life of Mrs. Patrick Campbell*. NY: Knopf, 1984.
Pickle, Joe. *Gettin' Started: Howard County's First 25 Years*. Big Spring, Texas: Heritage Museum, 1980.
Pless, Daisy, Princesa de. *Diaries*. Londres: John Murray, 1928.
Ponsonby, Sir Frederick. *Recollections of Three Reigns*. NY: F. P. Dutton, 1952.
Preston, Diana. *Lusitania: An Epic Tragedy*. NY: Walker, 2002.
Quench, Eileen. *Perfect Darling*. Londres: Cecil and Amelia Wolf, 1972.
Rayner, D.A. e Wykes, Alan. *The Great Yacht Race*. Londres: Peter Davies, 1966.
Robins, Joseph. *Champagne and Silver Buckets: The Viceregal Court at Dublin Castle 1700—1922*. Dublin: The Lilliput Press, 2001.
Rosebery, Lorde. *Lord Randolph Churchill*. Londres: H.A. Humphrey, 1906.
Sandys, Celia. *Churchill, Wanted Dead or Alive*. NY: Carroll and Graf, 1994.
Sarnoff, Paul. *Russell Sage: The Money King*. NY: Ivan Obolensky, 1965.
Schama, Simon. *A History of Britain*. NY: Simon and Schuster, 2002.
Scobey, David. *Empire City*. New Haven: dissertação inédita, Yale University.
Seldes, George. *Witness to a Century*. NY: Ballantine, 1987.
Stancz, Clarice. *The Vanderbilt Women*. NY: St. Martins Press, 1991.
Simpson, Colin. *The Lusitania*. Boston: Little Brown, 1972.
Smith, Marrhew Hale. *Bulls and Bears of New York*. Freeport, NY: Books for Libraries Press, 1873/1972.
Soames, Mary, (org.). *Winston and Clementine: Their Correspondence*. NY: Houghton Mifflin, 2001.
St. Aubyn, Giles. *Edward VII Prince and King*. NY: Atheneum, 1979.
Taine, Hippolyte. *En Angleterre*. Gallimard: Paris, 1925.
Terry, Ellen. *Ellen Terry's Memoirs*. NY: Putnam, 1932.
Valentine's Manual, 1917-1918. NY: The Old Colony Press, 1917.
Voigt, Charles Adolph. *Famous Gentlemen Riders at Home and Abroad*. Londres: Hutchison, s.d. (c. 1924).
Vosbrugh, W. S. *Racing in America: 1866-1921*. NY: The Jockey Club, s.d.
Weintraub, Stanley. *Edward the Caresser*. NY: The Free Press, 2001.
Weintraub, Stanley. *London Yankees*. NY: Harcourt Brace Jovanovich, 1979.
Whittle, Tyler. *The Last Kaiser*. NY: Times Books, 1977.
"X." *Myself Not Least*. NY: Henry Holt, 1923.

NOTAS SOBRE AS FONTES

Tendo lido mais de duzentos livros e mais de 15 mil páginas de documentos, uma lista completa das fontes encheria um outro volume. O que se segue destina-se, em vez disso, a ser um guia sucinto para os que desejam aprofundar a investigação sobre o tema. Todos os documentos serão encontrados no Occidental College, em Eagle Rock, Califórnia. Preferi trabalhar com fontes primárias, inclusive cartas, diários, relatos de jornais da época, testemunhas oculares contemporâneas, trabalhos publicados em datas próximas aos eventos, censos e certidões de nascimento, morte e casamento, em vez de com publicações recentes; no caso das histórias médicas, o Dr. John H. Mather forneceu uma assistência indispensável, e os genealogistas listados nos agradecimentos foram de uma ajuda incalculável.

UM

LOCAL DE NASCIMENTO: registros de Brooklyn/cidade de Nova York; censos; FAMÍLIA JEROME: Larry Overmire, genealogista; FAMÍLIA HALL: Caffyn; PRINCETON: Princeton Archives; ROCHESTER: Rochester Historical Society; FILLMORE: National Archives, Washington, D.C.; Biblioteca do Congresso; NÃO-BATISMO: pesquisas em todas as dioceses de Nova York/Brooklyn; LIND: *Grove Dictionary of Music and Musicians*; NEGÓCIOS DE JEROME: *Men and Mysteries of Wall Street*; *Bulls and Bears*; VIDA SOCIAL: *Lights and Shadows of New York Life*; VISITA A WALES: todos os jornais de Nova York; COMPRAS: *Sights and Sounds*; PACIFIC MAIL: todos os jornais de Nova York, New York City Records Office; LINCOLN: Higham: *Murdering Mr. Lincoln*; ESCOLA DA SENHORITA GREEN: pesquisa por Luther H. Harris, New York Historical Society; também: *Valentine's Manual: 1917/1918*; PATTI: Grove; JEROME PARK: CORRIDA DE

CAVALOS: Vosbrugh; NEWPORT: pesquisa por Bert Lippincott, Newport Historical Society; FEIRA DA COMISSÃO SANITÁRIA: New York Historical Society; ROUBO DE AÇÕES: *Rogues Gallery*.

DOIS

ESTRADAS DE FERRO: *Men and Mysteries*; HIPÓDROMO: Bronx Historical Society; Registros do Jockey Club; 30 livros; VIAGEM DE IATE: *The Great Yacht Race*; DISCURSO PELO FALSO JEROME: *Times* de Londres; CIDADE DE BALTIMORE: Merseyside Museum Archives, Liverpool; PARIS: Archives Nationales; Moulton; PETIT VAL: memórias de Grenough; (Hegermann— Lindencrone); PERSIGNY: Archieves Nationales; INVASÃO: *Herald* de Nova York.

TRÊS

PARIS: Archives Nationales; WASHBURNE: documentos de Washburne; LONDRES: *Times* de Londres; PROBLEMAS DE JEROME: *Herald* de Nova York; COWES: *Sacred Cowes*; *New York Times*.

QUATRO

RANDOLPH: documentos de Churchill, Churchill College, Cambridge (CCC daqui em diante); *Lives* por R. F. Foster, Robert Rhodes James; QUESTÕES DE RELACIONAMENTO: correspondência em volumes complementares de Churchill/ Gilbert (CCV daqui em diante); DÍVIDAS E VENDAS DOS MARLBOROUGH: CCC; Christie's; QUINTA-FEIRA NEGRA: todos os jornais de Nova York; NEGOCIAÇÃO FINANCEIRA SOBRE CASAMENTO: CCV; BAZAINE: Archives Nationales; PRASLIN: *A Crime Of Passion*; WOODSTOCK: todos os jornais de Londres/Oxford; LOCAL DA LUA-DE-MEL: memórias de Greenough; CCV; BLENHEIM: Fowler, *Blenheim*; VANBRUGH: biografias, diversos; Taine; SALA DE ESTAR: *Times* de Londres; CHARLES STREET: reminiscências de Nevill; GLADSTONE: Roy Jenkins; ADDISON'S: Dr. John H. Mather; NASCIMENTO: Dr. John H. Mather; EVEREST: Brian Jones, genealogista inglês; censos; registros de nascimento; FANNY RONALDS: documentos de Sullivan, Beinecke Library, Yale; Jacobs: *Sullivan*; GORDON-CUMMING: Giles St. Aubyn; EPISÓDIO DO ANEL: CCC.

CINCO

AYLESFORD: registros do tribunal de divórcio, British National Archives; FRACASSO DO DIVÓRCIO: St. Aubyn; YZNAGA: *New York Times*; Fowler, *In a Gilded Cage*; VIAGEM A NOVA YORK: *New York Times*; IRELAND: Irish National Library and Archives; Denis McCarthy, historiador do Castelo de Dublin; Robins: *Champagne*; *New York Times;* jornais de Dublin; vários; BLANDFORD: CCV; MARLBOROUGHS/RAINHA: CCV; ESCÂNDALO DA CARNE: *New York Times*; SIR BERNARD BURKE: Denis McCarthy; ROBINS: *Champagne*; IRVING/ HAMLET: memórias de Ellen Terry; ORDEM DE ST. PATRICK: *New York Times*; carta a Hicks-Beach; CCV; DILKE/AYLESFORD: Big Spring, Texas, arquivos históricos; CARMEN: *Times* de Londres; Grove; ATAQUES A GLADSTONE: *Hansard*; FIM DA FOME: *Times* de Londres; JACK CHURCHILL: entrevistas com o conde de Roden; cartas; Edward Lowe, genealogista; todos os registros de nascimentos pesquisados no Reino Unido e na Irlanda; ATAQUE À CARRUAGEM: *New York Times*; VIOLENTADA POR "ASTOR": carta, cortesia do conde de Roden; CAMPANHA EM WOODSTOCK: *New York Times*; CCV; QUARTO PARTIDO: memórias de Justine McCarthy; NORTHCOTE: biografias de Northcote, diversos; BRADLAUGH: memórias de McCarthy; Hansard; RANDOLPH COMO DÂNDI: *New York Times*; REUNIÕES DO QUARTO PARTIDO: memórias de Nevill; CARÁTER DOS MEMBROS DO PARTIDO: memórias de McCarthy.

SEIS

KINSKY: Vienna State Archives; VOIGT: *Gentlemen Riders*; FREWEN: *New York Times*; VISITA A NEW YORK: *New York Times*; ASSASSINATO NO PHOENIX PARK: *New York Times*; CRISE DE RONALDS: *Beinike, Yale*; WINSTON COM A DUQUESA: CCV; EGITO: *New York Times*; INVESTIMENTOS DE GLADSTONE: Ferguson: *Rothschild*; MALTMAN BERRY: Holroyd: correspondência de Shaw; FLOR: Ferguson: *Rothschild*; WINSTON NA ESCOLA: CCV; RANDOLPH NA CÂMARA DOS COMUNS: Hansard; DOENÇA DE RAYNAUD: Mather; JENNIE DOENTE: CCV; JANTAR DE JAMES: *Vanity Fair*; ZOEDONE: *Famous Gentlemen Riders*; NORTHCOTE/ BEACONSFIELD: British Library; KILMAINHAM: recordações de Jennie; MORTE DE MARLBOROUGH: Fowler; Blenheim; LEILÃO: Christie's; BAD GASTEIN: *New York Times*; UNIÃO NACIONAL: Foster; Rhodes James; BOLETINS ESCOLARES: CCV; BAY MIDDLETON: *Gentlemen Riders*; PAI DE BLANCHE: *Burke's Peerage*; CASAMEN-

TO DE LEONIE: *New York Times*; BURNABY: *Day in, Day Out*; National Archives; Pakenham: *Africa*; MISS THOMSON'S: CCV; ÍNDIA: *Times* de Londres; DELACOUR: registros militares dos National Archives, história da família; Dublin Archives; National Library of Ireland; West Yorkshire Archives; censos; Brian Jones, genealogista; CLUBE ORLEANS: CCV; De Grey; diários de Harcourt, Bodleian Library, Oxford; RANDOLPH NA CÂMARA DOS COMUNS: Hansard; CASSEL: *National Dictionary of Biography*; NATTY: Ferguson; BIRMÂNIA: arquivos secretos do Gabinete da Índia, Londres; relatos do governo de Birmânia, vários; JENNIE EM WINDSOR: CCV.

SETE

DIVÓRCIO: diário de Harcourt; Bodleian; CASO CRAWFORD: British National Archives; REVOLTAS: *New York Times*; WINSTON DOENTE: CCV; ESTADIA EM PARIS: jornais de Paris; JANTAR: St. Aubyn; outros; NATTY: Ferguson; LEILÃO: catálogos da Christie's; ESCÂNDALO DOS GASTOS: discurso de Randolph Churchill, Câmara dos Comuns; DISCURSO DE DARTFORD: *Times* de Londres; VIAGEM À RÚSSIA: *Truth*; CRISE DA ENTREGA DO CARGO: diários de Edward Hamilton; CCV; Ferguson: *Rothschilds*; memórias de George Hamilton; memórias de Jennie etc.; *New York Times*; *Times* de Londres; SALISBURY: *Morning Post* de Londres; GOSCHEN: CCV; CASO BLANDFORD/CAMPBELL: British National Archives; *New York Times*; CARTAS DE RANDOLPH: CCV; COMITÊ DE RANDOLPH: Hansard; OVENDON: biografias de Rosa Lewis, diversos; MAYNARD: Blunden: *Warwick*; NOMEAÇÕES NA FRANÇA: *Times* de Londres: French National Archives; CRAIGIE: *Air Bird in the Water*; KINSKY EM LONDRES: Vienna Archives; biografias do príncipe herdeiro Rudolph, diversos; RÚSSIA: *New York Times* e *Times* de Londres; Hansard; EVEREST/MARLBOROUGH: CCV; LILY: *In a Gilded Cage*; Blenheim; WINSTON/HARROW: CCV; BEEFSTEAK CLUB: memórias de Ellen; vidas de Henry Irving, diversos.

OITO

A RUA CLEVELAND: H. Montgomery Hyde; British National Archives; FRACASSO EM BIRMINGHAM: Foster/Rhodes James; JENNIE/WINSTON: CCV; TRANBY CROFT: biografias de Edward VII, diversos; OS CASOS DE DAISY: *Life of Countess of Warwick*; ÁFRICA DO SUL: Ferguson; Foster; Rhodes James;

VISITA DE KINSKY: CCV; BANSTEAD: CCV; AÇÕES DE WINSTON: CCF; OVENDON/COMB: biografias de Rosa Lewis, diversos; DOENÇA DE RAYNAUD: Mather; WOLVERTON: CCC; também Churchill/Mitchell *Jennie*; MANDEVILLE: British National Archives; JENNIE DOENTE: CCV; Churchill/ Mitchell; MORTE DE BLANDFORD: *New York Times* e *Times* de Londres; A APARIÇÃO DE LADY CAMPBELL: Fowler, *In a Gilded Cage*; DESAPARECIMENTO DO JEROME PARK: *New York Times*; CENTRAL AVENUE/JEROME: Bronx Historical Society; QUEDA DE WINSTON: CCV; Dr. Mather; AFASTAMENTO DE EVEREST: CCV; SUIÇA: CCV; SANDHURST: CCV; RAYNAUD: Mather; CARTAS: CCV; Churchill— Mitchell; ASQUITH/BICICLETAS: Hansard; TUMOR NO CÉREBRO: Mather; NOVA CORTE/VIAGEM: Mather; CCC; KINSKY/MENINOS: CCV; VIAGEM AO LAR / CARTAS: Churchill/Mitchell; TESTAMENTO: obtido por Brian Jones; CARTA DE FANNY MARLBROUGH: CCV; QUESTÕES DE PROPRIEDADES: Ferguson: *Rothschild*; ENCONTRO EM NEWMARKET: CCV; CASO WILDE: memórias de Jennie; COCKRAN: *New York Times*; DIVÓRCIO DE CRAIGIE: registros do tribunal; MORTE DE EVEREST: CCV; CASAMENTO DE VANDERBILT: *The Glitter and the Gold*.

NOVE

ESCÂNDALO DE WINSTON: CCV; *Issues of Truth*: Hansard; VOLTA DE CONSUELO: *The Glitter and the Gold*; ASTOR: *New York Times*; biografias da família Vanderbilt, diversos; CRUIKSHANK: CCV; SAQUE A DESCOBERTO: CCV; BODAS DE DIAMANTE: Ponsonby: *Reigns*; BAILE DE DEVONSHIRE: memórias de Pless; FANTASIAS DE NATAL: CCV; RAMSDEN: Churchill/ Mitchell; ESFORÇOS PARA ENVIAR WINSTON AO EGITO: CCV; SUDÃO: CCV; CORNWALIS-WEST: suas memórias; ASSUNTO DA CIDADE: British National Archives.

DEZ

LANÇAMENTO DA REVISTA: *Air Bird in the Water*; números da revista na British Library; WINSTON NA POLÍTICA LOCAL; CCV; LEVANTAMENTO DE FUNDOS PARA A REVISTA: *Air Bird in the Water*; memórias de Jennie, VIAGEM DO *MAINE* E ÁFRICA DO SUL: memórias de Jennie; *Times* de Londres; registros do Ministério da Guerra; National Archives; CARTAS/WEST: CCV;

Churchill/Mitchell; OPOSIÇÃO AO CASAMENTO: CCC; CASAMENTO COM GEORGE: *New York Times*; *Times* de Londres; outros; SULLIVAN: *Life of Arthur Sullivan*; NOTA DE CURZON: CCC; CARTA DE WINSTON: CCC; PLESS: suas memórias; MORTE DA RAINHA: todos os jornais de Londres; PROBLEMAS DE GEORGE: suas memórias; GALINHEIRO: trabalhos de Weintraub, diversos; *New York Times*; CONCERTOS DE DE GREY: Professor Gerald Turbow; PEARL CRAIGIE: *Air Bird in the Water*; WINSTON MUDA DE PARTIDO: *Times* de Londres; SESSÕES ESPÍRITAS: memórias de Pless; TWEEDMOUTH: *New York Times*; GOONIE: *Crowded Canvas*; BAY MIDDLETON: *Burke's Peerage*; CASAMENTOS: *New York Times*; INCÊNDIO: *New York Times*; *HIS BORROWED PLUMES*: vida de Mrs. Patrick Campbell; GALSWORTHY/*JUSTICE*: vida de John Galsworthy, diversos; CRIPPEN: *New York Times*; MORRISON: *New York Times*; SIDNEY STREET: *New York Times*; BAILE SHAKESPEAREANO: *New York Times*; INGLATERRA DE SHAKESPEARE: *New York Times*; DIVÓRCIO: National Archives.

ONZE

PORCH: arquivos do Exército, registros da família; British National Archives; Brian Jones, genealogista; dados do censo; Victoria State Library, Geelong; Melbourne Public Library; Glastonbury Public Library; Magdalen College Archives, Oxford; NIGÉRIA: Nigerian Archives; arquivos do Exército e do service diplomático, British National Archives; cartas em Peregrine Churchill/Mitchell *Jennie*; PROCESSO: *New York Times*; DAISY PLESS: Koch biography; IRLANDA/GUERRA: Churchill: *Small Talks on Big Subjects*; JENNIE/ESFORÇO DE GUERRA: *Small Talks*; CONTROVÉRSIA SOBRE WINSTON: Jenkins: *Churchill*, muitos outros; TURQUIA/CONFLITOS EM LONDRES: CCV; CCC; Jenkins, Churchill/Gilbert; LUSITANIA: *Times* de Londres; *New York Times*; investigação da Marinha, British National Archives; HOE FARM: Longford: *Passion*; CYNTHIA ASQUITH: diários de Asquith; ALFRED ZIMMERMAN: *New York Times*; ROUBO: *New York Times*.

DOZE

WINSTON/MUNIÇÕES: Churchill/Gilbert; TRAVESSURAS DAS CRIANÇAS: memórias de John Churchill; UNIFORME NO CASAMENTO: relatórios do Exército, British National Archives; também AMEAÇA DE CORTE MARCIAL;

ACUSAÇÕES DE HOMOSSEXUALIDADE; CLARE SHERIDAN: documentos de Shane Leslie, Georgetown; INCIDENTE COM FRENCH: *New York Times*; DIAMOND: *New York Times*; VISITA A ROMA: Leslie; ATITUDE DE PORCH: Peregrine Churchill/ Mitchell; INQUÉRITO SOBRE A MORTE: *New York Times* e *Times* de Londres.

ÍNDICE REMISSIVO

JJ indica Jeanette Jerome, RC *indica Randolph Churchill.*

Este livro foi composto na tipologia Arrus BT, em
corpo 10,5/15, e impresso em papel off-set 75g/m^2,
no Sistema Cameron da Divisão Gráfica
da Distribuidora Record.